中国魏晋南北朝史学会会刊

中国魏晋南北朝史学会 编

| 第二卷 |

广西师范大学出版社
·桂林·

图书在版编目（CIP）数据

中国魏晋南北朝史学会会刊. 第二卷 / 中国魏晋南北朝史学会编. --桂林：广西师范大学出版社，2021.8
ISBN 978-7-5598-2240-6

Ⅰ．①中… Ⅱ．①中… Ⅲ．①中国历史—魏晋南北朝时代—丛刊 Ⅳ．①K235.07-55

中国版本图书馆 CIP 数据核字（2021）第 134492 号

广西师范大学出版社发行
（广西桂林市五里店路 9 号　邮政编码：541004）
　网址：http://www.bbtpress.com
出版人：黄轩庄
全国新华书店经销
三河市三佳印刷装订有限公司印刷
（河北省三河市杨庄镇杨庄村　邮政编码：065200）
开本：710 mm ×1 000 mm　1/16
印张：18.5　　　字数：258 千
2021 年 8 月第 1 版　　2021 年 8 月第 1 次印刷
定价：88.00 元

如发现印装质量问题，影响阅读，请与出版社发行部门联系调换。

本刊编委会(以姓氏笔画排列):

王　欣　　张学锋　　张荣强　　范兆飞　　尚永琪

章义和　　楼　劲　　戴卫红　　魏　斌

本卷主编:张荣强

本卷助理编辑:徐　畅

目 录

第一部分　2019年度魏晋南北朝史研究

突破与类聚：2019年度魏晋南北朝史研究综览 / 杨　英　　3

2019年台湾学者魏晋南北朝史研究综述 / 洪景涛　王安泰　　32

2019年日本魏晋南北朝史研究动向 / ［日］会田大辅　著　刘　莹　译　44

2019年韩国魏晋南北朝研究 / ［韩］赵晟佑　　59

2019年以来西方魏晋南北朝史研究的回顾 / 孙英刚　　67

第二部分　专题综述

魏晋南北朝公文与文书行政研究述评 / 韩　旭　　77

魏晋南北朝政权间边境地带研究综述 / 汪舒桐　　103

北朝佛教义邑研究综述 / 邵正坤　　134

区域史视野下汉晋时期荆南地区研究述评 / 崔启龙　　161

耀县出土北朝造像碑研究综述 / 刘　莹　　　　　　　　　　　215

北朝隋唐碑志文程式化书写研究综述 / 曲　畅　　　　　　　　234

第三部分　书评及序跋

从图像发现历史

　　——评《将毋同：魏晋南北朝图像与历史》/ 白炳权　　　253

探索文物背后的胡汉关系史

　　——读《新出土中古有关胡族文物研究》/ 韩　香　　　　276

张铭心《吐鲁番出土墓志汇考》序言 / 王　素　　　　　　　　283

作者研究或学习所属单位　　　　　　　　　　　　　　　289

【第一部分】

2019年度魏晋南北朝史研究

突破与类聚：2019年度魏晋南北朝史研究综览

杨 英

引 言

魏晋南北朝史研究领域既往大师众多，成果积淀深厚，且传世文献资料量少，内容单一，简牍、墓志等新资料的突破性发现也很有限，因此创新难度较大。但魏晋南北朝史领域也是当下中青年学者最为活跃的领域之一。下文便分四部分，综括2019年魏晋南北朝史研究的年度前沿成果。本文旨在关注当下学术的热点，综括已提炼出的方法并展望未来，定有挂一漏万之处，还望读者见谅。

一、传统和未来："新政治史"的突破

首先有必要介绍的是《剑桥中国史》六朝部分（*the Cambridge History of China, Volume 2, the Six Dynasties*, Cambridge University Press.2019）。该书共有九百多页，作者是来自欧美、澳洲、中国大陆、中国香港和中国台湾的二十七位学者（中国大陆有荣新江、侯旭东两位参加），分三十个

章节探讨、综述了魏晋南北朝时期政治、族群关系、战争、农业、性别、艺术、宗教、哲学、物质文化等各方面的历史及其变迁,代表了国际汉学界该领域的最新成果。作者们认为中国历史在这一阶段因为异族的入侵而变得多样化,并且历史走向发生了显著的改变,这一时期文学日益独立,宗教蓬勃发展,并非完全混乱,一无是处。该书立足点与叙事方式跟国内的魏晋南北朝史研究相比有较大差异:首先,中国学者熟悉的大一统史观及"汉化"(sinolization)是不存在的,少数民族政权跟汉族政权之间的竞争、交流在他们的叙事中处于同一层次上;其次,对物质文化、宗教、性别有格外的关注和较为成熟的研究方法。但是,他们对墓志等资料的运用似不如国内学者娴熟。这些"他山之石"值得国内的魏晋南北朝史学者们批判性地吸收和借鉴。下文将以国内学者的研究为主,介绍2019的学术成果。

(一)传统的选题及研究范式下的成果

传统的魏晋南北朝史研究大致分为政治制度、世家大族、经济文化几大类议题,可以看出明显的条块分割。目前这样的研究面临选题殆尽,方法出新困难等困境,[①]但从已出版的作品看,传统研究课题在数量上仍然保持增长。其中政治制度研究是最重要的内容。高敏的《魏晋南北朝史料、札记及书评集》(人民出版社)是汇集一部先生生前研究成果的论文集,涉及对正史资料及《三国志》裴松之注引书考的研究等内容;《简修炜先生中古史论集》(华东师范大学出版社)与此类似,收录简先生生前论文三十四篇。黎虎《汉唐外交制度史》(中国社会科学出版社)考察了汉代各种外交决策制度、外交专职机构乃至地方行政与边防机构、边境镇抚机构(军

---

① 侯旭东:《关于近年中国魏晋南北朝史研究的观察与思考》,《社会科学战线》2009年第2期,第9~16页。

镇、都护）的外交职能等，此书堪称是20世纪这一领域的代表性论著。但新世纪学术发展迅猛，现在回望此书存在诸多局限。首先，关键概念"外交"的内涵不清晰；其次，仅从现象出发，按时代、国别进行简单分类的痕迹比较明显，许多地方以叙述过程（如解忧公主、冯嫽的事例）替代了深入剖析，这些都是先前学术范式的局限性造成的。张金龙《唐前太子卫率詹事制度研究》（光明日报出版社）是对太子卫率詹事类职官的纵向个案研究；张鹤泉《东魏北齐开府仪同三司考》（马志强主编：《北朝研究》第九辑）亦属此类。青年学者有的研究亦继承此学脉，《魏晋南北朝隋唐史资料》第三十八辑的两篇论文：周文俊《南朝官职除拜考述——以制度程序及过程为中心》、罗凯《卫将军"复兴"——汉魏制度变迁的一则案例》都是对制度网络中的问题的点状考证，但更加关注过程。

世家大族及其政治集团是传统魏晋南北朝史研究的另一类重要选题。此年度传统研究范式的零星成果有：李学功等《郡望吴兴，族鉴南浔——沈氏宗姓文化研究》（黑龙江人民出版社）考察了汉晋到南朝，吴兴沈氏从移民户到军功士族再到文化士族的演变过程；刘志国对北魏农学家贾思勰家族渊源、[①]郭硕对中古源氏做了考察；[②]张庆捷《高欢旧友与东魏北齐政治》（《史志学刊》2019年第1期）考察了高欢旧友形成的政治集团在从六镇起义到东魏北齐的政治进程中所起的作用和造成的影响。

此外，经济史、文化史、社会史作为传统魏晋南北朝史的重要组成部分，近年来的研究颇为沉寂。此年张剑光《中古时期江南经济与文化论稿》（上海古籍出版社）共收论文二十四篇，上编主要谈江南经济和城市的发展，下编从教育和饮食、娱乐活动等方面探讨江南，研究路数比较传统。

[①] 刘志国：《贾思勰家缘源流研究》，科学出版社，2019年。
[②] 郭硕：《中古源氏的郡望变迁与身份认同》，《魏晋南北朝隋唐史资料》第三十八辑，上海古籍出版社，2018年，第147~167页。

相比之下，陈彦良《币制兴衰四百年：魏晋南北朝的通货膨胀与紧缩》（格致出版社、上海人民出版社，此书曾于2013年在台湾由台湾清华大学出版）是一部魏晋南北朝经济史研究难得的佳作。该书利用墓葬和窖藏数据，结合传统文献，辅以货币学理，系统阐述了魏晋南北朝直至隋唐时期通货紧缩、通货膨胀肆虐的现象并剖析其原因——由于战乱和经济凋敝，各朝政府通过发行溢价的劣币来尽可能地汲取社会资源，偶有精良货币也因吏治败坏而轻劣化，且因朝廷放任，权贵私铸十分猖獗，于是国家信用彻底败坏，民间失去了货币使用偏好而转向以物易物。此外，由于"劣币驱逐良币"的效应，相对精良的古币退出交易，进一步加剧了货币信用体系的崩解。该书描绘了一幅长达三百余年的乱世画卷。

值得一提的是2019年的三国研究。在国内，或许是因为三国史掺杂了正史、笔记、演义、戏曲等多重难以彼此剥离的因素，前辈学者对三国历史的走向和节点已有高水平的分析，故近十年来三国史研究一直比较沉寂。这一年的重要专著有宋杰《三国兵争要地与攻守战略研究》（中华书局），对三国时期军事重镇、军事方略，以及战争的路线、关防、部署等做了较为全面系统的研究，并从经济区域、地形条件、交通、武器装备等方面分析了三国兵争要地的成因及其地理演变过程，是一部集大成性质的三国时期历史军事地理学研究专著。李万生《论所谓"人民不愿作战"——蜀汉亡国原因探讨之二》（《清华大学学报》（哲学社会科学版）2019年第6期）对王仲荦提出的蜀汉灭亡是由于益州"人民不愿作战"这一观点做了辨析，认为蜀汉的灭亡是因为战略错误，即没有在阴平桥头与江由之间的险要之地布防。对三国史研究更有兴趣的是日本学者。日本东洋史学者内藤湖南（1866—1934）著《诸葛武侯》由张真译成中文（江苏人民出版社）。该书考证严谨，显示了作者渊博的学识和深厚的学术功底。关尾史郎《三国志的考古学——出土资料所见的三国志与三国时代》（东方书店）根据中国各地的简牍石刻、漆器陶器、画像石、墓葬壁画等多种出土资料，从曹氏族墓出土的刻字砖及相关文物考察了曹氏家族和曹操之死；从朱然墓出土简牍考察了名刺、名谒；从走马楼吴简考察了孙吴地方行政和地域社会；从高台地埂坡四号墓壁画看诸葛亮的"北伐"；等等。该书覆盖面广，资料新颖，是近年来高水平的三国史研究。《〈三国志〉的世界》则是一部日本学者的兼有科普性质和学术讨论的文集，选题包括对诸葛亮、曹操、关羽、吕布的研究，《三国志》的史实考证，《三国演义》所反映的各种面相（涉及文学、市井生活、历代批注等），甚至还涉及三国电影的影响等话题。日本学者在剥离《三国演义》影响，还原真实的历史叙事方面暂时走在中国学者前面，但在学术著作中讨论三国电影的影响反映了日本史学"后现代主义"抬头的趋势，这一趋势目前还在继续增长。

除了传统政治制度、世家大族、经济文化，传统魏晋南北朝史研究的另一领域是对文献、墓志、碑刻等的考订。近年因吴简和碑志新资料发现的刺激和"史料批判"所导致的文献学方法进步，研究在不断进益。文献方面，首先是由中华书局主持，吴玉贵、孟彦弘承担的《隋书》的点校。《隋书》新修订本以百衲本作为底本，充分利用正史、类书、文集、墓志等资料进行了他校的工作，标点改动五百多处，纠正了原点校本的一些明显的断句错误。① 孟刚、邹逸麟《晋书地理志汇释》（安徽教育出版社）则把目前所发现的直接与《晋书·地理志》相关的考证论著、论文、考古资料等尽量搜罗齐备，并利用了《中国历史地图集》的未刊释文；张学锋、陆帅的新整理——唐人许嵩《建康实录》（南京出版社）吸收了此前张忱石、孟昭庚等不同校本的优点，参照其他刻本，并结合六朝建康城的城市遗址、墓葬资料等地下出土遗物及地面遗存，将《建康实录》中能够图示化的内容尽可能呈现出来；② 许楗

---

① 《人民日报·海外版》2019 年 5 月 24 日，第 7 版。
② 张学锋：《新版〈建康实录〉整理说明》，《南京晓庄学院学报》2019 年第 5 期，第 23－26 页。

编、黎经诰注《六朝文絜笺注》（四川人民出版社）收录七十二篇骈文，对于历史学者而言，其中收录的诏、敕、令、表、疏、启、笺、移文、诔等官私文书，以及碑、铭等文献，提供了广泛的一手资料。董志翘、冯青《〈世说新语〉笺注》（江苏人民出版社）的特色是将篇幅不少于《世说新语》原文的刘孝标注一并注释。

此外，目前方兴未艾的是从文本的辑佚、校勘及异文研究出发，对文本形成的过程做逐层剥离式研究。聂溦萌、陈爽主编《版本源流与正史校勘》（中华书局）汇集了多篇依托中华书局点校本"二十四史"及《清史稿》修订工程而展开的研究成果。其中聂溦萌《〈晋书〉版本演化考》《〈晋书〉两种宋刻二十七字本的考察》对《晋书》的版本演进及其细节做了考证。陈爽《〈世说敬胤注〉所见东晋佚史考》（《文史》2019年第一辑），从历史文献学的视角重新考察，认为独家保存了《世说新语》敬胤注的南宋汪藻所撰《世说新语叙录》是极为珍贵的《世说》早期研究著述，敬胤注本保存了大量已佚东晋历史著述的原始本及多处东晋南朝历史人物谱系记述，是研治这一时期历史与人物不可多得的第一手史料。北京大学中国古代史研究中心、《唐研究》主办，中华书局承办的"中古正史文本的形态与流变"学术会议于2019年11月召开，其中数篇会议论文，如陈爽《写本时代正史文本的散佚与正史校勘中的佚文措置》、林昌丈《观念、制度与文本编纂——论魏晋南北朝的"州记"》、鲁明《中古类书引存正史琐议》、真大成《"文本互见"与"互见文本"：以中古史书为例》、景蜀慧《现存六种宋刊本〈陈书〉简述》均显示了利用辑佚、校勘，对文本形成做逐层剥离式研究的路数。

碑刻和墓志。2019年最重要的著作是刘琴丽编《汉魏六朝隋碑志索引》（中国社会科学出版社）。该书限定了碑志的范围（仅收墓碑和墓志），指出前人的同类作品或遗漏、或繁复、或分类不当，且查找相对不便的不足。索引收录汉代七百七十六方，另外东汉刑徒砖六百九十三方，三国一百四十九方，晋朝五百零七方，十六国三十二方，南朝（宋、齐、梁、陈）二百五十方，北朝（北魏、东魏、西魏、北齐、北周）一千七百一十六方，隋九百三十方。伪刻（含疑伪）碑志二百四十四方，并附有人名索引，是相对而言内容完整、查找便捷的石刻文献资料。此外，王萌、魏长虹对北魏《姬静墓志》，①刘凯对东魏《张琼墓志》做了考释。②国外学者中，明治大学广开土王碑刊行委员会编《明治大学图书馆所藏高句丽广开土王碑拓本》（京都：八木书店）收录了高句丽广开土王碑的整纸本、剪装本，并收录了数篇中日学者对碑的研究历史及相关问题进行探讨的论文。

简牍和文书。这一年刘安志主编《吐鲁番出土文书新探》（武汉大学出版社）所收十七篇论文是国家社科基金重大项目"吐鲁番出土文书再整理与研究"（项目编号17ZDA183）的前期阶段性研究成果，其中有若干篇对吐鲁番文书进行具体考证的文章，如王素《吐鲁番新获高昌郡文书的断代与研究——以〈新获吐鲁番出土文献〉为中心》《高昌王令形制综论》；陈国灿《〈北凉高昌郡高宁县条次烽候差役更代簿〉考释》《对高昌国诸城"丁输木薪额"文书的研究——兼论高昌国早期的诸城分布》《对新出一批高昌券契的认识》，都是对吐鲁番文书的再研究。长沙简牍博物馆编《长沙走马楼吴简书法研究》（西泠印社出版社）精选一百六十四种有准确纪年时间、书手明确以及涉及人、事清楚，书法成就高的简牍，提供了书法断代史研究的宝贵第一手资料。但利用简牍进行政治、经济、社会等方方面面研究的是大宗，它跟"新政治史"的研究紧密纠缠在一起，下文将对此进行梳理。

（二）"新政治史"的尝试与突破

近年来，前沿青年学者们的选题与突破，集中体现了"新政治史"的

---

① 王萌、魏长虹：《北魏姬静墓志考释》，《文物春秋》2019年第1期，第65~71页。
② 刘凯：《东魏〈张琼墓志〉疏证》，《华夏考古》2019年第3期，第82~87页。

成果。"新政治史"大致可分为：第一，史料批判和历史书写；第二，各具体领域（包括国家和基层的治理方式、礼制等）的展开，详见下文。

首先是史料批判与历史书写。以往这方面的研究是笼统地包含在史学史中的，如2019年出版的朱渊清编辑《朱希祖史学史选集》（中西书局）辑选朱希祖作品中与史学史有关的文章，涉及到魏晋南北朝的有：《萧梁旧史考》《十六国旧史考》《汉唐宋起居注考》《蜀王本纪考》《驳〈史通〉元魏著作局及修史局说》《驳〈宋书〉晋制著作佐郎始到职必撰名臣传一人说》等，都属于传统的史学史研究。罗新认为批判、怀疑与想象力是历史学家的美德，它让人们不滥用或错用历史去阻碍人类的心智发育，还用一系列个案讨论了史料的运用及反思、历史的记忆与遗忘等问题，①这极大鼓舞了青年学者的历史书写与史料批判研究。2019年"中古史研究资讯"微信公众号5月14日推介了台湾学者陈俊伟《叙述观点与历史建构：两晋史家的"三国"前期想象》（台北秀微资讯科技股份有限公司）一书，该书是近年对《三国志》正史进行史料批判分析最重要的专著。作者认为两晋史家在三国史书的编写中互相竞争，这种竞争加上政治党争，造就了不同的"三国正统观"，进而造就了史实的位移。该书对正史记载的立场、史料的取舍做了逐层剥离式的考证，这种逐层剥离显示了史料学的长足进步，它使得正史在古人编撰中的讳饰、隐匿、迂曲成分逐渐大白于天下。史料批判的研究还比较集中地体现在2019年8月23日至26日在山东大学召开的"如何突破瓶颈：第十二届中古史青年学者联谊会"这一平台所发表的部分论文上，如熊昕童《汉唐间官修列传取材机制的演变——以"状"与"行状"为中心》以汉唐之间正史人物列传的撰写机制为对象，认为史官制度的变革和行状的演变这两大动因导致撰写机制的转型，评议人认为要警惕过于

---

① 罗新：《有所不为的反叛者：批判、怀疑与想象力》，上海三联书店，2019年。

清晰的线索，以防简单化之弊。①

史料学的进步提供了各方面突破瓶颈的可能性。"新政治史"进而将视野扩大到了政治展开的动态和制度产生、流变的线索等议题中，它将政治文书放在政务规程运行中考察，如赵立新《汉魏两晋南朝官僚选用文书的演变及其意义——以状、行状、簿状和簿阀为主的考察》（第十二届联谊会论文）；它还注意到了人物或群体在政治网络中的作用，如林晓光《萧赜评传》（上海古籍出版社）还原历史场景，鲜活地描摹了南齐武帝萧赜的一生。陆帅《萧梁前期的晚渡北人：新刊梁〈普通二年墓志〉小考》（《魏晋南北朝隋唐史资料》第三十八辑）、宋燕鹏《梁末入邺文士之史事钩沉》（《北朝研究》第九辑）。刘军以新见北魏《王曦墓志》为中心，考察了中古门阀贵族机制，②都显示了对"人"的关注。

"新政治史"的成就有目共睹，对这一点仇鹿鸣联系国内、国际史学的发展理路，条分缕析，做了全面总结。③此外，青年学者们还走出书斋，行万里路，在2018年夏到河南等地进行了实地考察，《问彼嵩洛——中原访古行记》就是他们的集体思考结晶。虽然其中专业性田野调查的方法尚不充分，但体现了想象力这一可贵素质在这群青年历史学者中的广泛存在。④近年来，"新政治史"的研究理路伸向了多个维度，大致可概括为两方面：第一，国家权力层级的组织方式和其他表现形式；第二，基层的治理和自存方式。下面试

---

① 熊昕童：《汉唐间官修列传取材机制的演变——以"状"与"行状"为中心》，澎湃新闻，https://www.thepaper.cn/newsDetail_forward_4274099，2019年9月1日。

② 刘军：《中古门阀贵族制机理窥管——以新见北魏王曦墓志为中心》，《北朝研究》第九辑，科学出版社，2018年，第135~145页。

③ 仇鹿鸣：《事件、过程与政治文化——近年来中古政治史研究的评述与思考》，《学术月刊》2019年第10期，第160~171页。

④ 耿朔、仇鹿鸣主编：《问彼嵩洛——中原访古行记》，中华书局，2019年。

分别论述。

1. 国家权力层级的组织形式和其他表现形式

此议题是对国家组织形式的具体探索，目前正从以往那种简率、大而化之的定调式研究中走出，处于积累案例的阶段。韩国学者崔珍烈的《中国北朝地方统治研究》在研究北朝地方统治结构时达到了时间、空间全覆盖——时间上从北魏平城时代到北周；空间上覆盖了整个北朝的统治区域，从中央到地方对各种人群的各种统治方式毫无遗漏地涉及，该书九百多页，堪称该专题的断代鸿篇巨制。在权力层级的地理空间分布上，都市是展现中央统治的政治空间，承载着政治、经济、文化、礼仪、生活诸多层面的功用。南开大学2017年"南开中古社会史工作坊"论文集《中古中国的都市与社会》由夏炎主编，2019年在中西书局出版。其中张学锋、陈刚《孙吴、东晋的都城空间与葬地》、沈丽华《东魏北齐邺城都城布局与复原研究述论》均从地理空间来研究政治营造。钱国祥《北魏洛阳宫城的勘察研究新进展》则是从考古角度进行都市研究的成果。①

礼制是处于直接的政治权力之外，但处处体现权力层级且覆盖全社会的制度设计，近年逐渐成为研究热点。台湾学者郭永吉的《帝王学礼：自汉至隋皇帝与皇太子经学教育礼制研究》（台湾"中央大学"出版中心）探讨自汉至隋皇帝与皇太子的经学教育礼制，依受学期间、学成仪式与学成后再度研习三个阶段进行论述。该书的不足是：第一，没有区分作为展演

---

① 2017年1月，"中国中古时期（4至7世纪）的文化与文化多样性"学术会议在德国慕尼黑举办，二十余位中国学者参与讨论，论文集《从考古与文献看中古早期的中国北方》由宋馨等编，2019年出版。魏坚《牛川古城与北魏六镇》、丁慕妮（Monique Nagel-Angermann）《从史籍看中古世纪早期中国北方的文化多样性》、田立坤《四世纪夫余史迹钩沉》三篇论文均列其中。下文正文和脚注出处为"宋馨2019"均出自此论文集。

（performance）的礼典和其他不含礼仪性质的实际行为（受学、讲经）二者的关系，以至让"礼"所包含的内容无限扩大化；第二，对作为制度之源的先秦礼书中的"学礼"缺乏经学及制度层面的了解；第三，对于唐朝"学礼"在礼制史演进过程中"重构"的创新之处未曾点到，这也是当下礼制研究中普遍存在的问题。甘怀真《〈周礼〉与中古时期的城乡关系》[①]也存在上述问题。相比之下，第十二届联谊会的两篇论文是扎实的个案研究，赵永磊《北魏的华夏天神祭祀再探》认为北魏郊社所祀天神近乎全尊郑玄学说，更近于曹魏明帝时期的旧制；[②]黄桢《龙舟上的北魏皇帝》认为孝文帝以华夏文化中的"龙舟"作为政治符码，将其植入北魏的政治文化之中；[③]洲脇武志《王倹の礼学—穆妃の葬喪儀礼への対応を中心に》（日本六朝学术学会第23回大会论文）反映日本青年学者也在进行礼制个案研究。刘凯对三国至北魏太和年间政府与民众眼中的西门豹形象在"贤臣"与"神人"间的游移做了考察。[④]神祀的性质和层级是服从于《礼记·祭法》所定规制的，中古时期这方面研究因为资料的限制，目前尚未受到重视，日后尚有空间。

综上，礼制研究与纯粹的政治史不同，它仰赖前朝积淀的礼经学传统和不断变动的当下政治叙事需要而存在，并经历一次次重构。研究礼制要求学者有较深的礼经学素养，这方面将来还有待范式的积累，作为制度史

[①] 夏炎主编：《中古中国的都市与社会》，中西书局，2019年，第1~24页。

[②] 修改后标题为《争膺天命：北魏华夏天神祭祀考论》，发表于《历史研究》2020年第4期，第74~97页。

[③] 黄桢：《龙舟上的北魏皇帝》，《唐研究》第二十五卷，北京大学出版社，2020年，第403~440页。

[④] 刘凯：《贤臣·神人与异化的神明：西门豹邺地成神的轨迹及其异化》，《东岳论丛》2019年第7期，第61~74页。

组成部分的礼制研究还有十分广阔的研究空间。

2. 基层的治理和自存方式

鲁西奇《谁的历史》(广西师范大学出版社)提出了中国古代乡村聚落形态研究的理路与方法。学者们的许多具体研究正是按照这样的路径展开的。陈爽总结了既往中古士族研究的不足,展望了历史人类学应用于中古士族研究的可能性。[①] 走马楼吴简的出土以及晋唐碑刻的不断发现,使得利用简牍和碑刻资料对乡里基层组织进行复原成为可能,目前已是一大热点,拥有众多成果。张荣强的《简纸更替与中国古代基层统治重心的上移》(《中国社会科学》2019年第9期)认为简纸更替对中国古代地方的行政管理与权力运作模式产生了重要影响。秦汉时期由于简册书写不便,户籍等各类基础账簿只能在乡制作,其负载的管控民众、征发赋役的基层行政功能也主要是在国家权力末端的乡一级展开。纸代替简册后,各种基础账簿上移至县廷制作,但县廷并不具备直接面对分散个体小农的能力,随着唐后期地方社会结构的变化,新兴士绅阶层逐渐登上乡村政治舞台,从而开启了"皇权不下县"的局面。文章清晰地梳理了简纸更替在统治技术上对汉唐乃至后世王朝控制基层的能量及其落脚点的转变。此外,学界对吴简反映的基层社会面貌有许多细化研究:凌文超《吴简与吴制》(北京大学出版社)从精准分析不同的吴简个案入手,探讨它们各自反映的制度(如举私学簿的牍文与占募制度的关系,隐核新占民簿与户籍体例、举私学的关系,隐核州、军吏父兄子弟簿所反映的州、军吏与编户民户籍的关系,通过私生口估税簿与户下奴婢、客的关系,等等),该书承袭了作者一贯精细的风格,深入考察了社会组织方式和官府控制下的经济制度细节;徐畅根据吴简资料及长沙城考古成果,对孙吴至刘宋临湘辖乡的情况展开分析,认为孙吴

---

① 陈爽:《垒壁与交集:中古士族研究中的历史人类学借鉴》,《史学月刊》2019年第3期,第5~11页。

黄武至嘉禾年间(222—238)本地辖平乡、广成乡、都乡、东乡、桑乡、中乡、小武陵乡、模乡、西乡、乐乡、南乡十一乡,临湘为江南大县;①戴卫红对吴简所见的各种各样的"帅"做了探讨,认为"帅"不是统率之意而为名词,屯田帅为屯田司马和屯田民之间的纽结,屯田民分散在各丘居住,由屯田帅统率,而屯田帅由屯田曹来任命管理;佃帅是在佃种过程中产生的首领,而"乡吏魁帅""乡典田吏及帅"这样的连称则表明"帅"与乡吏、里魁同为政府任命的地方基层吏员,②加深了学界对孙吴时期基层行政组织及其职官的认识。

在区域社会的基层面貌方面,因资料的增加,更因研究方法的进步,水平大大提升。此年林昌丈的研究具有代表性。作者通过对六朝冢墓铭文仔细分析,认为墓志铭中的地名作用是招魂和标识亡人"乡里",亡人"乡里"逐渐和葬地、坟茔等相对固定的空间关联,促使"旧墓"情结形成,对异地亡人"旧茔"的营建体现了流寓士人的"旧墓"情结和对死后魂归"旧里"的想象。这种亡人"乡里"的构建在时空上是移动的,亡人通过"买地"的方式先于生人获得"新乡里"安顿于异壤,是侨民土著化的重要开端。③该文的研究突破了墓冢墓铭文仅作为资料的碎片化考证理路,将观察视点挪到亡灵"乡里"的若干层空间移动上,通过层层剖析,复原了亡人"乡里"的想象过程所构建出的冥世面貌的先后变化,无论是视角还是方法都有重要突破。此外,李永生利用带有"余广州"或"余吴土"字样

---

① 徐畅:《三国孙吴临湘侯国辖乡的数量与名称再探》,《人文杂志》2019 年第 10 期,第 106~115 页。
② 戴卫红:《长沙走马楼吴简中所见"帅"的探讨》,《魏晋南北朝隋唐史资料》第三十八辑,上海古籍出版社,2018 年,第 33~58 页。
③ 林昌丈:《冥世的"乡里"想象——以汉六朝冢墓铭文为中心》,《社会科学战线》2019 年第 11 期,136~150 页。

的西晋"永嘉砖铭",尝试考察砖铭墓主的社会身份和地位,将其与当时的社会政治情况相勾连,分析砖铭产生的历史原因,评议人认为尚需充分考虑墓葬砖铭的文体和场合。①安然(Annette Kieser)从考古角度综览了东晋社会的概况;②黄敏《汉魏六朝石刻乡里村坊研究》(中国社会科学出版社)介绍了石刻乡里村坊的研究概况,包括汉魏两晋南北朝石刻中的乡里,洛阳、邺城、长安的里坊,还考察了石刻乡里村坊与北朝家族墓志之间的关系。

以上是大概能归入"新政治史"领域所取得的各维度的研究成果。成果无疑是丰硕的,但"新政治史"毕竟起步不久,也存在各种不足,表现在:第一,很多青年学者的制度史研究大多是直接深入一个个点的问题,彼此有机的关联甚少,范式的来往交错虽然可见,但很难说已经形成了成熟的交集和一致共识;第二,在世家大族和乡里基层研究领域,中古史学者普遍不熟悉历史人类学的研究范式且缺乏严格训练;利用吴简、石刻等研究基层社会,不同的研究水准差距较大。

在2019年魏晋南北朝史研究中,有突破,也有类聚。在政治史以外,更多的议题及成果正挟带更新颖的研究范式走来,如同云块聚集。下文便是这方面的内容。

---

① 李永生:《余吴土,盛且丰:砖铭所见西晋末年广州的地方社会》,"如何突破瓶颈:第十二届中古史青年学者联谊会"论文,济南,2019年8月。

② Annette Kieser(安然): *Eastern Jin Society from the Perspective of the Archaeological Evidence: A Preliminary Survey*(从考古角度看东晋社会).Shing Müller, Thomas O. Höllmann, Sonja Filip. *Early Medieval North China: Archaeological and Textual Evidence*. Wiesbaden: Harrassowitz Verlag, 2019.

二、变动中的"区块链":各"政治体"的演进和边裔政治格局

类聚之一,是魏晋南北朝时期各"政治体"的演进及边裔政治格局研究,它是一种变动中的"区块链",这一领域的传统关键词是"汉化"和"民族大融合"。2019年社会科学文献出版社再版了两部经典的五胡十六国个案研究,一是周伟洲《汉赵国史》,该书考察了刘渊的族姓及汉建立、发展、兴盛及内乱(赵国继立)、衰亡的过程及汉赵国的政治制度、社会形态,是研究匈奴建立的汉－赵国的经典之作。另一部是赵向群著、贾小军修订的《五凉史》,该书考察了魏晋南北朝时期河西地区相继出现的五个割据政权,前凉(汉族张氏)、后凉(氐族吕氏)、南凉(鲜卑秃发氏)、西凉(汉族李氏)、北凉(匈奴沮渠氏),分十个专题将短暂的五凉历史置于汉唐间上千年的历史进程中进行宏观考察。尚永琪《北燕史》(中国社会科学出版社)分通史、典制、传记三方面考察了北燕的建立、发展、灭亡及经济社会、典章制度各方面情况;高然《慕容鲜卑与五燕国史研究》(北京大学出版社)考察了慕容鲜卑的来源与迁徙,前燕、后燕、西燕、南燕、北燕的建立兴衰、选官制度及胡汉分治,兼及军事制度、社会经济、宗教信仰。该书比20世纪的有关研究要更加系统和完善。

除了继承传统,更重要的是新成果的类聚。这种类聚得益于"政治体"这一比"部落联盟"更为强大的解释概念的提出,以及学者们日益开阔的国际视野。罗新《王化与山险——中古边裔论集》(北京大学出版社)无疑是这一年的前沿之作,该书收录作者二十九篇论文,分"边裔与中心""发现与想象""名号与传统""墓志与历史"四个模块结集。作者对吴简、墓志资料高度熟悉,对中古时期处在中原王朝和游牧帝国、绿洲国家间的中亚地缘政治格局变迁了然于胸,对西北史地有切身认识,对英文成果广泛涉猎,甚而对突厥语有一定程度的涉猎,这多种条件的综合加上作者纵横

捭阖的想象力和捕捉历史细节的敏感，往往在还原历史场景、交代宏大格局的同时更能于细微处发现前人因知识结构不足而忽略的真相——有的勾勒出了中原王朝和游牧政治体、绿洲国家之间的博弈，如《墨山国之路》《茹茹公主》《汉唐时期漠北诸游牧政权中心地域之选择》等；有的刻画出了中原王朝对各种"深险"山民进行征税征兵，进而将之归入"王化"的历史进程；还有的通过墓志中的蛛丝马迹考辨历史上发生过的重要事实及牵连的政治格局之变。纵观全书，以往概念式的"汉化"叙事法被打破，如《北魏皇室制名汉化考》《十六国北朝的五德历运问题》重建了"汉化"进程中的一些细节；对民族的重构也有了全新的考察，如《从民族的起源研究转向族群的认同考察》《民族起源的想象与再想象——以嘎仙洞的两次发现为中心》，展示了作者勤于思考、敢于出新的学术素质。该书在诸多领域均达到了超迈前人的水平，引领着当下的学术潮流。

此外就是一些不同时间段上的个案研究。魏坚研究了牛川古城与北魏六镇的关系；丁慕妮（Monique Nagel-Angermann）从史籍综览中古时期早期北方的文化多样性；田立坤对4世纪的夫余史迹做了考察；朱艳桐利用墓志碑刻、西域文书，考察了北魏至唐沮渠氏的发展脉络；① 板桥晓子考察了仇池政权与晋宋交替的关系，认为在两晋五胡十六国时期的仇池政权比较稳定地维持了晋朝藩屏和接受晋朝遗民的角色，与晋朝的关系延续到晋宋交替后，并奉刘宋为正统王朝。② 有些论文试图理清线索，如彭建英《从部落联盟到游牧帝国——漠北回纥的建国之路与族群整合》（《早期中国史研究》第10卷第2期）、韩生存《北魏平城与丝绸之路》（《北朝研究》第9辑）；

---

① 朱艳桐：《北魏至唐沮渠氏踪迹钩沉——以墓志碑刻、西域文书为中心》，《中国边疆史地研究》2019年第4期，第57~66页。
② ［日］板桥晓子：《晋宋交替与仇池政权》，"如何突破瓶颈：第十二届中古史青年学者联谊会"论文，济南，2019年8月。

或勾画格局，如姜望来《中古史籍与道经中所见"六夷"与"中国"》(《魏晋南北朝隋唐史资料》第三十八辑）。还有两部此年出版的专著，一是彭丰文《魏晋南北朝时期边政研究》（新北：花木兰文化出版社）从边政和大一统的关系出发，按时间顺序依次考察魏晋南北朝时期各政权在边疆经略方面的政治、军事政策，经济文化开发的措施与成效，包括曹魏征讨乌桓、高句丽，蜀汉平南中，孙吴入岭南，两晋南北朝的边疆经略、屯田等，并总结了治乱经验；二是苗霖霖《中国古代北方游牧民族行国体制研究——以鲜卑为中心的探讨》（黑龙江人民出版社）广泛利用历史学、考古学、民族学、人类学与社会学等学科的相关成果，采用"二重证据法"和"量化分析法"，对以鲜卑为代表的我国古代北方民族游牧行国体制发展、演变进行了系统研究。

古代中国的族群构成是多元和变动的。魏晋南北朝时的在华粟特人是一个群体，学者们对此的研究越来越成熟。斯加夫（Jonathan Karam Skaff）《高昌国（442—640）时期吐鲁番地区的奴隶制与胡奴》（宋馨2019）、丁爱博（Albert E. Dien）《入华粟特人的生命历程：从"萨薄"到"s'rtp'w"》（宋馨2019）都是具体研究。此外，关于婆罗门文化对中国的影响的问题终于有专著出版。严耀中先生经过十余年的努力，从数以千计的文献和文物中钩沉出婆罗门教和婆罗门文化在中国古代存在的种种证据，整理出了神职人员及其传教活动、宗教场所、经籍、信徒墓葬等的线索，并且考察了婆罗门教与佛教的关系、婆罗门教传入中土的文献和文物资料，包括图像、经汉译佛典以及婆罗门教对中土文化各方面的影响。①

此年度日、韩学者有几部颇有分量的专著，一是川本芳昭著《东亚古代的诸民族与国家》（刘可维译，社会科学文献出版社），该书是具有东亚国际视野的"区块链"研究的代表性成果，涵盖了汉唐到辽金漫长历史进程中的东亚格局。第一篇以民族问题为中心考察了汉唐间中国北部的动

---

① 严耀中：《中国古代的婆罗门教和婆罗门文化影响》，中华书局，2019年。

向,涉及乌丸、鲜卑民族"政治体"的发育;第二篇从"新"中华意识的形成入手,考察汉唐间东亚的动向与古代日本的国家形成;第三篇考察了汉唐间中国西南部的多民族状态及它们跟日本的联系;第四篇涉及到辽金的正统观,古代朝鲜、日本"中国化"的关联,北魏与元、辽的比较及中华帝国的构造等问题,具有东亚的全局性视野。二是三崎良章《五胡十六国——中国史上的民族大迁徙》(刘可维译,商务印书馆),该书认为五胡十六国时期,众多民族在中国大地上强调自我、相互融合,创造出新的时代。第一章梳理东汉、曹魏、西晋少数民族的发展动向及中原王朝的应对措施;第二、三章以政治的演变过程为中心叙述"十六国"的兴亡变迁;第四章从五胡十六国与周边的关系,佛教的发展等方面探讨它们是如何自我定位的;第五章探究这一时代人群迁徙的整体轨迹;第六章通过文字资料与墓室画像来考察诸民族融合的实态。该书系统性强,五胡十六国的动荡和纷乱在作者笔下追溯源流、知往知来,呈现出了较为清晰的脉络。三是金子修一《古代东亚世界史论考》(京都:八木书店),该书是一部各专题独立,但彼此有衔接的论文集,揭示了以中国为中心的东亚诸国所形成的世界及其互动历史,包括邪马台国、倭国、渤海国、突厥、高句丽、百济,以及周边诸国形成的国际秩序。作者考察了在以唐朝为中心的东亚世界中,百济、日本、渤海国乃至突厥等政治体跟唐朝交融所形成的政治关系网的格局及变迁。韩国学者张寅成著《百济的宗教与社会》(全莹、金春译,社会科学文献出版社)由分析百济国的政治生活及与其密切相关的文化史、社会史的多篇研究论文构成,内容涵盖祭祀、道教、巫术、生死观念等诸多方面。该书综合运用了汉唐时期汉文史料和韩国全罗道、忠清道等地的本土考古资料来研究百济人的祈愿、人生观、世界观等精神世界,提出了一些新的见解。

变动的"区块链"的研究是目前的热点,但因为目前大部分学者们真正意义上的国际化学术训练尚未完成,这方面的研究范式还在积累中。

三、"物"的历史

上文主要描述的是突破,对魏晋南北朝史研究而言,同等重要的是类聚。这是因为新的议题在不断开发,物质、性别、知识、信仰诸方面,各有各的历史,这些不同的知识点在原先的学科壁垒下囿于不同的研究领域,在突破瓶颈的当下,这些议题成果慢慢类聚,开始汇集成魏晋南北朝时期万花筒般的多面景象。下文分别阐述。

"物"的门类千差万别,加上有大量考古发现的实物资料,值得书写的内容较多,大略可分为以下三方面。

(一)墓葬和壁画

墓葬是一种封闭于地下的空间,是承载着考古、历史学等诸多学科研究的物质文化载体。魏晋以后,墓葬图像中的宴饮、仪仗成为丧葬仪式的主流,以体现墓主人的身份、展示威仪。宋元墓葬则试图将墓主人生前的生活和死后享乐融为一体。[①]南朝墓葬方面,王勘、邵世海编著《六朝遗韵:沿着朱偰先生的足迹》(陕西人民出版社)由"主题南京"团队策划,该团队沿着朱偰先生的足迹,图文并茂地记录六朝陵墓石刻八十年变迁;邵磊《南京历代陵墓》(南京出版社)采用文献资料与实地调查相结合的方式,分时期分阶段对南京上至先秦,下至民国的重要陵墓进行了详细梳理和考证。白云翔以北朝墓葬为中心,考察了北朝时期的文化交流与融合。[②]张文平、包桂红对20世纪30年代至今的内蒙古魏晋北朝考古做了总结,认

---

① 齐东方:《生与死——两个世界的徘徊》,宋馨2019。
② 白云翔:《北朝时期民族文化交流与融合的宏观考察:以北朝墓葬遗存为中心》,宋馨2019。

为鲜卑部落联盟时代、代魏、北魏到北齐、北周时期的主要考古资料多有创获，盛乐地址、行宫、祭祀遗址、长城等具体地址和面貌进一步清晰，今后研究方向是通过墓葬出土资料构建鲜卑代魏考古学文化序列；通过发掘明确北魏盛乐神元旧都、盛乐北都、云中宫等问题；探讨朔州、云中镇等行政军事建制；探讨北魏祭祀遗址、行宫、镇戍城邑、长城体系、对外交通线路等。[①]

陶瓷是重要的物质史料，往往跟随墓葬出土。谢明良《六朝陶瓷论集》（生活·读书·新知三联书店）是作者多年研究六朝陶瓷的学术论文集，上篇分析了江苏六朝墓出土陶瓷的分布、各期特征、器物组合，并以考古类型学方法分析了福建、江西六朝墓出土的陶瓷；中篇分析了六朝陶瓷的装饰，包括三国两晋时期越窑青瓷所见的佛像装饰、六朝青瓷褐斑装饰及其对北齐、隋唐的影响；下篇对墓葬器物及《颜氏家训·终制》所载葬具做了考察。该书是目前最为详尽而系统的六朝陶瓷研究专著，突破了以往单纯的考古类型学分析框架。

壁画是墓葬的重要附属物。以往的考古类型学方法无法解读壁画的图像细节，近年来美术史研究方法的长足进步使得壁画研究取得了突破性进展，韦正《将毋同：魏晋南北朝图像与历史》（上海古籍出版社）是这方面的代表作。该书通过河西魏晋墓葬门墙画像砖和酒泉丁家闸5号壁画考察了魏晋时期的天界想象，并从南朝墓葬的竹林七贤壁画的衰亡总结了东晋南朝时期汉晋墓葬（晋制）壁画系统的终结。还考察了北魏平城时代大同墓葬壁画（大蒐礼、狩猎图）所见证的汉晋到北朝的社会剧变，并探讨了"洛阳规制"的由来；作者还清理了汉末－北朝墓葬形制和墓葬壁画的基本线索，并对集安高句丽壁画墓葬做了考古学和美术史研究，探讨了集安

[①] 张文平、包桂红：《内蒙古魏晋北朝考古综述》，《草原文物》2019年第1期，第17~20页。

与平壤高句丽壁画墓葬之关系。该书对墓葬壁画资料做了综合性分析，是目前所能看到的集大成式的系统化分析。台湾学者中，林圣智《图像与装饰：北朝墓葬的生死表象》（台大出版中心）是这方面水平出色的代表作，该书以北魏墓葬材料为主体，由"图像制作""空间结构""丧葬礼仪""政治社会脉络"四个层面考察图像与装饰在形式与意义上的交互作用；从墓葬的物质文化和图像反观北魏、北齐的政治秩序、群体记忆，以及丝路东段社会生活的流变过程，还从一些承载历史信息的具体物件如石床围屏入手，考察粟特人与北魏墓葬文化之间的承继关系，是迄今所见最为系统、方法最前沿的北朝墓葬图像及实物研究。与此相呼应的个案研究有：曾庆盈《北魏时代的自我画像：以沙岭M7与雁北师院M5为例》进行的壁画研究（宋馨2019）、张庆捷《忻州九原冈北朝壁画墓军事内容窥探》（宋馨2019）、倪润安《北魏平城灰枕葬俗考》（宋馨2019）等。日本学者关尾史郎、町田隆吉主编的《砖画、壁画所见魏晋时代的河西》（东京：汲古书院）是一部论文集，收录了从砖画、壁画资料研究魏晋时代的河西的多篇论文，其中新城墓群、祁家湾古墓等资料均受到日本学者的注意，这些资料被用来研究朝服制度（小林聪）、乐器及宴饮场面（荻美津夫）、武器（内田宏美）、耕作方式（渡部武），反映了日本学界考古学和美术史研究范式也在结合，并产生出最新成果。

（二）佛教遗迹和遗物

魏晋南北朝是佛教传入并兴盛的时代，佛教遗迹遗物众多。谢志斌《中土早期观音造像研究》（中华书局）是本年度观音研究代表作。作者以二十万字的篇幅搜集并分析了隋以前一百五十五尊观音造像，总结了观音造像在印度显教、密教时期的状况，以及观音造像在通过丝绸之路南、北道传入中土的过程中的流播状况，并按流派（净土类、救难类、混合信仰）进行了详细的个案考察，还对中土早期观音造像的宗教内涵、与中国文化的关系做了思考。此外,中国社会科学院考古研究所、河北省文物研究所编《邺城北吴庄出土佛教造像》(科学出版社)是对2012年北吴庄佛教造像埋藏坑清理的阶段性总结。坑内出土造像数量众多,时代绝大多数为东魏、北齐,个别为北魏、北周和隋唐时期,有题记的造像三百余件,造像样式除中小型白石背屏像外,还有部分中型或大型单体圆雕像,题材涉及释迦、定光、弥勒、药师、阿弥陀、卢舍那、观世音、思惟太子以及释迦多宝等。该图录是北吴庄出土佛教造像整理的阶段性成果展示。韩国学者权智英《灵验的冥界:中古时期中韩十王画的演变》(夏威夷大学出版社)是另一部佛教图像研究的代表性英文专著。东京的静嘉堂文库美术馆的十王画卷轴是现存渲染佛教地狱最辉煌的作品之一,但它们的起源和意义尚待充分探索。作者在调查东亚地区的文字、经文、考古和视觉材料时,以五百多幅十王画作品为基础,构建了这些绘画演变的模式,揭示其可能的起源。此外,还有蔡宗宪、[1]朱岩石、[2]邵正坤、[3]张志忠、[4]毛铭[5]等学者做的个案研究。

(三)马匹、写本、书籍、生活器用等"物"所反映的历史

"物"在魏晋南北朝时期代表着不同的文化符号的同时,还反映了政治权力掌控下物质资源的竞争和物流线路的构成。第十二届联谊会有两篇涉及到此内容:胡鸿《牝马、酪酒与北族王朝——释北魏正始四年禁河南蓄

---

[1] 蔡宗宪:《南朝梁大爱敬寺地理位置考》,《早期中国史研究》第十卷第2期。
[2] 朱岩石:《东魏北齐邺城皇家佛寺遗迹考古发现与研究》,宋馨2019。
[3] 邵正坤:《〈邑义五百余人造像碑〉及其所见的义邑组织》,《北朝研究》第九辑,科学出版社,2018年,第146~161页。
[4] 张志忠:《大同北魏墓葬佛教图像浅议》,宋馨2019。
[5] 毛铭:《尔朱荣"河阴之变"与高欢迁邺——北朝"曹衣"佛像兴起的历史语境》,《北朝研究》第九辑,科学出版社,2018年,第71~86页。

牝马》探讨了牝马与酪酒及北魏贵族的关系、畜养牝马的成本等问题。来自海内外的评议人认为马奶酒与粮食是人与动物共同竞争的资源，旱灾造成食物链供应断裂，这种情况下的资源竞争值得重视。海老根量介《简帛时代的书籍流通小考——以〈日书〉为中心》旨在以出土日书讨论秦汉时代"书籍"的制作和流通。《日书》本来是专业占术家使用的手册，后来为便于下级官吏使用附加了浅显易懂的说明而在里巷间流通，但当时还没有出现专门的书肆。评议人认为该文"足以代表早期出土文献和秦汉文化史研究继续深入的一个重要方向"，但论文对书写（paleography）、形制（codicology）及考古环境所提供的间接证据未多留意。至于生活器用，最能直接体现出那个时代的信息。2012年清理的洛阳北魏曹连墓葬出土了少量的随葬品、墓志及一套完整的孝子升仙石棺，该升仙石棺是目前北魏孝子升仙石棺中具有明确纪年、墓主人身份明确、画像石刻最为完整的一次考古发现。司马国红、顾雪军《洛阳北魏曹连石棺墓》（科学出版社）的出版提供了具体资料。此外，上文所提林圣智专著中的第二、三章对多个墓葬出土的铜壶和金银器以及壁画上的摩尼宝珠、石床的护法神与天人像做了研究，分析出了平城时期的纹饰框架（林圣智2019）。有关个案研究还有罗丰、[①]宋馨、[②]王银田、[③]伍雅涵[④]等多篇，不一而足。将来随着历史研究中议题的加宽，"物"的研究作为历史学研究议题中一个活跃的部分，将会更为繁荣。

[①] 罗丰：《固原北魏漆棺画年代的再确定》，宋馨2019。

[②] 宋馨（Shing Müller）：《北朝的石床与石室》，宋馨2019。

[③] 王银田：《北朝时期的兽面纹：以铺首衔环为例》，宋馨2019。

[④] 伍雅涵：《北魏平城石雕柱础的类型与纹样》，《北朝研究》第九辑，科学出版社，2018年，第192~203页。

四、知识和信仰的历史

除去上述的部分,处于成果"类聚"的领域还有知识、信仰和技能的历史,这些议题本来也处于传统的魏晋南北朝史研究的关注焦点之外,这一年均有可喜成果,下面分别叙述。

(一)知识的历史

首先是具有时代特点的知识的发生和流变。纵观魏晋南北朝时期道教的发展过程,五斗米道、天师道升级换代,上清修法横空出世,因此修仙是时代潮流。康儒博(Robert Ford Campany)著《修仙:古代中国的修行与社会记忆》(顾漩译,江苏人民出版社)秉承了海外汉学方法论发达且相对成熟这一优点,借助集体记忆和公众塑造理论,力图对仙传文本做一全新解读,探究仙是如何被创造的,深入分析了辟谷、秘术等修仙的实践行为,剖析了修道者和他们的社群乃至经济生活方式。不足是对文献运用局限在几本仙传中,对历史文本和画像文本等考古资料吸收非常有限。另一部重要专著是青年学者陈昊的《身分叙事与知识表述之间的医者之意》(上海古籍出版社),该书是国内医疗史研究的最新尝试,研究路径的展开援引了许多概念,如"跨语际的研究范式与'身分问题'的演生",并以此为结构安排了许多精细的考证。作者的问题经常在官僚机构、医学知识、医者三者之间游移,但因为有些问题的概念边界不够清晰,时有牵枝蔓叶。此外,有些知识体系及其流动秩序有生造之嫌,如"大医与愚医之间的书籍秩序"试图在构想出的"大医"与"愚医"的壁垒间看出"被彰显的为医之体""被遮蔽的感官之知",这属于对传统医学浑然一体的知识结构及其"感官之知"认识不够深所致。总之,该书涉及的知识点极多,技术难点比比皆是,青年学者有如此广博的知识面,在医学知识、人(医者)、医疗官署乃至有关习俗之间移动，已经非常精彩。吕博《丧礼背后的身体史：汉唐间发须爪埋葬的礼与俗》[①]则是细节精彩的单篇研究，若能进一步厘清"礼"和"俗"的概念边界，将更有意义。

书法是魏晋南北朝时期带有时代特点的艺术，书体的质变背后是书写载体的变化。刘涛《魏晋书风：魏晋南北朝书法史札记》（广东人民出版社）是通论魏晋书风的重要著作。魏晋时期进入楷书时代，纸也逐渐取代竹简，形成了以楷书为根基，以行书、草书为时尚的书风。该书对曹魏五家、三国时期的名刺格式与书法、魏晋南北朝著名书法作品、王羲之评论的汉魏两晋书家、王羲之书法的特征、王羲之与山阴、"兰亭故事"的两种文本、魏晋南朝女书家、江南的书法世家、南朝书学新名词、南朝的杂体等做了精到的研究。

（二）信仰的历史

魏晋南北朝是佛教传入、道教进阶的阶段，信仰的世界异彩纷呈。这一议题也是优秀青年学者大显身手的领域，本年度有数部重量级专著和论文。第一是魏斌《"山中"的六朝史》（生活·读书·新知三联书店），该书不是从表层来理解"山"这一地理空间，而是从宏观历史的角度挖掘山中世界背后所隐藏的政治、社会问题，真正全面梳理山中历史的脉络。作者认为在六朝江南社会，"山中"这一地理空间发生了巨大的变迁，随着佛教山寺的兴起和道教洞天体系出现所带来的山中修道的宫观化，一些山岳成为寺馆集中的宗教圣地，江南山岳完成"名山化"的过程，文化景观呈现出独特的面貌和地理格局。作者全面搜集正史以外的宗教文献、文学作品、石刻史料等，通过山岳祭祀、山中的洞天与道馆、天台山、会稽、山寺的地理分布、山居和山岳记述等案例，打通佛道二教，细腻地展现了山

---

① 刘安志主编：《吐鲁番出土文书新探》，武汉大学出版社，2019年。

岳历史自身的发展脉络（从山神祭祀到佛道寺馆的过程），以及佛道与民间信仰在山岳中活动的复杂关系等，研究方法极富新意，展现了青年学者在该研究领域的水平。冯渝杰《神物的终结：法剑信仰兴衰变异的历史考察》（四川人民出版社）结合古代楚文化、中古铸剑术乃至宋以后剑的由实入虚的过程，考察尚剑的文化被纳入道教信仰体系并被彻底改造的历史轨迹，以及漫长历史时段中"剑"背后呈现出的宗教神学与国家权力之间的复杂的"权力的文化网络"。该书研究极富启发，只是概念边界的区分有不够精准乃至模糊的地方，如"摄敌壮胆"很难说是道教特有的行为；对"大传统""权力的文化网络""文化祛魅"等概念的接纳和嵌套略嫌生硬。无论如何，作者超越了物像的解读仍然显得极为新颖。林佳惠《六朝江南道教研究：陆修静的灵宝经观与古〈灵宝经〉》通过对敦煌本《灵宝经目录》的考察，认为古《灵宝经》的"元始系"和"仙公系"不一致，陆修静的是"元始旧经"一系，与紫微宫密藏存在密切关系。道教的教义、仪礼两方面决定了古《灵宝经》有元始旧经和仙公新经这两个系统存在，《太上洞玄灵宝天文五符经序》和《太上太极太虚上真人演太上灵宝威仪洞玄真－自然经诀》在陆修静的《灵宝经》观中处于不同的位置。作者在继承了小林正美等日本道教文献学者细致入微的扎实作风的基础上，从道教文献学的流派演变入手，考察早期道教宗派的历史发展脉络，这方面的研究范式国内可大力借鉴。孙齐《芮城道教三百年史——以北朝隋唐造像为中心的考察》[①]是一篇重量级的论文，文章搜集了芮城地区所出土的五十余种北朝隋唐造像，并结合其出土地点及造像记、题名，复原了中古时代芮城地区的主要家族及其宗教信仰，讨论了6至9世纪芮城道教的发展演变、存在形态及其与地域社会之关系。以芮城为个案，揭示了中古道教"道观时代"的来临

---

① 孙齐：《芮城道教三百年史——以北朝隋唐造像为中心的考察》，《唐研究》第二十四卷，北京大学出版社，2019年，第207~265页。

及其衰变，具有梳理时空脉络、填补既往研究空白的作用。

以上是道教研究。佛教研究的重量级成果亦不遑多让。日本学者通行作"船山徹"本年度出版两部专著。一是《六朝隋唐佛教发展史》（京都：法藏馆），该书是日本学术界一部重要的佛典诠释和佛教展开史著作，第一篇"佛典解释的基础"从佛典汉译的各种层面考察了梁代的学术佛教及不同佛典解释系统；第二篇从文本、行动两方面考察了隋唐以前戒律的体系及流播；第三篇考察了修行（修行者的身体异香）和信仰（极端宗教行为比如舍身）。另一部是《佛教的圣者：史实与愿望的记录》（京都：临川书店），对圣者及其传记的出现做了极为精细和精彩的考察。二书是在日本向来丰厚的佛教研究土壤上生长出的硕果，对六朝时期佛教文献的撰集、修行实践的细节做了极为翔实的考察，体现了日本佛教史中坚学者的水平。国内青年学者陈志远亦发表了两篇重要论文。一是《佛教历史意识的兴起——以法显行记的几则记载为中心》，①该文通过法显行记的几则事例逐层剖析了早期汉地佛教在再造教史的过程中所吸收的多种因素，如佛钵圣物的时空移动，各种源流的佛经（中亚传入的佛经、中土疑伪经）关于劫变、时间表的叙事差异，归纳到汉地佛教形成自己时间观和历史意识这一重要问题上，初步整理了这一过程。研究大量引用了英、日文尤其是日文成果，在凸显出佛教史研究应有的国际性的同时，自然而然地突破了大陆佛教史研究原先因语种能力限制一般围于汉传佛教的藩篱，表现出了新一代佛教史学者们的无限可能性。另一篇是《六朝前期荆襄地域的佛教》，分四期考述六朝前期荆襄地域佛教的时代面貌，将天然地缘格局、政治局势起落作为佛教史展开的背景，从教团变迁、寺院建立等个案出发，考察了荆襄佛教教团和士族家族、官僚贵戚等的复杂关系，在这进退互动的过程中，佛

---

① 陈志远：《佛教历史意识的兴起——以法显行记的几则记载为中心》，《文史哲》2019年第3期，第74~86页。

教经文译介，义理和修行朝上层传播。①此外，王颂主编《宗门教下：东亚佛教宗派研究》集中发表了若干篇青年佛教史学者的研究论文，涉及魏晋南北朝的有陈志远《梁武帝与〈般若经〉——兼谈宗派书写的内与外》、郑兴中《中古佛教义章学论稿——兼论宗派佛教的义学书写》、史经鹏《再论南北朝涅槃师和涅槃学派》等。所有的这些专著和论文加在一起，彻底提升了此前宗教史领域研究的整体水平。

总之，魏晋南北朝史研究在突破瓶颈的同时，还经历着诸多领域日益丰厚的"类聚"，这"类聚"如云堆叠，蔚为壮观，尚在行进中。

最后，在大数据和自媒体的时代，各种学术微信公众号纷纷建立，跟中古史研究有关的重要的公众号有：中国魏晋南北朝史学会、中古史研究资讯、史学研究等等，各高校及学术机构、各大学术期刊也都有自己的公众号推出最新学术信息，这些公众号使学术资讯传播和议题发酵的速度以几何级数加快，大大带动了学术出新的节奏。此外，还有的学者开始走出书斋，走向各种见面会和媒体平台，让历史学走向公众，在这一过程中，历史学具有了与书斋史学不同的轻松活跃色彩。

五、结语

本文对2019年度的魏晋南北朝史研究做了综览式总结。总的说来，成就多多，令人欣慰。具体可归结为以下几点。

首先是突破。这些突破表现在：第一，史料分析法的进益，正史资料形成和来源的批判性分析大大提高了使用正史资料的精准程度；在承续墓志等石刻文献传统考证的同时，学者们开始在历史的时空现场中寻找并确

---

① 陈志远：《六朝前期荆襄地域的佛教》，《中山大学学报》（社会科学版）2019年第2期，第108~123页。

定它们的定位，这比起前人仅仅从金石学传统出发考释文字、训诂段落是方法上的重大进步。第二是概念的进阶，魏晋南北朝史研究中，传统的"汉化""民族大融合"等关键词使用频率大大降低，被这些关键词遮蔽了的细节在新一代学者的研究中不断浮现；"历史书写""政治体""集体记忆"等新关键词的出现则使概念的精准度和解释能力大大增强，这无疑大大促进了魏晋南北朝史研究领域对传统研究题目的突破。第三是研究方法的升级换代，对权力层级、信息传递、"物"的细节、知识和信仰结构的研究，均需要突破以往的粗线条研究方法，这方面新一代学者们还在尝试中。

其次是类聚。由于借鉴明清区域社会史研究范式，使得以往那种大而化之地勾勒线条的研究方法因再无余地而逐渐淡去，对魏晋南北朝社会结构、知识结构、信仰体系等各种系统的探索方兴未艾，墓葬、图像等各种实物纷纷进入学者心目中的资料库，这些都不是在既往壁垒分明的学术训练下可以完成的，领域的交叉成了自然而然的事。而且新一代学者具有深刻而自觉的国际化意识，研究"物"、性别、医疗均开始了对"人"的关注，这些均使得议题不断出新，建立在这些基础上的研究成果不断类聚，未来将成为可观的学术大厦。

因此，当下的魏晋南北朝史研究既有突破，又有类聚。不足之处是，第一，概念进阶、范式形成过程中肯定会产生一些旋即产生，旋即消失的泡沫，目前尚未固定下来；第二，国际化过程中的甄别能力有待提高，比如说对欧美学术著作译介时的选择，对于日本学者研究成果的去芜存精能力。这些都将随着学者们进一步的成长而逐渐成熟，未来可期！

2019年台湾学者魏晋南北朝史研究综述

洪景涛　王安泰

魏晋南北朝史研究虽受史料稀少之掣肘，却又常有创新与突破。关于2019年度魏晋南北朝史研究领域的前沿成果，杨英整理介绍了以大陆学者为主的研究，并指出目前学界的发展趋势，即努力尝试以各种方法、理论和范式突破既往成果深厚而文献资料缺乏这一瓶颈。①本文撷取2019年度台湾学者于台湾地区出版及发布的与魏晋南北朝史相关的专著、期刊论文和学位论文，舍去专论宗教义理或文字考订之类与历史学稍显疏远的作品，分类而述之。

一、制度史与政治史的再思考

制度史和政治史虽为传统史学议题，但相关研究并未因此而沉寂。其中制度史研究数量较多。在军制方面，雷家骥将此前发表的相关文章整合

---

① 杨英：《突破与类聚：2019年度魏晋南北朝史研究综览》，《许昌学院学报》2020年第4期，第1~11页。

为《中古大军制度缘起演变史论》一书，梳理钩沉从汉至唐的重要军制的细节与发展脉络。如书中《试论都督制之渊源及早期发展》一文，探讨未被前人重视的魏晋都督制的渊源，追溯先秦以来的监军制和两汉时期的督军制，即该制度在东汉时期渐由军队监督系统转变为指挥统率系统，进而分化为野战系统和战区系统，并指出汉末的都督为基层战将，异于魏晋时期统辖一方的持节都督。[①]可以说该书充实了过往研究相对薄弱的军事制度领域。

礼制是具体化的政治理想，体现出对权力结构和社会等级的设计，近年来逐渐成为研究热点。郭永吉《帝王学礼：自汉至隋皇帝与皇太子经学教育礼制研究》探讨自汉至隋皇帝和皇太子经学教育礼制的受学期间、学成仪式与学成后再度研习三个阶段，厘清了执教者、伴学者、受业年龄、教材、教育仪式、讲经集会和教育地点等问题，[②]清晰勾勒出经学教育礼制的具体内容与制度细节。礼制的设计与实施既有为政治服务的现实目的，又无法脱离前儒沉积的礼学和经学传统，在这两方面着力，礼制研究定有可施拳脚的空间。

郑雅如《汉制与胡风：重探北魏的"皇后"、"皇太后"制度》从反思北亚文化传统与华夏制度的差异出发，考察北魏的皇后、皇太后制度。该制度建立之初带有北亚文化色彩，孝文帝改革方才确立皇后、皇太后的"嫡母"地位与权威，并导入了"儒教皇后"理念。北魏以"母子共治"为核心形成的"二圣"并尊统治形态以及"皇帝之母"与神圣地位、政治权力的联结，打破了皇帝一人独尊的格局，这一政治文化为后来的女皇武曌所援用。[③]北魏政权作为游牧民族建立的政权，其特有的北亚色彩不可忽

[①] 雷家骥：《中古大军制度缘起演变史论》，新北：花木兰文化出版社，2019年。

[②] 郭永吉：《帝王学礼：自汉至隋皇帝与皇太子经学教育礼制研究》，桃园："中央大学"出版中心，2019年。

[③] 郑雅如：《汉制与胡风：重探北魏的"皇后"、"皇太后"制度》，《"中央研究院"历史语言研究所集刊》2019年总第90本第1分，第1~76页。

视，文章通过皇后、皇太后制度这一杂糅胡风之汉制，对北魏的制度和政治文化进行了再思考。

对于地方行政制度的研究，则有王万隽《南朝的左郡左县》一文。文章将左郡左县限定为名称冠有"左"字的郡县，其首长既有蛮酋，亦有外派流官。左郡左县的设立与增设均是中央政府为了控制蛮人以获取人力物力的措施，而宋末朝廷为稳定统治又与蛮酋合作。作者认为左郡左县的调整与消失实为宋齐政权力量较弱、控制稳定度不足的结果，不可简单以蛮人汉化成功视之。[①]这在左郡左县研究上提出了新见，并提示我们以往粗线条的"汉化"叙事框架可能会遮蔽更繁复的历史现象。

政治史方面的研究集中在十六国北朝。宋启成《十六国时期华北地区霸权兴衰及其综合国力比较研究》引入布里津斯基的大棋盘概念，比较十六国时期七次主要战争中双方的综合国力，并结合文化研究国家战略。该文认为获胜方均建立了贯穿全程的战略目标，并创造机会切实施行。北魏取得长期胜利，则与其形塑出的传统文化与历史记忆有关。[②]通过现代政治学与国际关系的角度，对数量稀少的十六国文献资料进行再发掘是该文的亮点。

北朝后期政治史的主要研究为胡胜源的成果。《"君臣大义"与东西魏政权的建立和稳固》考察了宇文泰和高欢双方利用"君臣大义"旗号以建立、巩固政权的过程。西魏虽实力较弱，但宇文泰凭借"挟天子"建立更高的正统性，凝聚政权内部力量，吸引豪族投靠西魏，并巩固个人权威。高欢面对不利局

---

① 王万隽：《南朝的左郡左县》，《早期中国史研究》2019 年总第 11 卷，第 107~169 页。

② 宋启成：《十六国时期华北地区霸权兴衰及其综合国力比较研究》，博士学位论文，嘉义：中正大学，2019 年。

面不得不尊崇魏帝，包容百官，以此扭转困境，却也使其子篡位遭遇困难。①《孝文崇拜与东魏政治》将视角放在东魏内部，指出孝文崇拜的氛围对东魏政局产生重要的影响。在此氛围下，高欢拥立孝文帝一系者为帝，有"孝文风"的孝静帝受人崇敬，一度拥有实权，与高欢"君臣一体"。高欢亦借此对内安定人心，对外与西魏争夺正统、使柔然转向，进而稳定政局，但这也使魏齐禅代困难重重。②胡氏二文均从政治史的角度为陈寅恪构建的南北朝史大框架填充了血肉，使其更为立体饱满。

可以看出，传统制度史和政治史议题的研究在继承前人之说基础上仍有所发展，或将研究主题置于更大的历史脉络中观察，或引入新的研究视角，对课题进行更为细致化的处理，从而提出新见或补充前人之说。

二、社会文化史的多元展开

随着诸如社会史、新文化史等潮流的兴起，文学、艺术、宗教、思想、性别等社会文化领域的议题多元并进，颇有成为研究焦点之势。

文学史方面，徐月芳《魏晋南北朝书牍研究》对书牍这一文体进行考察，揭示出魏晋南北朝是书牍文体发展的茁壮期，书牍从实用性文体过渡到文学性与实用性并存的文体，甚至渐以文学性取代实用性。通过对书牍的类型及其内涵的玄学、儒学、文学和美学思想的分析，可以看到书牍在古代文学中的重要地位。③高振宏《山水、玄理、记忆铭刻：东晋王羲之等

---

① 胡胜源：《"君臣大义"与东西魏政权的建立和稳固》，《政治大学历史学报》2019年总第52期，第1~58页。
② 胡胜源：《孝文崇拜与东魏政治》，《政治大学历史学报》2019年总第51期，第1~54页。
③ 徐月芳：《魏晋南北朝书牍研究》，新北：花木兰文化出版社，2019年。

"兰亭作品"试探》围绕兰亭作品讨论兰亭修禊的仪式传统和作品中蕴含的思想。前者杂糅儒道二家的仪式，后者一定程度体现支道林"即色游玄"的思维。王羲之的序试图以"文学不朽"的方式召唤历史共感，孙绰的后序则开启了"阅读释怀"的向度。①

书法史方面的研究则展示了南北朝双方各自的风貌。郑巧莉《浅论北朝隶书墓志的分布与书风》指出北朝隶书墓志在时间上以东魏、北齐时期较多，在空间分布上则集中于河北磁县与河南安阳。其书风继承魏晋古法遗韵，表现出字体杂糅现象，自身呈现出独特的风格。②黄纬中《南朝书法纪事》介绍了南朝皇室、士族喜好书法之风，法书收藏与鉴定盛行一时，南朝在书法理论上的成就是此期书法领域最重要的成就。南朝皇室收藏、侍书人制度等对后世产生了重要影响。南朝在书法史当中，上承魏晋，下启隋唐，传承作用远过北朝。③

多教并存、思想繁荣是魏晋南北朝时期的一大特点。林敏胜《六朝"大地"之多元思想及其诠释》展示了六朝时期"大地"思想在思想整合与实践上的多元面向，"大地"除包括"土""地""田""野"等通用概念，还囊括疆域沿革与都城选址、山水景观等自然地理、"风""气"与葬址、分野学说以及阴阳五行论。④范芝熏《魏晋士人的生命自觉——以齐克果的存在概念为理解进路》从丹麦哲学家齐克果的"存在先于本质"概念出发，回顾魏晋士人的思想世界。政局变动下士人与政权的关系倾变，自我意识因

---

① 高振宏：《山水、玄理、记忆铭刻：东晋王羲之等"兰亭作品"试探》，《早期中国史研究》2019年总第11卷，第51~106页。
② 郑巧莉：《浅论北朝隶书墓志的分布与书风》，《中华书道》2019年总第104期，第70~79页。
③ 黄纬中：《南朝书法纪事》，《史学汇刊》2019年总第38期，第1~35页。
④ 林敏胜：《六朝"大地"之多元思想及其诠释》，新北：花木兰文化出版社，2019年。

之被唤醒。与此相伴，士人陷入对生命的焦虑，转而向玄学宗教寻求精神寄托，人生感性、伦理、宗教三者得以结合。①

对于道教的研究，有张亿平《六朝仙道身体观与修行理论探讨》一书。该书研究六朝道教流派之一、倾向以自力修仙的仙道。仙道提出修炼转化身体，这与重修养工夫的思想传统、注重实证的养生方术和医家、炼丹术的工艺以及实验精神都有关系。六朝仙道与唐宋内丹学在思想上有传承关系，可以说前者是后者之肇端。②

研究佛教者，有纪志昌《东晋南朝礼忏之形态与发展历程研究》。文章认为中国佛教的忏悔法随僧团的成型而定制，从道安的"布萨"，到源自"在家布萨"的八关斋，最终至晋宋之际正式形成依大乘佛法制定的礼忏仪。这一过程不仅是礼忏形式的演变，也是礼忏精神的扩大，侧映出中古佛教大乘化运动的重要层面。③

性别史的研究尤具新文化史色彩，皆以探求社会性别之建构为主旨。王岫林《"材质为体，名教为用"——魏晋对士族女性性别思维的建构》指出魏晋时期继承阳尊阴卑的气性论思维，肯定名教地位，而又注入玄学思维对阴阳的新阐释，提出"材质为体，名教为用"的身体观。故此魏晋时人能够以更宽容与欣赏的态度看待女性的天赋才华，士族女性也得以在尊

---

① 范芝熏：《魏晋士人的生命自觉——以齐克果的存在概念为理解进路》，《彰化师范大学文学院学报》2019 年总第 19 期，第 35~64 页。同氏《从魏晋风流谈士人的存在意识》（《人文社会科学研究》2019 年总第 13 卷第 4 期，第 1~26 页）一文论点相同，谨备于此。
② 张亿平：《六朝仙道身体观与修行理论探讨》，新北：花木兰文化出版社，2019 年。
③ 纪志昌：《东晋南朝礼忏之形态与发展历程研究》，《成大中文学报》2019 年总第 66 期，第 77~79，81~115 页。

名教的前提下发挥自然性情与才华。①朱先敏《非"常"女子：论魏晋南北朝志怪异类产育情节的性别意义》分析魏晋志怪小说的文本，认为在异类产育故事中，读者与男性被判定为"常"，而女性作为异类载体成为"非常"。时人对孕育历程的未知、万物可相互通感的身体观以及社会上内外之防的崩解是该叙述生成的背景。除妖策略则反映出父重继嗣、母重己出的人情差异。②

此外，冯立《汉魏名士的"黄中通理"品性》一文对汉晋间名士品评的社会之风进行了细节考究。汉魏名士从《周易》的"黄中通理"一句中发掘出道德意涵，用以形容具有以下特征的名士：身居高位或具备身居高位的能力、出身于儒学背景深厚的大族家庭并在朝代更迭的动荡中展现通理高德之行。③

尽管记载魏晋南北朝这一时期的史料有限，对于政权之下的社会生活记载更显零星细碎，但学者在社会文化领域进行的多元探索仍然尝试利用这些材料，扩展魏晋南北朝史研究的各个面向，呈现出一幅多彩丰富的图景。

三、族群相关课题的再探讨

少数民族政权林立是魏晋南北朝时期又一个重要的特征，族群研究一直是学界关注和研究的重点，时至今日依然热度不减。

---

① 王岫林：《"材质为体，名教为用"——魏晋对士族女性性别思维的建构》，《高雄师大国文学报》2019 年总第 30 期，第 67~101 页。

② 朱先敏：《非"常"女子：论魏晋南北朝志怪异类产育情节的性别意义》，《奇莱论衡》2019 年总第 7 期，第 1~25 页。

③ 冯立：《汉魏名士的"黄中通理"品性》，《哲学与文化》2019 年总第 46 卷第 3 期，第 185~200 页。

罗文星《拓跋政权的政治与社会认同》循胡汉文化冲突的脉络观察拓跋政权历史。拓跋政权优先认同自身所属的游牧部落群体及其文化系统，在进入中原后统治力难以介入有强大凝聚力和认同感的汉人社会，尤其士族群体。为融会胡汉，北魏在政治上以胡汉共参制度与官爵机制延续双方地位，在社会上则以联姻等方式整合汉人的社会势力，由此创造出一定的跨民族政治认同和社会认同。在塑造过程中，拓跋政权自身的文化也逐渐融入汉人士族的传统文化。[1]金兆鸿《试论吐谷浑与土族》一文进行了族源的考证。作者梳理吐谷浑政权和青海地区政权更迭始末，认为吐谷浑鲜卑在青海地区先后羌化、吐蕃化及蒙古化，土族源于吐谷浑之说尚可商榷。而土族为蒙古人与霍尔人混合说及源于白鞑靼说均无确证，故不宜强把历史上某一民族指为土族祖先。[2]

虽然记载南方族群的史料更为匮乏，但学者们仍不断尝试从各种视角推进研究。陈弱水《早期中国东南原住人群——以山越和姓氏为例的探讨》运用"寻求最佳解释的推论"原理，研究汉末至隋中国东南地区原住人群。针对汉末孙吴的山越，作者提出其被政府和主流社会视为具有族群性质的他者，主要成分为独立于郡县之外的原住人群，与国家和社会主体之间存在既有冲突又有交接的多重关系。另外，文章指出一些原生于东南土著区或与东南土著区关系密切的姓氏，这些姓氏深受江南和浙北地区的影响，显现了"重层华夏化"的现象。[3]吕春盛《族群关系与孙吴政权的成立》从族群关系演变的角度考察孙吴政权如何立足江南。孙吴政权以淮泗集团为核心，与山越土著一直强烈敌对，江东士族则是从敌对态度转为旁视最终

---

[1] 罗文星：《拓跋政权的政治与社会认同》，新北：花木兰文化出版社，2019年。

[2] 金兆鸿：《试论吐谷浑与土族》，《中国边政》2019年总第217期，第1~31页。

[3] 陈弱水：《早期中国东南原住人群——以山越和姓氏为例的探讨》，《台大历史学报》2019年总第63期，第1~82页。

妥协。孙吴政权利用江东士族与淮泗集团的文化共性以及江东士族与山越土著的利害冲突，联合江东士族打击山越土著，以此扩大基层的统治。①

上述诸成果都把制度、文化、政治集团等多种因素纳入到族群研究之中，力图展现族群之间复杂的关系。

四、以考古材料为中心的研究

魏晋南北朝史文献资料的短缺使考古资料更显珍贵，除了考古资料上附着的文字信息，作为物质载体本身的考古资料也被纳入到研究范围之内，成为理解这段历史的重要视角。

林圣智《图像与装饰：北朝墓葬的生死表象》一书是本类研究中最具代表性的成果。该书从美术史脉络揭示图像与装饰的相互联系及其图像意涵，进而讨论墓葬图像深藏的社会、政治功能。墓葬图像使丧家得以重新确认家族与部族或国家的关系，社会政治秩序得到进一步强化。墓葬图像模式的传播则是不断由区域文化的力量重构中央。此外，北朝晚期的粟特人墓葬自有其特色，表现出粟特人对北魏盛世的感念。②地下世界由地上世界塑造，后者虽早已荡然无存，但二者间社会、政治、文化等种种连接纽带亦可帮助我们重构地上的世界。该书的价值正在于此。

叶舜瑜《钿璎累累，步步生辉——中国魏晋南北朝金属头饰研究》整理魏晋南北朝时期墓葬中的金属头饰，指出主体饰片为金珰，而缀有小型叶片者为步摇，二者常因形制有雷同而被混淆。在类型学分析的基础上，也可窥

---

① 吕春盛：《族群关系与孙吴政权的成立》，《台湾师大历史学报》2019年总第61期，第1~38页。

② 林圣智：《图像与装饰：北朝墓葬的生死表象》，台北：台大出版中心，2019年。

见金属饰片反映的区域文化交流现象。①张琨林《南北朝陶瓷与金属工艺：以响铜为中心》研究南北朝时期的响铜这一高锡青铜器。其技术渊源除了中国本土，还有犍陀罗地区以及中亚和西亚。响铜应是运用于佛教器物制作的金属工艺技术，具有贵金属替代品性质，其工艺发展受到了西方金银器的影响，同时也对陶瓷工艺产生了影响。②二者均以考古材料揭示了魏晋南北朝时期文化交流与日常生活的部分图景。

五、其他

除了上述四大类研究成果，尚有佳作零星散布，在本节将予以介绍。

历史地理方面，蔡宗宪《六朝军事史上的钟山——以龙尾与白土岗为中心的考察》通过细密考证，提出龙尾非钟山西南的富贵山，而是钟山北部登山口一带；白土岗在今王安石故居半山园附近。钟山因其独特的地形，既是建康的守卫屏障，又常成为进攻方攻城的跳板。在战争中，钟山神信仰也为崇信者提供了精神寄托。③该文推进了对钟山在六朝建康攻防战中的作用和地位的认识。

时下盛行的史料批判方法也在具体研究中得以展现。林郁迢《〈蜀书·诸葛亮传〉对"三顾茅庐"的历史建构与"儒家道统"的价值宣扬》便采取这一思路，指出陈寿在书写三顾茅庐一事时，面对南北方史家的不同记载，通过详

---

① 叶舜瑜：《钿璎累累，步步生辉——中国魏晋南北朝金属头饰研究》，硕士学位论文，台南：台南艺术大学，2019年。
② 张琨林：《南北朝陶瓷与金属工艺：以响铜为中心》，硕士学位论文，台北：台湾大学，2019年。
③ 蔡宗宪：《六朝军事史上的钟山——以龙尾与白土岗为中心的考察》，《早期中国史研究》2019年总第11卷，第287~327页。

述始末、征引《出师表》的手法，加之以西晋官方认证的《上诸葛氏集表》证明，最终确立此事的历史公信力。这一书写的背后体现了陈寿宣扬蜀汉君臣实践儒家道统的价值信念、为蜀汉争夺政治正统的意图。④

世家大族研究一向是魏晋南北朝史研究的重要课题。陈胤慧《中古虏姓于氏家族研究》以于氏／万忸于氏家族为研究对象，爬梳其家风初尚武功，自于谨开始渐习汉文化，入唐后完全文质化的进程。家族的婚姻圈也随之由胡族婚、皇室婚到政治婚姻再到与高门通婚。于氏家族虽在唐初人为地建构自家世系，又欲攀附汉人家族，但唐人仍以虏族视之。⑤由于前人丰厚的研究积淀，此类研究欲跳出前贤构筑的框架困难重重，突破瓶颈仍需更多的探索。

刘苑如等所撰《魏晋南北朝笔记小说疾病文本的细读与远读》一文，以"疾病叙述与动物想象"和"疾病叙述与医药关怀"两个个案为例，讨论数位远读与文本细读在具体研究中的实践，反思现代科技发展下的研究路径。文章认为透过个案研究可以说明，远读与细读是一组互补的机制，在远读中产生的缝隙正是需要利用细读进一步探究的方向。⑥

六、小结

总体而言，2019年度台湾地区的魏晋南北朝史研究成果遍布政治、制度、族群、艺术、思想、宗教、性别等各个方面，并且各有其特色。对于

---

④ 林郁迢：《〈蜀书·诸葛亮传〉对"三顾茅庐"的历史建构与"儒家道统"的价值宣扬》，《台北教育大学语文集刊》2019年总第35期，第1~35页。
⑤ 陈胤慧：《中古虏姓于氏家族研究》，硕士学位论文，嘉义：中正大学，2019年。
⑥ 刘苑如、罗珮瑄、邱琬淳、陈雅琳：《魏晋南北朝笔记小说疾病文本的细读与远读》，《清华中文学报》2019年总第22期，第49~115页。

传统的政治史和制度史议题，或将课题置于历史脉络之下，对制度的细节与制度的渊源流变等进行细致的梳理，进而揭示制度与政治、族群等多种因素之间的关系；或重新审视传统文献资料，反思前人之说，提出新见或弥补不足。社会文化领域的研究在数量上占据了相当大的优势，主题涉及社会文化的多个方面，可以说是当下西方盛行的新文化史等新史学研究路径在台湾魏晋南北朝史学界的折射，也是目前台湾学者主要研究取向的反映。族群研究也在有限的史料中继续深挖族群发展的历史过程与相关的各种历史因素之间的联系，力图揭示更为精细的历史图景。此外，其他研究课题的选择也呈现出多元化的景象，对各个领域的问题都有所触及与讨论。

　　传统议题的细致化考究以及多元化研究课题的展开为学术研究推陈出新、呈现历史的复杂面向提供了可能。可以说，这正是台湾学者为突破魏晋南北朝史研究的瓶颈所做的努力。

2019 年日本魏晋南北朝史研究动向

［日］会田大辅　著　刘　莹　译

近年在日本，历史学的周边环境更加严峻。在这样的状况下，2019年有哪些成果呢？以下分别条目以观之。

一、史料批判

历史研究的基础是史料批判。截至目前，日本的安田二郎、川合安、津田资久等学者均有关于魏晋南北朝时期的优秀的史料批判研究。那么，2019年情形又如何呢？

小林春树《荀悦〈汉纪·孝成帝纪〉一卷第二十四之检讨》(《东洋研究》212）认为东汉末编纂的《汉纪》将成帝看作亡国之君，继承了在以西汉的灭亡为必然的基础上论证东汉正统性的《汉书》的著述意图。但这样的史书为何在献帝时期编纂，又，《汉纪》是否没有反映东汉末的政治动向，这些问题仍令人在意。

梶山智史《霸史的谱系》(《唐代史研究》22）指出《晋书》《资治通鉴》主要以《十六国春秋》《三十国春秋》为依据。但不知诸史料中的帝王形象以及王朝形象是否有所不同。

渡边义浩《习凿齿〈汉晋春秋〉中的"正"和"统"》(三国志学会编《狩野直祯先生追悼三国志论集》,东京:汲古书院)以东晋习凿齿在晚年上疏的《晋承汉统论》为基础,认为《汉晋春秋》重视"统"(天下统一)而晋从汉继承了"正",含有防止桓温篡夺的理论。如此将桓温在世时编写的《汉晋春秋》和淝水之战后所写的《晋承汉统论》无批判地加以联系是否合适呢?

袴田郁一《裴松之〈三国志注〉的史料批判和刘宋贵族社会》(《早稻田大学大学院文学研究科纪要》64)关注裴松之主观性的史料批判的事例和对寒门阶层撰写的史书的严厉批评。认为在其背景中,有对贵族社会之祖的"名士"阶层的拥护和对六朝贵族的宣扬。文章未以先行研究(伍野春、津田资久)为参考,评价有片面性。应联系编纂时期即元嘉六年的政治状况进行分析。

渡边义浩《〈颜氏家训〉中贵族形象的展开与撰著意图》(《东洋文化研究所纪要》[东大]175)以自己对贵族的理解为基础,讨论了《颜氏家训》的撰著意图。但文章停留在对《颜氏家训》内容的表面性分析,而忽视了颜之推的政治经验和偏见。正如吉川忠夫和川本芳昭所论,脱离了政治经验,便无从讨论颜之推尊重体制内文化的背景。渡边还有《〈颜氏家训〉中的"家"和贵族形象》(《早稻田大学大学院文学研究科纪要》64)一文。认为颜之推的理想的贵族形象,具有以"学"为立身之根本,维持封闭的婚姻圈的特征。但是,关于婚姻,文章终究不过是对"止足"进行了解释,维持封闭的婚姻圈的说法则过于牵强附会。

对于其他文献史料,还有在对南朝—唐代的《世本》宋忠注的引用情况进行仔细确认的基础上,探讨东汉末的学问状况和《世本》宋忠注的意义的李弘喆《世本锥指》(《東洋史研究》78-3)一文。

针对出土资料的史料批判也不可或缺。2019年,以石刻史料为中心的成果有所增加。梶山智史《北朝墓志的普及和类型》(大室智人、竹内洋介主编：《铭刻的记忆与记录》，东洋大学亚洲文化研究所）确认了北朝墓志铭的定型，介绍了碑形墓志等"非常规的"墓志。

前岛佳孝《关于墓志铭先世记事的一个考察》（《唐代史研究》22）探讨了北朝—唐初李氏墓志的先祖记载，认为本贯地与远祖相龃龉的墓志，以及列举了从多个系统而来的人物的墓志铭诈称家系的可能性很高，指出了唐宗室李氏墓志铭的不自然之处。

前岛佳孝《传辽东襄平李氏研究与墓志铭》（《铭刻的记忆与记录》）将目标对准西魏元勋李弼的子孙，追踪其本贯记载的摇摆之处，从中可窥见北族系功臣摸索如何假托汉人名族的过程。

角谷常子《东汉时期刻石流行的背景》（角谷常子编：《古代东亚的文字文化与社会》，京都：临川书店）再次确认了东汉中期以后，通过刻石而进行的表彰活动增加。文章阐述了刻石和设立地点的密切联系，认为不安定的社会之中的官僚、知识人阶层、地域社会中的各种人际关系以及礼的秩序都是刻石流行的主要推动因素。石碑中包含了执政者和地域社会两方的信息，这一点虽已在北朝隋唐的石刻研究中被指出，但此趋势的发端似在东汉。

佐川英治《6世纪河北农村的慈善活动和石柱的建立》（《古代东亚的文字文化与社会》）分析了北齐标异乡义慈惠石柱的建立过程，认为此过程有两个阶段，即以表彰、掌握乡义为目的，由执政者于563年主导的木柱建立，以及为了展现因佛教而形成的人的联系而由乡义于567年主导的石柱建立。这是包含了执政者与地域社会多重信息的绝佳事例。

关尾史郎《三国志的考古学》（东方书店）是利用曹氏墓出土的刻字砖、高陵出土的文物、简牍、壁画等，解读三国时期社会的优质的概说著作。作者致力于把握迄今为止的各种出土资料的整体面貌，展现了出土资料所具有的界限和可能性，颇具参考价值。

北村永《河西各地魏晋墓出土的画像砖》（关尾史郎、町田隆吉编：

《砖画、壁画所见的魏晋时代的河西》，东京：汲古书院）则指出了河西魏晋墓出土的画像资料在发现之后所进行的修正和发掘报告中存在的问题（出土地和发掘年代等的混乱），让人痛感对发掘报告进行"史料"批判的必要性。

二、政治

不论是否愿意，魏晋南北朝的史料大部分终究与王朝有很深的关联。2019年也有很多与政治、政治文化、制度相关的研究。

柴栋《六朝隋唐的王后、王太子号》（《集刊东洋学》120）关注赐予篡位前的权臣妻子的王后、王太子号，并探讨了曹操的事例。认为曹操的魏王模拟了周制，与周代的王同义。但是，西汉的诸侯王也使用了王后、王太子号，其与汉制之间的关联又如何？

千田丰《西晋的太子师傅》（《历史文化社会论讲座纪要》16）认为西晋武帝时期为了展示皇太子的权威而扩充太子师傅，并让具有声名的士大夫与有权势者就任。

小野响《君子营考》（《東洋史苑》91）则分析了出仕后赵的汉人。认为可将其分为作为侧近而活跃的寒人阶层，以及与君主之间纽带微弱的名族阶层两类。此为符合预想的结论。关于君子营，更应就其设置时期和"营"的意义，以及后赵建国后的连续性和差异点等进行细致的讨论。

同氏《后赵国家体制考》（《古代文化》71-2）以大单于为线索，对后赵的"胡汉分治"进行了再检讨，提出胡族集团中存在君主直辖的集团和以独立的首领为中介而附属后赵的集团，大单于统治后者。由于两集团中都包含了汉人，因此提议重新考察"胡汉分治"。但即便包含了汉人，两集团中并存胡族制度和中国制度（州郡县制）的事实并未改变。

石井仁《宋文帝的即位及其"代邸之旧"》（《狩野直祯先生追悼三国志论

集》）认为被任命为"都督府"长官的皇族与僚佐之间缔结了君臣关系，在皇族即位时僚佐也升任要职，而文帝即是这一模式最早的成功事例。文章乍看似无新意，但需注意其中反映了作者对都督制的研究。

冈田和一郎《可汗的逻辑》（《唐宋变革研究通讯》10）探讨了北魏时期的可汗号。作者推测"可汗"被应用在来源于鲜卑的礼仪空间中，并谈及北魏与代分别使用的问题。但是，文章缺乏反映分别使用的情况的史料根据，也必须考虑目前所见的石刻史料等资料中并没有以现任皇帝为"可汗"的事例，以及南朝史书中不见"可汗"的原因。

榎本あゆち《崔僧渊答寄崔慧景书》（《名古屋大學東洋史研究報告》43）分析了出仕北魏的三齐豪族崔僧渊寄给出仕南齐的同族崔慧景的书信，认为这是孝文帝政治宣传之一环。

藤井律之《北魏孝文帝的亲征》（《東方学報》京都94）探讨了孝文帝亲征时的征兵地域和动员的兵力。论文认为亲征必须二十万人，但由于未能得到与大军动员相称的结果，亲征的意义也变得薄弱。但亲征可能并非一定得有二十万人，应该说动员人数是根据目的而决定的吧。又，关于亲征的减少，是否也应将北魏皇帝的中华化等纳入考察视野？

堀井裕之《西魏、北周政权的北边经营》（《明大亚洲史论集》23）探究了西魏、北周在鄂尔多斯的统治，认为被中央权力进一步渗透的宇文护执政时期，北边防卫体制被加强了。

此外，还有对北周武帝新设置的禁卫进行分析的会田大辅《北周武帝的禁卫改革》（《中国中古史研究》6）。

三、政治文化

为方便起见，本文将与国家和王朝等之政治相关、在背后支持其体制的文化称作政治文化。2019年，与政治文化相关的礼仪、学术、年号、符瑞等研究中，多有优异者。

2019年，日本举行了时隔约二百年的天皇让位，还进行了与此相伴的改元（平成→令和）。就连普通人都密切关注的让位、太上皇和年号制度本就是从中国传入的。但是，从东亚史的观点出发的，以让位、太上皇、年号制度为选题的著作却意外的少，仅见水上雅晴编《年号与东亚》（京都：八木书店）。与本文相关者有以下三篇：大形彻《年号与货币》介绍了将国号、年号加入币面文字的五胡诸政权的货币；甘怀真《东亚四—六世纪的"治天下大王"与年号》概述了五胡诸政权和东亚诸国的君主号、年号；童岭《五胡十六国前期"列国元年"纪年研究序说》认为石勒、慕容儁以春秋列国的纪年法为正统性之依据而称"赵王元年""燕王元年"。

关于年号，还有板桥晓子《从"周边"看东晋之正统性》（《東洋史研究》78-2）。其就前凉在西晋灭亡后仍使用愍帝年号的背景进行了考察，认为同时存在两点因素，即西晋末，张轨与司马睿在同为藩屏这一点上具有相同的立场，以及前凉对东晋保存势力的政策的批判态度。

探讨符瑞的有三浦雄城《国山碑所见三国江南地域的政治文化》（《魏晋南北朝隋唐史资料》第四十辑）。文章着眼于吴末制成的国山碑，对碑文列举的大量符瑞中不见于前代文献者进行了分析，认为这反映了江南民间传承和信仰的祥瑞是通过地方属吏被报告至中央的。

关于学术，则有付晨晨《齐梁类书的诞生》（《史学杂志》128-2），这是贴近魏晋南朝类书的历史意义的优秀论文。文章讨论了《皇览》和齐梁类书的差异，梁代类书与梁武帝改革之间的联动，以及类书与寒门士人的密切关系，描绘了从魏晋经南朝以至唐代的"知"的变化。同氏《〈艺文类聚〉所见早期类书的特征》（《东洋学报》101-2）结合经学、史学、目录学说明了类书的发展，指出南朝系类书所援引的文章的排列并非四部分类，而是"字、经+其他（年代顺序）"的形式。其背景是魏晋时期史学从经学独立，以及大量引用史书的注释的增加。

关于礼乐则如下。户川贵行《中国古代的音乐和政治》(《历史和地理》724)就汉代—唐宋乐制与政治的关系加以概观。小林聪《河西出土文物所见的朝服制度的容受与变化》以文献与出土文物为依据，探讨了介帻的扩散、渗透以及乐制和服制的关系。特别是探讨乐制与服制之关系，指出身为贱民的乐人在演奏音乐之际也会穿着、使用类似朝服的服饰一点，别具深意。

远藤祐介《梁代初期梁武帝的佛教思想》(《东亚佛教研究》17)追溯了试图在宗庙祭祀中排除牺牲的梁武帝的思想背景。文章提炼出探究佛教真理、佛教的世界观、慈悲三个因素，并发现了其与萧子良、沈约思想的共同点，认为这种思想产生于当时的佛教文化之中。

四、制度

阿部幸信《长沙吴简所见的"市布"》(《中央大学文学部纪要》史学64)分析了长沙吴简中的"入市布简"，认为吴初的"调"包含两种，即调整物流并基于赋课的局部地区的"调"，与由吏购入布而形成的广泛地域的"调"。另外，该论文曾于2013年在中国发表，但此次发表并无删改。在利用时有必要参考此后的研究成果。

朱棒（藤井康隆译）《新见东吴尚方镜试考》(实盛良彦编：《从铜镜中解读的2—4世纪的东亚》，东京：勉诚出版)关注新出土的具有吴太平二年(257)纪年的神兽镜，分析了与铜镜铸造相关的孙吴官制。译者题解指出其与世兵制亦有关联。另外，该文在2017年于中国发表的论文基础上有所删改、修正。

伊藤敏雄《西晋五条诏书等的传达、颁布》(《古代东亚的文字文化与社会》)提出西晋五条诏书在上计吏敕戒礼仪中被口头传达，再以册书的形式颁布。

水间大辅《魏晋南朝对尸体的制裁和"故事"》(工藤元男先生退休纪

念论集编集委员会编:《中国古代的法、政、俗》,东京:汲古书院)探讨了对反叛、谋逆者的尸体所加的律令之外的制裁。其以示众或镇压被害者的愤怒为目的而施行,为了规避社会的责难,又以春秋—南朝的"故事"为根据加以规范化。其背景中的生死观、冥界观令人在意。

柿沼阳平《南朝刘宋时期的铸钱及其背景》(《中国古代的法、政、俗》)追踪了存在铜、钱不足问题的刘宋时期,与钱相关的政策争论及铸钱的事例。

窪添庆文《北魏前期的将军号》(《立正史学》124,2018)认为北魏前期的将军号与爵、官职之间具有松散的联动,爵与将军号形成了基本的搭配,表示了官僚的地位。

大知圣子《有爵者阶层所见两晋、北魏爵制运用的比较》(《名城大学人文纪要》121)比较了两晋和北魏的有爵者,认为两晋稍具流动性,而北魏则始终是胡族持有高等爵位。且不说结论,论文的统计方法首先便有疑问。不知为何,论文没有利用石刻史料。同氏《北魏孝文帝的官爵改革及之后的变质》(《名城大学理工学部研究报告》59)认为孝文帝的官爵改革是以再次构筑军功评价系统,以实施贤才主义的人才选拔为目的的,但南伐失败后,由于中下层胡族不能得到获取军功的机会而使改革出现了破绽。其对官爵改革的理解不免牵强。所谓贤才主义的门阀制度也需注意。又,宣武帝时期举行了规模盛大的南伐,获取军功的机会并不少,此点又如何解释?

五、社会

王朝的根基是基层社会。但由于史料的制约,要理解其实态并不容易。具有打破这一困难的可能性的资料是砖画、壁画墓。《砖画、壁画所见魏晋时代的河西》收录了涉及甘肃新城墓群的关尾史郎《河西砖画墓及其时代》,考察敦煌的来世观的町田隆吉《敦煌祁家湾古墓出土的"五胡十六国"时代的砖画》，比较辽阳与河西的三崎良章《魏晋时代河西的壁画墓和壁画之一面》，关注乐器的荻美津夫《魏晋时期河西所见的乐器》，以及关注武器的内田宏美《画像资料所见的魏晋时期的武器》等论文。关尾史郎编《河西魏晋、"五胡"墓出土图像资料（砖画、壁画）目录》（东京：汲古书院）也已面世。

此外，郭永利《甘肃省高台县出土"前凉（373）黄氏墓券"释读》（《敦煌写本研究年报》13）则通过释读墓券考论河西的墓葬习俗。铃木直美《西汉后期至魏晋时期随葬衣物疏简的发展》（高村武幸、广濑薰雄、渡边英幸编：《从周边区域看秦汉帝国2》，东京：六一书房）概观了衣物疏简的变迁。饭田祥子《东汉后期、末期的西北边境汉族社会》（《从周边区域看秦汉帝国2》）以韩遂的事迹为中心，探讨了西北的边境社会。本文还应进一步参考羌族研究成果。

六、地理、都城

长谷川顺二《"黄河安流说"之再检讨》（渡边义浩编：《跨学科化的中国学》，东京：汲古书院）利用遥感数据、实地调查和文献记录，复原了西汉的黄河与《水经注》中的黄河河道。认为东汉－唐代的黄河很可能是包含数条平行奔涌的川流且一体化的河川。

东洋文库中国古代地域史研究组编《水经注疏译注（穀水篇）》（东京：东洋文库）为《水经注疏》译注的第三辑，对卷十六穀水、甘水、漆水、浐水进行了详细的译注。书中收录了以遗迹、遗存为依据，指出穀水古河道复原的可能性及其问题点的盐泽裕仁《穀水（涧河）流域的标点遗迹与穀水古河道之遗存》，以及总结了研究有显著进展的汉魏洛阳城之概要的窪添庆文《汉、魏晋、北魏的洛阳城》。

北村一仁《关于北朝－隋代华北地域的交通道路的实证研究》（科研费

报告书）以龙谷大学亚洲佛教文化研究中心制作的《南北朝—隋代佛教石刻时地图》为参照，加入摩崖石刻、石窟、大型造像碑、遗迹等信息，并进行田野调查，以山西省东部为中心，复原了河南、河北的部分交通道路情况。

七、文化、宗教

文化史在与考古学、宗教学、文学等良好联动时，便有可能描绘出更为丰富的魏晋南北朝史的面貌。

村田哲也《试论中国古代医疗制度序说》（《東洋史苑》91）批判了渡边义浩贵族制研究中对精英文化的偏重，概观了两汉医疗制度的沿革。论文问题意识虽明确，但关注医疗制度的理由却并不明了。

关于东汉—三国铜镜的生产则有上野祥史《东汉、三国镜的生产动向》、南健太郎《从铸造技术看东汉、三国时期的铜镜》、马渊一辉《关于华北东部的铜镜的诸问题》（均收录于《从铜镜中解读的2—4世纪的东亚》）。

市元望《曹魏的鲜卑头与郭洛带》（《古代文化》70-4）对出土于洛阳市西朱村一号曹魏墓的石碑上所刻的"鲜卑头"展开了讨论，认为"鲜卑头"指装饰了瑞兽的带扣。

成田健太郎《〈颜氏家训〉所见的南北朝书法艺术》（《六朝学术学会报》20）关注《颜氏家训·杂艺篇》中关于书法艺术的记述，指出颜之推专注于楷隶书体，并认为书法文化在梁代衰落，在北齐复兴。但是，正如作者自己所说，这可能是颜之推的偏见，必须注意。

船山彻《六朝隋唐佛教发展史》（京都：法藏馆）主要从教理解释、修行、信仰三个方向对南朝佛教展开分析。对与梁武帝相关的学术佛教、菩萨戒、舍身也有了明确的讨论。同时出版的，还有以该书第三篇所收论文为基础，重新探讨佛教圣者观的船山彻《佛教的圣者》（京都：临川书店）。在对圣者的范围、事例、修行阶梯等进行说明的同时，描绘了圣者这一极少数的与潮流抗争的佛教人士的形象。此外，船山彻《谢灵运与南朝佛教》（蒋义乔编：《六朝文化与日本》，东京：勉诚出版）介绍了谢灵运的顿悟论与《涅槃经》的改译。

佐藤裕亮《魏晋南北朝时代的佛教与祈雨》（《明大亚洲史论集》23）指出佛教进行祈雨时，常利用《海龙王经》之类的大乘经典。

向井祐介《北魏兴安二年舍利石函的图像学》（《東方學報》94）讨论了定州静志寺塔地宫出土的北魏舍利石函的图像。其从山岳纹样与比丘的描画出发，认为5世纪中期在河西形成了原型图像，并伴随着禅观经典的流行而传入内地。

八、国际关系

近年，关于国际关系的研究有所增加。在研究时，又多使用比"东亚"范围更加广阔的"欧亚东方"或"东部欧亚"等用语。这些用语包含了游牧世界与中国、朝鲜半岛、日本列岛等，使用更加便利，但"东亚"这一用语及其概念并未失效。

金子修一《古代东亚世界史论考》（京都：八木书店）是2001年出版的《隋唐国际秩序与东亚》的改订增补版。书中追加了五篇魏晋南北朝的专论，其中三篇与国书关系相关。在书名与各章中频繁出现的"东亚世界"反映了作者的立场。

郑东俊《中国王朝地方行政制度在新罗的影响》（《朝鲜学报》253）比较了新罗与汉—唐的地方行政制度，认为新罗在中古时期主要受到了汉魏制度的影响，南北朝的影响只限于一部分。收录上述论文的郑东俊《古代东亚法律制度容受研究》（东京：早稻田大学出版社）亦出版。该书通过律令、中央官制、地方行政制度的比较，分析中国诸王朝与朝鲜三国的影响关系。

松浦史子《平昌五轮中的人面鸟的真面目》（山中由里子、山田仁史编：《今世奇话》，东京：勉诚出版）以《山海经》的接受状况为中心，考察了魏晋时期登场的所谓的"千秋万岁"人面鸟到德兴里高句丽墓所绘形象的流变，指出其中不仅有汉文化的影响，还与东夷对鸟的信仰有关。

铃木靖民《五世纪的倭国与东亚》（《东海史学》53）则立足近年的研究，对5世纪的倭国与东亚进行了概观。文中，作者惊愕于北魏对宋的"朝贡"。但应说明的是，这不过是南朝一边的观点。

赤羽奈津子《魏晋南北朝时代的朝贡》[《研究论集》（和合文化教育研究所）14]关注远夷来朝并考察了朝贡的特点。文章将孝文帝的南朝观看作北朝全体的南朝观略显粗暴。另外，虽为细枝末节，但《魏书》卷105之三《天象志三》是以唐代史书为基础重新撰写的，不宜作为论证所依据的史料。

以下，介绍视野更为宽广的论文。首先是南方。新津健一郎《2—3世纪"东部欧亚"中的岭南、越南中北部地区》（《古代东部欧亚研究中心年报》5）关注东汉末—西晋初的交州，认为士燮在灵活利用交州南部地区经济的同时，借助地方官的权力与同族的联合，确立了对当地社会的影响力，并指出，孙吴时期，将交州划分为广、交二州的体制逐渐固定。

伊藤光成《三国吴之孙权所行南方政策》（《中国古代的法、政、俗》）探究了孙权的南方政策（交州的统治、海上远征与扶南的交通），认为其中不见对东南亚诸国赐予王号的措施，而采用了以获得物资为目的的实用性的政策方针。但是，西晋也未赐予扶南王号，这并不仅是孙吴的特点。另外，孙吴将各国使节看作朝贡，论文仅强调实用性的一面也是有疑问的。

还有川手翔生《关于孙吴政权下的岭南形势的一个考察》（《中国古代的法、政、俗》），讨论了越南不将聚集群盗反抗孙吴的赵妪视为英雄的主要原因。

其次是西方、北方。魏义天（Étienne de la Vaissière）著、影山悦子译《粟特商人的历史》（东京：岩波书店）是2004年出版发行的第二版的翻译著作。该书第二至六章描绘了魏晋南北朝时期的粟特人的交易活动、社会构造。不过相关研究进展显著，有必要与原著刊行后的论文一起阅读。关于粟特人，还有荒川正晴的《粟特人的交易活动与香料的流通》（《古代东部欧亚研究中心年报》5）。文章聚焦香料流通，对1至8世纪的香料交易进行概观，并提及了魏晋南北朝时期有关麝香的情况。

关尾史郎《内乱与移动的世纪》（《古代东部欧亚研究年报》5）则以中国西北部为中心，对西晋末期开始的汉人的移动进行了概观，展现了动荡时期汉人生活空间的扩展。

谏早直人《草原的马具》（草原考古研究会编：《发掘欧亚大草原》，京都：勉诚出版）关注匈奴与鲜卑（三燕）的辔，考察两者的差异及其对东亚的影响。

史葆恪（Bartek Szymon Szmoniewski）著、林俊雄译《经丝绸之路向前迈进的拜占庭货币——四—九世纪》（《发掘欧亚大草原——指向草原考古学的路标》）对拜占庭货币及其仿造货币向东方的流入进行了概观，认为其主要作为装饰品被用于陪葬。

九、史料介绍、译注

梶山智史《稀见北朝墓志辑录（四）》（《东亚石刻研究》8）介绍了六十五方主要资料集未曾刊载的北朝墓志的录文。

中村裕一《译注 荆楚岁时记》（东京：汲古书院）是网罗了所用典据与相关记载的详细的译注。迄今为止，一般认为《荆楚岁时记》为梁宗懔撰、隋杜公瞻注，但现行本则将正文、注都记作杜公瞻撰。通过该书的探讨，已明确了现行本的正文确实不能说是宗懔所撰这一事实。但是，由于现行本的正文中混杂了杜公瞻撰著的内容，就断定其为杜公瞻所撰也不可取。究其原因，很可能是宋代将数本著作重新编集为一册，宗懔撰《荆楚岁时记》与杜公瞻撰《荆楚岁时记》便被重编制作为现行本。

此外，渡边义浩主编《全译三国志》（东京：汲古书院）亦开始发行。

十、延伸

关于学习中国史的学生减少的呼喊已经有很久了。作为其对策，只有认真开展研究，向社会传达研究成果，以努力发掘对中国史有所关心的人。

2019年东京国立博物馆与九州国立博物馆举办的特别展"三国志"开展。展览不仅有魏、蜀、吴三国的相关内容，还关注辽东（公孙氏）和交州，并平衡考古资料（包括文字资料）进行展示。玉珠是出土于曹操墓的物品。将曹操墓的构造、规模立体化，使之可被真实感受也是很好的方式。展览会图录《三国志展》（美术出版社）中还收录了朱岩石（今村佳子译）《三国时期考古学在近年的新发现》，陈彦堂（高滨侑子译）《曹操高陵的考古发现与研究》等。

好像要与展览会同轨合辙一样，与三国有关的概述著作也相继出版。渡边义浩《人事之三国志——变革时期的人脉、人才登用、立身处世》（东京：朝日新闻社）从人脉、官制方面对三国时代进行了具有渡边特色的概说。三国志学会监修《曹操——为奸雄所隐蔽的"时代变革者"的真实面貌》（东京：山川出版社）则由以渡边义浩为首的十一位研究者针对曹操各自为题，对自己的学说、先行研究加以概观。即便如此，在很长一段时间里，关于三国时期的概说著作都集中在渡边义浩一处也有点腻味。

《尤里卡 特集〈三国志〉的世界》（2019-6）收录了渡边义浩《诸葛亮的思想与〈春秋左氏传〉》、石井仁《曹操的战争与他的兵法》、市元塱《考古遗物打开的三国志的新时代》、田中靖彦《陈寿与习凿齿》等。其中柿沼阳平《诸葛亮孔明的月俸与财产》乍看似是关于丞相工资的浅显选题，却相当深刻。

往年，关于三国以后的时期的概说著作很少，2019年则有以侯景之乱为中心，描绘南朝贵族之余晖的吉川忠夫《侯景之乱始末记》（东京：志学社：

1974年初版）重新出版。单行本未收录的《史家范晔的谋反》也收录其中。本书现在读来依然有趣，但反过来看，也意味着梁陈研究并无太大进展，不免释卷难释怀。另外，也有必要从侯景的立场出发重新探寻叛乱的意义。

渡边信一郎《系列中国史01中华的成立——至唐为止》（东京：岩波书店）将视线投向华北，概述了"中华"的形成过程。第五章《分裂与再统合》与本文相关。作者对自己的研究积累进行了简单易懂的总结，颇可为参考。只是，可能因为该书的叙述中心被置于社会和制度的变化，关于政治史的疑问也随处可见。另外，由于东晋南朝的部分让给了2020年出版发行的丸桥充拓《系列中国史02江南的发展——至南宋为止》，该书基本没有相关描述，有必要两书一起阅读。

此外，河上麻由子《古代中日关系史》（东京：中公新书出版社）概述了5至10世纪的中日关系。第一、二章涉及南北朝至隋代的历史，将倭国置于相对位置的叙述令人印象深刻。

十一、展望

正如一直以来所说的，为使魏晋南北朝史的研究得以延续，不能缺少对自己的研究在中国（或者东部欧亚）史，进而是世界史研究中所占据位置的审视。只是在此之外，对既有领域的研究进行深入的挖掘和重新解读，跨越各领域的界限并将之融合，以及开拓全新的领域也是必要的。正是从各自的问题意识中诞生的研究的多样性丰富了魏晋南北朝史的面相，产生了与现代的接触点，开辟了在下个时代幸存的道路。从这一观点来看，2019年的研究稍显沉闷，应该去追求更为大胆的研究。但是，不能因为急于构筑自己的学说而急于史料批判以及与他人研究成果的较量。另外，即便大部分人并无问题，但对细节部分的讲究也不可敷衍了事。怀自戒之念，敢记于此，就此搁笔。

2019年韩国魏晋南北朝研究

[韩]赵晟佑

2019年在韩国发表的魏晋南北朝研究难说很多,与相近时期的秦汉史或隋唐史研究相比,甚至可以说略显缺乏活力。即便在这种情形下,以定期刊行的学术期刊为中心,仍可看出2019年在韩国发表的涉及魏晋南北朝史相关研究的两种倾向:1.相对而言,更多地关注十六国北朝,虽是韩国魏晋南北朝史学界的基本特征,但这个现象在2019年愈加凸显,有关十六国与北朝的研究占据多数,而鲜见关于三国、魏晋或东晋、南朝的研究。2.重视石刻资料虽然难说仅是韩国学界独有的特征,但韩国学者对石刻资料的兴趣正逐渐聚集。需要提及的是,作为第一种现象影响所及,韩国的魏晋南北朝史研究者中利用走马楼吴简进行相关研究的非常少,反而是熟悉简牍资料的秦汉史研究者们显示出对走马楼吴简的更多关注。除了这两种倾向,还应该指出,关注这一时期中国与韩半岛诸国间关系的研究不断发表。只是此类研究以韩国史研究者的研究为主,研究者关心的重心在韩国古代史而非魏晋南北朝史,似不宜于在本文中做检讨,故不详加介绍。①另外，考古学、美术史、佛教、哲学等领域虽也见几篇关于魏晋南北朝时期的研究，因学科领域超出了笔者可以介绍与评论的范围，故在此不做评论。②本文将着重于上述1.与2.的现象介绍2019年韩国魏晋南北朝研究的现状。

主要进行北魏及五胡时期研究的金荣焕先生，早先曾发表过研究居于

---

① 此类研究有정지은：《3—4世纪百济的对中交涉与东夷校尉》，《历史与现实》第112号；이동훈：《高句丽与北朝的朝贡关系性格》，《韩国史学报》第75号；박남수：《高句丽百济的辽河流域进出与对中交易》，《韩国古代史探究》第32号；林永珍：《百济与六朝的关系——以考古资料为中心》，《百济学报》第27号；신정훈：《长寿王5年—长寿王7年东亚的政势与高句丽的动向》，《国学研究论丛》第23辑；김진한：《高句丽的对南齐外交与其性格》，《东方学志》第186辑；이승호：《1—3世纪中国东北地域政势变化与貂皮交易》，《东国史学》67。

② 举例来说，活跃于佛教及佛教美术相关研究的苏铉淑在2019年发表了以梁武帝的同泰寺为参照检讨百济圣王的大通寺的创建与其政治背景的《圣王的大通寺创建与梁武帝》，《百济文化》第60辑，分析南北朝时期观世音信仰与观世音作为佛造像个案的《中国南北朝时期"观世音佛"研究》，《佛教美术史学》第28辑。关于北朝时期佛像与佛教石窟的研究有：徐男英：《关于中国山西省的小形佛教石窟的研究——以羊头山的北朝石窟群为中心》，《佛教美术史学》第27辑；徐男英：《中国山西东南部地域的北魏千佛碑像考察》，《佛教美术史学》第28辑。此外，关于佛教有김보과：《西魏时代佛教教团的一面——以〈佛教制规〉的分析为重点》，《韩国佛教学》第92辑；한수진、신성현：《〈弘明集〉与〈广弘明集〉所见不食肉戒论证》，《禅文化研究》第26辑；김효성、유흔우：《关于六朝时代儒者们的排佛论的研究》，《哲学、思想、文化》第30号；손진：《通过南北朝时代的废佛所见的中国末法思想的考察——以北周废佛为中心》，岭南大学校人文科学研究所《人文研究》第87号。

并州上党郡的羯族初期社会的论文,①2019年则发表了更详细地描述羯族来源与迁居中原的研究成果。②作者详细说明,羯族源于受匈奴攻击而臣服的月氏,居于西域,西汉武帝、宣帝时期与南匈奴一起开始向中原移动,至魏晋时期更加活跃迅速地迁徙中原定居。

有趣的是,大致在一个相近时期,两位学者不约而同地发表了两篇研究后燕与北魏关系的论文。李椿浩的《4世纪末后燕·北魏的关系变化与参合陂战争的发生原因——以对高湖进言的分析为中心》(《東洋史學研究》第147辑)与崔珍烈的《后燕的代北游牧诸部政策与拓跋部的上浮——登国年间后燕—拓跋部关系的原像》(《大东文化研究》第107辑)。李椿浩的论文说明了后燕在征服西燕,使贺兰部归附的过程中与北魏产生矛盾,最终引发后燕与北魏之间战争的情况。作者特别以当时反对北魏征伐的高湖的意见为线索,分析了当时的情况。高湖的论据如下:1.后燕与北魏长期保持友好关系,且当时两国间的紧张情况错在后燕,故应维持好的关系("魏燕之与国……和好多年,行人相继……曲在于此,非彼之失,政当敦修旧好,乂宁国家");2."魏主(拓跋珪)雄略,兵马精强",战之无益;3.太子慕容宝不适任指挥北魏远征("太子富于春秋,意果心锐,轻敌好胜,难可独行")。作者指出,慕容垂认为是自己助拓跋珪自立,后燕以受北魏朝贡的立场,两者并非对等的关系,正称霸华北的后燕具有军事上无不利于北魏之理的自信,并且有意通过此一战争来巩固慕容宝作为太子的地位。

李椿浩的论文主要以后燕,特别是慕容垂为中心分析了后燕与北魏关系恶化,最终在参合陂冲突的过程,而崔珍烈的论文更侧重于分析拓跋部得以在代北急速成长的背景及其过程。有意"以夷制夷"的慕容垂欲以支援拓跋部而牵制独孤部、贺兰部等游牧势力,在此过程中受到慕容垂支持

---

① 金荣焕:《魏晋南北朝时代羯族的初期社会研究》,《中国史研究》2007年第39辑。
② 金荣焕:《五胡十六国羯族的初期居住地研究》,《中国研究》2019年第78卷。

的拓跋珪也从拓跋部内部的竞争中胜出，又相较其他游牧部族占据优势而得以壮大。结果随着拓跋珪试图对慕容垂采取独立的态度，最终北魏与后燕发生冲突。作者在分析拓跋珪急速成长的过程中，对《魏书·太祖纪》的部分内容提出质疑。在拓跋珪征服独孤部与贺兰部时，有"离散诸部"或"散诸部落"的相关记述，虽这些游牧势力受后燕攻击而瓦解，北魏不过得其残余势力，《魏书》却夸大或扭曲了这一点。

接着崔珍烈又发表了从多视角检讨北魏征服后燕之后如何统治辽西地域的《北魏的辽西支配与其性质》（《東洋史學研究》第147辑）。此文首先着重于侨郡县，详细检讨了北魏如何改编当地的地方行政编制，论证征服北燕之后虽将辽西的人口徙民于平城与幽州等地，但为东北边境的防御又将关陇地域的匈奴系游牧民移至辽西。作者检讨相关石刻资料并举出了关陇地域匈奴系游牧民及北凉遗民的几件事例。从目前的材料可知，当时作为辽西中心的营州，既是北魏东北边防御的中心，同时也是北魏同契丹、库莫奚、高句丽开互市的国境贸易的中心。然而作者也认为，这样的研究会给人以北魏对于辽西的支配只限于营州周边地带的印象。作者期待通过进一步发掘资料，证明北魏在辽西的支配，虽以营州为中心，却有更广范围的实质性支配。

上述崔珍烈的论文虽在揭示因北魏而移居辽西的人群的真相过程中利用了墓志资料，韩国学者此年有更加全面的聚焦于北魏时代墓志本身的研究发表。近来发表过多篇有关石刻资料研究的洪承贤，在2018年曾发表检讨北魏墓志的构成形式所呈现出的定型化倾向，并将此与孝文帝的姓族分定联系而解释的研究。①2019年则发表对此课题进行更具体讨论的《北魏时期墓志的记述方法与门阀社会》（《中国古中世史研究》第52辑）。此文主

---

① 洪承贤：《北魏时期墓志的定型化与流行》，《東洋史學研究》2018年第142辑。同年，北魏史研究者金圣熙也发表过关于类似问题的论文：《如何读北魏墓志——读法与倾向性探索》，《中国古中世史研究》第48辑。

要着眼点在于，根据时代性、社会性需要，墓志的构成要素与表现形式随之变化，通过墓志这一体裁考察北魏社会的门阀化倾向。北魏的门阀制度与南朝不同，不是取决于出身，而是取决于同皇帝的亲密度或对帝室的忠诚度。因此北魏的墓志并非单纯的墓表，而是变成呈现墓主的资质与能力及其家系的方式。作者指出，与胡族的情况相反，相较于胡族，在同皇帝的关系或与帝室的亲密度上注定不利的汉族士族，则有更加详细记述墓主个人的能力与资质的倾向。例如，出身弘农杨氏的杨颖，因生前系本州别驾，这是一个相对低阶的官职，其墓志不仅有墓主的父系，也以相当比重叙述其有名望的母系（太原王氏）。而其兄杨播的墓志，或因其本人历任高官，相比对家系的叙述，叙述着重在杨播本人的经历。即根据墓主生平如何，着重记述了对墓主与墓主家人有利的点。尽管如此，作者得出结论说，因孝文帝的姓族分定，在国家权力决定家族的高下，北魏社会不得不走门阀化这一道路的情况下，需要维持家族名声与家格的装饰，为此封闭式婚姻的倾向变强，而这种倾向也反映在北魏墓志当中。

有志于利用多样的史料以理解魏晋南北朝史而坚持不懈地阅读墓志的学者并不少见，相较于这一点，对造像记的关心似乎并不多。虽有少数研究者仍在持续研究，还很难说已走上正式的轨道。在这种情况下，郑在均《北朝时期义邑造像记资料的性格与价值》（《中国古中世史研究》第54辑）一文，通过将北朝造像记，特别是义邑造像记作为理解5至6世纪华北地域社会的史料而使用的研究值得关注。然而，从题目可知，主要为介绍造像记的一般形式，通过分析供养者题名，把握哪些家族组织地域社会的成员促进造像事业，从而一窥地域社会的一个侧面，指出应关注造像事业的社会性意义等内容，是一篇欲引起研究者对造像记这一特定史料关注的研究。期待日后更加全面的研究。

此外，特别值得一提的是，发表过多篇有关北魏时期研究的金圣熙的最新成果，他的《说北魏的女性教育——骑马、妇德与文才》一文发表于

《中国古中世史研究》第53辑。作者在此论文之前也曾发表过对北魏女性这一主题的研究。① 此篇论文中作者克服了关于北朝女性的既有研究中偏重母后干政等事例所体现的朝廷特殊女性的局限，为更加结构性地理解北朝女性的实际情况，聚焦于北魏女性受到何种教育。作者通过众多墓志收集的事例指出，北魏女性的教育，呈现出游牧民特有的坚韧的女性形象与基于儒教理念的忠孝节义四德涵养混在的形态，甚至认为在这样的情况下女性作为治家的主体发出了自己的声音。作者认为使这种情况成为可能的是北魏女性多具经学素养与文学才能，而以这样的学问素养为基础，女性在家庭教育中扮演着重要角色。在研究魏晋南北朝时期女性的学者十分稀少的情况下，这无疑是一个具有重要意义的研究成果。只是尚需考虑汉族女性与鲜卑女性之间的差异是否可以忽略不计，北魏迁都洛阳前后有无差异？对此还需更加细致的研究。

最近虽然相对沉寂，但过去持续被研究的主题之一便是都城。大体上多是以结合考古学发掘成果与文献记载去理解都城结构的研究，② 或源于对首都的立地关注的研究为主。③ 此类关于各王朝首都立地、都城结构等的研究，对理解这些王朝的性质所能提供的重要线索，多是在参考中国历代王

---

① 金圣熙：《通过墓志铭所见对北魏女性的断想：自由与枷锁的两面性》，《中国古中世史研究》2016年第42辑。

② 大部分是朴汉济教授的研究，《陈寅恪的都城论补正》，《中国古中世史研究》2013年第30辑；《后汉洛阳城的构造与都城布局》，《東洋史學研究》2014年第129辑；《东晋－南朝建康城的都城构造》，《東洋史學研究》2011年第116辑；《五胡赫连夏国的都城统万城的选址与其构造》，《東洋史學研究》2000年第69辑；《隋唐代洛阳的都城构造与其性格："中世的"都城构造的终焉》，《中国古中世史研究》2009年第22辑等。

③ 代表性的研究有朴汉济：《魏晋南北朝时代各王朝首都的选定与其意义》，《历史学报》2000年第168辑。

朝事例的大脉络下进行的。权纯弘与此不同，他的《东亚复都制与多京制的区分》(《中国古中世史研究》第54辑)，属于以更开阔的视野从东亚史的角度检讨中国中古都城的独特研究。事实上，若考虑到一直有人试图参考中国的事例来理解韩国古代，特别是百济的首都立地或都城结构而进行的比较史尝试，该研究也不完全是特异的事例。

此研究从"都"为宗庙之所在，而"京"则为与宗庙之有无无涉之最上位的行政单位，强调"都"与"京"严格来说属于不同的概念出发，重新检讨了东亚各地所施行的都城制，主张复都制和多京制是不同的。根据作者的论旨，新（王莽）、隋、唐所置长安与洛阳相当于复都制，东魏、北齐与8世纪的日本则对应多京制。然而，因作者的文章中关于武周时期神都洛阳，而非唐代的内容论证占很大比重，因此能否将其视为作者所说意义上的唐的复都制多少有些疑问。并且，虽然东魏、北齐时期邺与晋阳两个中心同时存在是事实，但可否将东魏皇帝居于邺，而高欢居于晋阳丞相府的东魏时代同高氏之北齐认作同一范畴也是个疑问。虽然是从有关东亚都城制宏观的问题意识出发的研究，但在对复杂的政治情况考虑不足的情况下，多少似平面地以制度史的角度所进行的研究。

虽或有笔者所遗漏的研究成果，以上简要整理了2019年一年发表于韩国学术期刊的魏晋南北朝研究。最后，在整理2019年韩国魏晋南北朝史学界动向时有一个不可或缺的事项，便是朴汉济教授年内出版了四本著作这件事。朴汉济教授1985年以来以"胡汉体制"为框架持续发表了五胡十六国、北朝及隋唐时代的研究。胡汉体制论是说明北方游牧民族（"胡"）与中原既有的农耕民族（"汉"）之间，虽然相互纠葛、冲突、斗争，但最终寻求共存之途而至统合（synthesis）的漫长过程的宏观理论。此次出版的著作是将过去约三十五年期间发表于各处的论文进行补充后，按主题汇编而成的。考虑到朴汉济教授在韩国魏晋南北朝隋唐史学界留下的足迹与他的胡汉体制论对韩国中古中国研究的影响，这不得不说是一件非常有意义的事情。《中国中世胡汉体制的政治性展开》(首尔：一潮阁，2019)与《中国中世胡汉体制的社会性展开》(首尔：一潮阁，2019)收录了构成胡汉体制论基干的论文。朴汉济教授基于胡汉体制论也陆续发表了一系列研究中国历代都城的论文，这些成果则收录于《中国中世都城与胡汉体制》(首尔大学校出版文化院，2019)与《中国都城建设与选址》(首尔大学校出版文化院，2019)之中。

如前所述，最近活用墓志或造像记等新史料或尝试女性史研究等新潮流确实可见。然而不见有与邻近学科的交流，也不见以全新的话语体系明显拓宽魏晋南北朝研究领域或大胆挑战既有的研究，长期坚持以胡汉体制论研究魏晋南北朝及隋唐时代的朴汉济教授所取得的业绩，不能不说为后辈研究者树立了典范。

2019 年以来西方魏晋南北朝史研究的回顾

孙英刚

尽管欧美从事中国魏晋南北朝史研究的学者并不多，但是欧美学界一贯有引领潮流的学术敏感性，其研究视角和研究方法值得我们关注。2019年到现在，欧美魏晋南北朝史学界的动向，我们从下面五个方面来进行梳理。

一、地方视角和区域史的研究持续得到关注

2019年3月，美国魏晋南北朝学界的年度会议在科罗拉多的丹佛召开，议题仍然集中在文学、宗教等议题。值得注意的是戚安道（Andrew Chittick）发表的报告《宣言：有关魏晋南北朝研究中的地方性的思考》（*Thinking Regionally in Early Medieval Studies: A Manifesto*），强调魏晋南北朝历史中被忽略的地方性。他呼吁继续关注区域性的研究，延续了他的一贯主张。这一发言稿（"宣言"）后正式刊发在《中国中古研究》（*Early Medieval China*）第26期（2020）。

戚安道最为大家所知的是他对公元5至6世纪襄阳的研究（《中古中国

的荫护与社群：公元400—600年的襄阳城》）。① 此后他一直注重魏晋南北朝历史的地方视角，强调区域的研究。他的论文也一直贯彻了这样的精神，比如《魏晋南北朝时期地方书写的发展》（The Development of Local Writing in Early Medieval China）。2018年底他在哈佛大学费正清中国研究中心做了一个报告，题为《抵抗的南方：勾画第一个千年中的吴人》（The Resistant South: Sketching a History of The Wu People in the First Millennium CE），是他即将出版的新书的一章。

2020年2月，牛津大学出版社出版了戚安道的《中国和世界史中的建康帝国：种族认同和政治文化》（The Jiankang Empire in Chinese and World History: Ethnic Identity and Political Culture）。裴士凯（Scott Pearce）为此书撰写的书评发表在《中国中古研究》（Early Medieval China）第26期（2020年）。这本书对公元3至6世纪的以建康为中心的南朝进行了研究，但角度是将其放在中国和世界史的脉络中进行考察。他称南朝为"建康帝国"，是想重新审视其种族认同和政治文化。他认为，尽管建康帝国存在数百年且影响深远，但在中国正统官方史书中它却变得模糊甚至消失不见。地方性的研究视角，从某种意义上也是从"国家"（正史）拯救历史，通过提出新的叙事框架和概念的办法，重新认识研究对象。该书特别强调种族认同和政治文化，并认为南方的吴人政权和中原王朝有明显的区别，却和东南亚的王权存在相似性。比如南朝论证自己的政治合法性，主要通过方言、大中华思想和佛教来推行，但到了公元6世纪，大中华主义思潮已经消退了。此书对南朝政权的解释提出了自己的框架，但也必须指出其中不少论证和结论矫枉过正。比如强调南朝和东南亚诸政权的相似性，是在忽

---

① 笔者给此书撰写的书评以及戚安道的返书评，参看 Frontier of History in China, vol. 7, 2012, pp.473~481. 本书中译本见毕云译：《中古中国的荫护与社群：公元400—600年的襄阳城》，南京大学出版社，2021年。

略了南朝和北朝的相似性基础上做出的。比如运用佛教进行王权的神圣化，南朝所用的佛教理念和北朝更为接近，而和东南亚有明显的区别。此书的可贵之处，在于呼吁摆脱官方正史的遮蔽重新审视南朝。其实这也是一种地方史或者区域史的视角。

跟地方视角和区域史相关，不同地域的人口、文本、文化流动成为西方学界关注的一个话题。2019年5月，在哈佛大学召开了"魏晋南北朝时期的越界和移民"（Border-crossing and Migration in Early Medieval China）工作坊。共分五个部分，包括"去南方"（Going South）、"文本和图像的流动"（The Mobility of Texts and Images）、"回望和左顾右盼"（Looking Back and Around）、"安土、迁徙和认同"（Rootedness, Relocation, and Identity）、"移动的僧侣和商人"（Moving Monks and Merchants）。议题设计比较系统，一共十篇论文，集中讨论了魏晋南北朝时期的"流动"（包括人员、文本、图像、特殊群体等）。其中南恺时（Keith N. Knapp）讨论了南北朝时期孝子传的流传，戚安道（Andrew Chittick）围绕一个具体的地方讨论了南北朝时期的边界和移民，罗柏松（James Robson）讨论了魏晋南北朝时期佛教僧侣的大规模流动。

二、图像和文本的研究持续推进

魏晋南北朝时期是中国文明的再造时期。中国跟中亚等地区的联系，超越了政治、军事、外交、物质的层次。沿着丝绸之路东来的，也包括各种宗教信仰和围绕这些信仰形成的理念、观念、习俗和符号等等。比如宗教信仰的兴起，带来了新的艺术形式，敦煌和云冈的壁画和雕塑成为重要的文化珍宝。西方对魏晋南北朝艺术史的研究，持续以丝绸之路、信仰世界为核心议题。2018年底，埃斯肯纳齐（Eskenazi，世界知名的中国艺术品经销商之一）出版了《Norman A. Kurland旧藏六朝艺术品》（*Six Dynasties Art* from the Norman A. Kurland Collection; Part Two）一书。其中，丁爱博（Albert E. Dien）写了《死后世界》（*The Afterlife*）一章，朱安耐（Annette L. Juliano）写了《跨文化传播：丝绸之路和北朝》（*Cross-Cultural Transmission: the Silk Roads and the Northern Dynasties*）。

Monumenta Serica 67（2019年）刊发了一个《后汉书》研究专号，涉及魏晋南北朝时期的论文有：《范晔关于更始帝统治时期叙述的一些思考》[Sebastian Eicher 的 "Fan Ye's（398–446）Depiction of the Gengshi Years（23–25 CE）: Some Thoughts on the Narration of Legitimate and Illegitimate Rule"]、戴梅可（Michael Nylan）的《史家论史家——范晔、刘知几与班固》[*Historians Writing about Historians: Fan Ye（398–446）, Liu Zhiji（661–721）, and Ban Gu（32–92）*] 等。

三、域外文明和中国的关系仍是研究重点

2019年8月在牛津大学召开了"中亚和东亚佛教碑刻的制作、保存和阅读"国际学术研讨会，主要的议题仍集中在佛教的研究。包括文字和图像，都受到关注。笔者受邀参加了这次会议，感觉其中有关魏晋南北朝的部分讨论仍不深入，但在研究倾向上已经开始注重结合宗教文献和历史研究，注重佛教在文化交流中的重要角色，注重魏晋南北朝历史的域外连结。

Andrew Shimunek 2017年出版了《古代蒙古高原南部和中国北部的语言——鲜卑语族的历史比较研究及对东北边疆中国语和藏语的音韵学研究》（*Languages of Ancient Southern Mongolia and North China: A Historical-Comparative Study of the Serbi or Xianbei Branch of the Serbi-Mongolic Language Family, with an Analysis of Northeastern Frontier Chinese and Old Tibetan Phonology*，Harrassowitz 出版）。这是第一部研究鲜卑—蒙古语的专著，也是第一部对鲜卑人进行现代语言学研究的专著。专门提出这本书，

是因为它出版之后并没有引起中国学界的关注。它或许能提供一些新的信息，对我们理解鲜卑的历史和文明有帮助。

对粟特人的研究仍在进行，但逐渐呈现出中日学者占据主流的趋势。日本东方学会《亚洲学刊》（Acta Asiatica）2020年8月出版了一期专号"公元6世纪粟特故地、中国、吐鲁番的粟特人"。其中有两篇文章涉及Kafir-kala的考古发现；荒川正晴的论文考察6世纪高昌国对吐鲁番的统治及当地的粟特聚落；毕波讨论了邺城出土的汉－粟双语碑铭，进而讨论了北齐的粟特人；山下将司讨论了汉文碑铭中所见的6世纪北方的粟特人。上述论著之外，2020年3月，Harrassowitz Verlag出版了Moritz Huber的新书《中古中国粟特人的生活》（Lives of Sogdians in Medieval China）。此书翻译了中国有关粟特人的史料，并结合考古证据，讨论了中国的粟特人公元3世纪到10世纪的历史场景。相关研究，恐怕并不超过中国学者的讨论，比如此书对固原特别关注。

梅维恒主持的"Sino-Platonic Papers"2020年2月出版了第297期，刊发了Lucas Christopoulos的论文《东晋钟山石窟中的希腊化佛教神阿特拉斯》（Jin Dynasty Greco-Buddhist Atlas at the Zhongshan Grottoes）。这篇文章再次揭示了犍陀罗佛教对中国文明的影响。阿特拉斯（Atlas）是希腊神话中的擎天神，属于泰坦神族，在泰坦旧神族被新的神族击败后，阿特拉斯被宙斯降罪，用头和双手撑起青天。阿特拉斯被引入犍陀罗造像艺术，主要任务就是托起佛塔的塔基。在塔克西拉和哈达的窣堵波基座上，阿特拉斯的形象经常出现。Lucas Christopoulos认为这一形象也随着佛教传入中国，出现在钟山石窟的造像上。

四、宗教和文学仍是受关注最多的研究领域

夏威夷大学出版社2020年出版了C. Pierce Salguero和Andrew

Macomber 主编的论文集《中古时期中国和日本的佛教医疗》(*Buddhist Healing in Medieval China and Japan*)。佛教在传播过程中,在其信仰中加入了主管健康的神祇,而寺院成为医学研究的中心,诞生了很多知名的僧人医学家。这本论文集集合了佛教医疗史的学者,对中古时期中国和日本的佛教医疗进行了分析,揭示了信仰与医学、社会生活史和文化交流的诸多层面。其中多篇论文聚焦在魏晋南北朝时期:C. Pierce Salguero 的论文讨论了公元 6 世纪中国佛教僧传中的医疗叙事(Healing Narratives);Antje Richter 的论文讨论了《维摩诘经》(Vimalakīrti Sūtra)中的疾病和医疗理念及其如何被中古时期的文学所吸收;释智如的论文讨论了公元 5 至 6 世纪的药师佛信仰(Bhaisajyaguru Cult),尤其是燃灯以求延年的仪式;Catherine Despeux 的论文讨论了中古时期敦煌的佛教医疗实践。

2018 年 *Hualin International Journal of Buddhist Studies* 第 2 卷(2019 年 5 月)出版了一期法显研究的专号,收录的论文包括:巴瑞特的《法显和变文的意涵:法显传对中国研究的价值》(*Faxian and the Meaning of Bianwen* 变文: *The Value of His Biography to the Study of China*)、宁梵夫的《被忽略的巡礼:佛教研究中法显传是如何被用或者不被用的》[*The Neglected Pilgrim: How Faxian's Record Was Used(and Was Not Used)in Buddhist Studies*]、纪赟的《法显和求法巡礼传统的成立》[*Faxian and the Establishment of the Pilgrimage Tradition of Qiufa(Dharma-searching)*]、纪强(George A. Keyworth)的《又一个在日本知名的三藏:中世日本佛教文本中作为翻译者和求法者的法显》(*The Other Great Chinese Trepiṭaka in Japan: Faxian as Translator and Pilgrim in Medieval Japanese Manuscript Canons*)、金惠瑗的《法显有关阿努拉达普拉记载中的图像和寺院》(*Images and Monasteries in Faxian's Account on Anurādhapura*)、金玟求的《法显经行的地点》[*Sites of Caṅkrama(Jingxing* 经行)*in Faxian's Record*]、刘苑如的《法显和刘裕的核心圈:东晋时期佛教和社会的互动》(*Faxian and Liu Yu's Inner Circle: Interactions between Society* and Buddhism during the Eastern Jin Dynasty）、王邦维的《法显和庐山佛影的构建》（Faxian and the Construction of the Buddha's Shadow Platform at Mount Lu），等等。

有关佛教文献的研究，《美国东方学会会刊》139.4（2019年）刊发了Michael Radich的论文《费长房对僧佑佚名文献的处理》（Fei Changfang's Treatment of Sengyou's Anonymous Texts）。

《中国中古研究》（Early Medieval China）第26期发表了Olivia Milburn的论文《尝蜜：魏晋南北朝时期中国书写中的甜》（A Taste of Honey: Early Medieval Chinese Writings about Sweeteners），对魏晋南北朝时期对甜的描述进行了分析。结合宗教与文学的研究方法，康儒博（Robert Ford Campany）在2020年出版了他的新书《中国的梦境，公元300—800年》（The Chinese Dreamscape, 300 BCE–800 CE），是哈佛燕京书系第一百二十二种。康儒博的研究计划很早就被大家所知，他对中国梦境的研究集中在魏晋南北朝时期。在此书中，康儒博分析了公元300至800年中国人怎么看待梦——他们的梦境涵盖什么内容，这些梦境如何引发了他们的反应。此书所用的材料包括解梦书、笔记小说、各类其他文献等。梦境涉及到很多层面，比如生者和死者的沟通、人类和其他生物的沟通，都是宗教关注的议题。康儒博一直以研究宗教文学著称，包括对魏晋南北朝时期的佛教灵验故事的研究（《看不到的场域：魏晋南北朝的佛教灵验故事》，Unseen Realm: Buddhist Miracle Tales from Early Medieval China）。

五、贯通的研究有新成果

《中国中古研究》（Early Medieval China）第25期是向丁爱博（Albert E. Dien）致敬的专号，以庆祝他九十岁生日及感谢他对北朝研究的贡献。丁爱博和南恺时主编的《剑桥中国史·六朝卷》（The Cambridge History of China:

Volume 2, The Six Dynasties, 220-589）2020年正式出版。参与撰写的学者包括Rafe de Crespigny、J. Michael Farmer、Damien Chaussende、Charles Holcombe、Terry F. Kleeman、Scott Pearce、Albert E. Dien、Andrew Chittick、David A. Graff、熊存瑞、刘淑芬、Francesca Bray、荣新江、Shing Müller、Annette Kieser、李贞德、侯旭东、Keith N. Knapp、Y. K. Lo、John Kieschnick、Stephen R. Bokenkamp、Robert Ford Campany、Antje Richter、Cynthia Chennault、巫鸿、Bo Lawergren等。这是一本非常优秀的教材，也是对过去魏晋南北朝史研究的一个梳理和回顾。

整体来说，2019年以来，西方尤其是美国的魏晋南北朝史的研究有明显的推进，不论是贯通的著作，还是专门的研究，都有一些代表性的研究刊出。另外在研究范式上，强调地方视角和注重区域史的研究获得了关注。西方关注最多的仍是宗教信仰、文学文本、图像艺术、文明交流等内容，不过对政治史和制度史的兴趣也在提升。

【第二部分】

专题综述

魏晋南北朝公文与文书行政研究述评

韩 旭

"公文"[①]一词用以代指官文书，正史源出《三国志》，《魏书》《蜀书》和裴注引《魏略》都有提及，说明这种用法在魏晋时已有一定普及性和认

[①] 公文的概念，有多种说法，徐望之根据使用场景和书写形式定义为"国家或地方机关相互间及与人民或团体相互间，为意思表示于一定程式之文书也"。（徐望之：《公牍通论》，档案出版社，1988年，第3~4页。）汪桂海将公文分为狭义和广义两类："广义之官文书是官府为处理政治、军事、经济、财政、人事等各类事务而产生、形成的所有文书形式，可以包括通用公文、簿籍、账册、司法文书、律令文书等。狭义的官文书则仅指通用公文，它是官府在传达命令、请示、答复以及处理其他日常事务中形成和使用的书面文字材料；它具有成文性，有一定的程式要求，且经过了一定的处理程序；它包括上级下达给下级、下级呈送上级、同级之间、官府与民众之间相互往来的文书。"（汪桂海：《汉代官文书制度》，广西教育出版社，1999年，第1页。）日本学者中村圭尔则把公文按照传递方向分为下行、上行、平行三类。（[日]中村圭尔：《魏晋南北朝における公文書と文書行政の研究》（研究成果报告书），大阪：共荣印刷所，2001年。）

可度。①魏晋南北朝时期，公文名目繁杂，类型多样，各有相对固定的称谓、体式、用语及使用场景，构成维系庞大行政机体运行的政令载体。从中央到地方，自皇帝至平民，上令下行，下情上达，满足为政所需的各类沟通交流皆需依托公文方能实现。秦汉时期围绕公文建立起的发达文书行政体系，②在魏晋南北朝仍发挥着重要作用，并随着时代特点的变化不断因革损益。文书行政指以公文为媒介的行政运作过程，关注外延有所扩展，与公文运行相配合的一系列政治体制尽为题中之义，涵盖公文的制作、管理、传递、执行等环节。

20世纪以来，随着出土材料的陆续发现和深度利用，加上新史学浪潮下政治史多元化的研究趋向，中古公文与文书行政研究渐次展开，尤以出土大量简牍文书的秦汉时期为最，唐史方向近年的动态公文运作研究也愈加热门。尽管整体景象一派繁荣，却不能因此忽视某些时期的冷清状况，魏晋南北朝

---

① 《三国志》卷8《魏书·公孙渊传》裴松之注引《魏略》，中华书局，1959年标点本，第255页；《三国志》卷23《魏书·赵俨传》，第668页；《三国志》卷40《蜀书·李严传》裴松之注，第1000页。

② 冨谷至把汉代的文书行政视作一种行政体系或行政制度，他这样描述这种制度或体系："在以皇帝为顶点构成的官僚行政系统中，各级官署向所辖官署下达命令，进而传达至更下一级官署。与此成反方向，下级官署向上级官署进行定期或不定期的报告，报告最终汇总于皇帝案前。"冨谷至非常重视书写材料的作用，他认为汉代文书行政的彻底和有效贯彻凭借了简牍的三维功能，这种功能是纸张所不具备的，所以简牍时代的终结也意味着秦汉式文书行政的终结，而这也成为中国古代专制国家和中世的分界点。（[日]冨谷至：《文书行政的汉帝国》，江苏人民出版社，2013年，第341页。）尽管由于书写材料和分裂、战乱、士族力量崛起等客观因素的变化，让魏晋南北朝时期的文书行政显现出"衰弱""停滞"甚至"倒退"的发展趋势，但这些判断是依据前代情况和背景因素做出的推测，只是浮于表面，魏晋南北朝文书行政的真实情况究竟如何，还有待更具针对性的深入研究来揭示。

的公文与文书行政研究便不够充分，很多具体问题乃至宏观认识都有待更新。本文将总结目力所及之内，迄今为止所有魏晋南北朝公文与文书行政研究成果，介绍重要论著，分析各分支侧重，概括整体研究现状，在此基础上总结现有经验，寻找薄弱环节，以为今后研究之参考。[①]

一、从中央官制到公文与文书行政

公文虽在政治运行中起着重要作用，却并不受史家重视。传世史籍对公文的记录非常有限，魏晋南北朝诸种史籍中保留的公文类型并不丰富，一般只取用高级别重要公文，如制、诏、奏、表等，且多是节选，头尾格式用语常被删减，又分散在各纪传志中，杂乱且不成体系。魏晋南北朝还缺乏如《汉制度》《独断》《唐六典》这样对公文制度概况进行总体描述的史籍，更加大了研究的难度。近代以前，学人对公文的讨论侧重文学欣赏和文体辨析层面，《文心雕龙》[②]《文章辨体序说》《文体明辨序说》[③]等涉及公文研究的早期著作皆为此类。民国时期，魏晋南北朝公文研究的进展多出自几部公文通史，以许同莘《公牍学史》和徐望之《公牍通论》为代表。[④]

[①] 相关综述有仲秋融：《魏晋公牍文研究》，博士学位论文，浙江大学，2015年，第3~6页；吕鑫：《古代公文研究综述》，《秘书》2016年第9期，第3~9页；胡旭东：《近四十年古代公牍文研究综述》，《长江丛刊》2019年第30期，第28、32页。这些现有综述多是从文学角度进行总结，对历史学方面的研究成果介绍不多。

[②] 刘勰著，王运熙、周锋撰：《文心雕龙译注》，上海古籍出版社，2012年。

[③] 吴讷、徐师曾著，于北山、罗根泽校点：《文章辨体序说·文体明辨序说》，人民文学出版社，1962年。

[④] 虽然最早的公文研究是从文学方向开启的，但由于学科侧重不同，并基于研究理路的差异，文学视角的公文研究将在后文详述，此处先以历史学科的研究成果为线索进行梳理。

中华人民共和国成立以后，由于史料匮乏，难有突破，公文曾长期被隔绝于主流政治史研究之外，乏人问津。僵局的打破始自20世纪七八十年代，得益于中央官制研究的逐步深入，公文开始进入魏晋南北朝史研究者的视野。

魏晋南北朝是三省制形成发展的重要阶段。三省的主要职责是协助皇帝处理公文，具体包括接收传递上奏、草拟发布诏命、监督执行效果三方面，中央的各类公文绝大部分在三省生成或经转，三省是文书行政的核心机构。因此，公文虽然不是中央官制研究的主角，却是贯穿始终的重要线索。并且，诏书、奏表等公文史料还是论证各官署僚佐权力的重要佐证。出于以上原因，中央官制研究常会论及公文，虽是无心插柳，却切实推动了公文与文书行政研究的展开。[1] 关于中央官制在魏晋南北朝时期的发展演变历程，学界研究已臻成熟，多部重要专著都对相关论题做过或详或略的述论，包括杨鸿年《汉魏制度丛考》、[2] 王素《三省制略论》、[3] 祝总斌《两汉魏晋南北朝宰相制度研究》、[4] 陈琳国《魏晋南北朝政治制度研究》、[5] 陈仲安和王素《汉唐职官制度研究》[6] 等，还有大量针对细节和局部问题的单篇论作。总体而言，目前学界对尚书、中书、门下等中央机构在不同时期分别承担哪些公文处理任务，具体权限如何，职责发生变化的背景及原因等等，诸如此类的公文处置权力在制度层面的分配情况与演变过程已有较为深入的了解。

在中央官制的基本形态得到一定程度的研究后，它如何运作就成了值

---

[1] 在魏晋南北朝史方向之外，中古其他时期公文与文书行政研究的一度火热，也是推动魏晋南北朝公文与文书行政研究的重要因素。

[2] 杨鸿年：《汉魏制度丛考》，武汉大学出版社，1985年。

[3] 王素：《三省制略论》，齐鲁书社，1986年。

[4] 祝总斌：《两汉魏晋南北朝宰相制度研究》，中国社会科学出版社，1990年。

[5] 陈琳国：《魏晋南北朝政治制度研究》，台北：文津出版社，1994年。

[6] 陈仲安、王素：《汉唐职官制度研究》，中华书局，1993年。

得思考并可以尝试解决的论题，公文与文书行政也随之更被重视。日本学者在这方面用力尤多，中村圭尔的公文与文书行政研究就是在官僚制动态运行方面的探索，他把公文处理作为中央官制运作的重要环节，从文书格式中展现的上下行关系和传送路径入手，探讨权力在制度框架内实施的具体过程。①2001年，其专著《魏晋南北朝公文书与文书行政研究》②出版，是目前唯一探讨魏晋南北朝公文与文书行政的专著，该书把魏晋南北朝时期的公文分为下行文（诏、令、符）、上行文（表、奏、启、版）、平行文（关、刺、解、牒、状、列、辞）三种大类，运用文书学的文本分析法，还原了这些公文在行政中的使用场景，探明其如何在政务运行中发挥作用，以及相关机构和官僚在文书行政流程中的权责分配情况，由此展现官僚组织的运作状态，并思考了公文书写材料由木到纸的变化对文书行政的影响。该书最大的贡献是填补了魏晋南北朝公文研究的空白，明晰了当时通行的部分公文类型，以及这些公文的形态和作用等基本问题。中村圭尔的研究最值得称道的特点是对史料的全面掌控和精细运用，他不仅注意到

---

① 贵族制是日本魏晋南北朝史研究的中心，官僚制是其中的关键问题，20世纪七八十年代，一些学者尝试考察贵族在某官署的任职情况，并论证该官署在官僚制中发挥的作用，以此解读贵族在官僚制中的地位。此类研究的前提是必须明晰该官署在文书行政中的地位，公文权力作为论证官署地位的重要因素开始受到关注，野田俊昭对尚书、门下上奏权的研究和越智崇明对御史中丞奏弹职责的考证就是在这样的思路下进行的，这大概是影响以中村圭尔为代表的日本学者，从贵族官僚制走向公文与文书行政研究的学术背景。［日］野田俊昭：《东晋南朝における天子の支配权力と尚书省》，《九州大學東洋史論集》1977年第1号，第77~96页；［日］越智崇明：《魏晋南朝の御史中丞》，《史渊》1983年第120号，第121~150页。

② ［日］中村圭尔：《魏晋南北朝における公文書と文書行政の研究》（研究成果报告书）。

了出土的吐鲁番北凉文书这样的冷门史料，而且对传世文献中的重要记载（如《宋书·礼志》仪注）进行了细致的校考，这种严谨精细的史料处理方法，是面对类似史料严重匮乏的课题时可兹取用的不二法门。其后，中村圭尔继续在该领域的探索，先后发表了《两晋南朝墓志与公文书》①《演讲记录·魏晋南北朝时期的公文书行政》②《东晋南朝的门下、尚书与诏、奏》③等论作，延续官制为纲，公文为主体的研究思路，对魏晋南北朝，特别是两晋南朝时期的公文形态与运作模式做了更为鞭辟入里的研究。此外，金子修一的论文《南朝时期上奏文的一种形态》④亦属同类研究，主要考察南朝上奏文的形态。

　　近年来，大陆一些学者也开始关注到魏晋南北朝公文和文书行政的问题，他们的论作同样遵循以制度为纲的研究路径。赵春娥《汉晋间宣诏呈奏机枢制度的嬗变——游移发展、设无定制时期》，⑤把宣诏呈奏作为中央政务活动的机要和核心，认为在两汉魏晋时期，宣诏呈奏权没有专职的机构和官员执掌，机枢权力转替于尚书、中书之手。而尚书、中书等机构的性

---

① [日] 中村圭尔：《両晋南朝墓誌と公文書》，[日] 伊藤敏雄编：《魏晋南北朝史と石刻史料研究の新展開—魏晋南北朝史像の再構築に向けて—》（科研成果报告书别册），2008年，第59~78页。
② [日] 中村圭尔：《講演記録·魏晋南北朝における公文書行政》，《六朝学术学会报》2009年第10集，第135~144页。
③ [日] 中村圭尔撰：《东晋南朝的门下、尚书与诏、奏》，陈力译，《南京晓庄学院学报》2018年第1期，第22~30页。
④ [日] 金子修一：《南朝期の上奏文の一形態について——「宋書」礼儀志を史料として》，《東洋文化》1980年第60号，第43~59页。
⑤ 赵春娥：《汉晋间宣诏呈奏机枢制度的嬗变——游移发展、设无定制时期》，《青海社会科学》1999年第5期，第79~81、95页。

质经由近侍到朝官的更替，实质上是中央机枢权力不断厘整，皇权不断强化的过程。孙学雷《汉唐臣僚上奏制度研究》①一文篇幅较短，时间线却长，因此对魏晋南北朝时期上奏制度的论述比较简略，只提到曹魏和晋分别新增了笺记和启两种上奏公文形式。李浩《两汉魏晋南北朝天子政务秘书系统的变迁》②，重点考察辅助皇帝处理公文的官僚机构的形态及其发展演变过程，其中虽有很多内容与中央官制研究相重合，但对各类衙署在公文处理和文书行政中扮演的角色投以更多的关注。付国良《魏晋南朝草诏制令制度变化述略》③着眼于诏令的草拟环节，追寻魏晋南北朝各个时期拟诏职能在三省中的具体职司所在。张雨《南朝宋皇太子监国有司仪注的文书学与制度史考察》，④重新点校元嘉仪注，详细分析其中记载的九种文书体式，指出南朝宋时尚书台在公文形态和律令常典中仍然展现出公文传递机构的性质，尚未发展成体系完备、权责分明的外朝职司。王兴振《北魏王言制度》⑤把王言的生成和发布看作一种制度，其实是以王言为线索探究北魏的政治运作情况，虽然文章内容大部分尚未超脱中枢行政体制的范畴，但论文框架无疑是以皇帝诏书为中心，而且尝试利用有限的史料，参考汉唐时期的记载，对北魏时期的诏书形态做出了实证与推测相结合的研究。与之类似的论作还有明

---

① 孙学雷：《汉唐臣僚上奏制度研究》，《淮阴师范学院学报》（哲学社会科学版）2004 年第 3 期，第 367~370 页。
② 李浩：《两汉魏晋南北朝天子政务秘书系统的变迁》，博士学位论文，华东师范大学，2009 年。
③ 付国良：《魏晋南朝草诏制令制度变化述略》，硕士学位论文，青海师范大学，2011 年。
④ 张雨：《南朝宋皇太子监国有司仪注的文书学与制度史考察》，《中华文史论丛》2015 年第 2 期，第 31~35、391~392 页。
⑤ 王兴振：《北魏王言制度》，硕士学位论文，华东师范大学，2016 年。氏著《北魏王言制度研究》（修订本），甘肃人民美术出版社，2018 年。

建《北魏诏令及其行政运作初探》①和李方晓《刘宋诏书研究》。②

通览日本学者早期的公文与文书行政研究,以及近年来大陆学者在该领域的研究成果,尽管多数论作在立论角度上仍从属中央官制的范畴,但若从论文主题和文中公文内容的占比来衡量,不难窥见其中隐含着的魏晋南北朝公文与文书行政研究脱离官制框架逐渐独立成文的趋向。

二、诏书研究

诏书虽从属于公文,但魏晋南北朝诏书研究论作却有不少超脱主流的公文与文书行政研究模式,自成一体,独具特色。作为最接近政治核心的原始史料,同政治相关的制度、人物、事件等,在诏书之中难免残余些许印迹,甚至留下重要片段。诏书在许多魏晋南北朝政治史重要课题的研究中早已是潜在的关键环节,被众多学者以种种形式运用于各类研究之中。除上文提及的少量与中央官制有关的诏书研究,还有大部分论作是以某道、某类型或某几道有一定联系的诏书为论证起点,深入到对各类政治事件、政治活动和政治文化的研究之中。

诏书是最高级别的行政命令文书,有时会作为定例被长期遵行,它与法律之间的关系是学者长期以来不断思考并尝试解决的问题。楼劲《魏晋时期的干支诏书及其编纂问题》③注意到了魏晋时期独有的干支诏书,这个以往习见却常被忽略的诏书命名方式。作者首先论证干支诏书中的干支指

---

① 明建:《北魏诏令及其行政运作初探》,硕士学位论文,西华师范大学,2005年。
② 李方晓:《刘宋诏书研究》,硕士学位论文,山东大学,2009年。
③ 楼劲:《魏晋时期的干支诏书及其编纂问题》,《中国魏晋南北朝史学会第十届年会暨国际学术研讨会论文集》,北岳文艺出版社,2011年,第3~16页。

日干支，而非年干支或月干支，继而考察了以日干支代称诏书的使用习惯从东汉出现到魏晋盛行后又消失的全过程，认为这种诏书命名习惯起源于按照下达时间删定编纂施行诏书的立法活动，基于干支诏书编纂成的制诏集和政书在当时的法律体系中起着重要作用。但由于诏书数量滋繁，以及与《律》《令》《故事》功能重合等原因，这种编纂方式逐渐消退，以干支命名诏书的现象也随之在刘宋以后消失不见。

以诏书为切入点，追踪背后隐含的复杂政治背景，从而探明特定政治事件的经过及影响，是目前所见运用诏书所做研究中较为常见的形式。实际上，除了还原相关政治事件本身，诏书研究还可见微知著，从中发散出更多历史信息。王子今《再议曹操高陵葬制——以对曹丕黄初三年诏的分析为中心》，[1] 以对诏书的文本分析为论据，认为曹丕黄初三年诏中对前世子不遵父令，妄自厚葬以致其父陵寝被盗事的言辞激烈的批评之语，反而能说明曹丕本人定然忠实履行了其父曹操"薄葬"遗令。作者还列举了史书记载顺序和文本内容的相似之处，推断文帝黄初三年诏和"终制"可能是同一个文件，体现了曹操、曹丕父子对薄葬一以贯之的态度。李红权、郭秀琦《孙权经营东北的战略构想——以嘉禾二年正月诏书为中心的考察》，[2] 通过对嘉禾二年诏书的细致梳理，从中发散出孙权联络公孙渊举动背后隐藏的一统天下的战略构想，以小见大，把诏书中的细节置于政治背景这一放大镜下，对孙权联络公孙渊的历史事件形成了由表及里的新认识。刘晓慧《晋愍帝诏书质疑》，[3] 通过质疑平东将军宋哲所传晋愍帝诏书的真实性，

---

[1] 王子今：《再议曹操高陵葬制——以对曹丕黄初三年诏的分析为中心》，《南都学坛》2010年第4期，第28~31页。

[2] 李红权，郭秀琦：《孙权经营东北的战略构想——以嘉禾二年正月诏书为中心的考察》，《宜宾学院学报》2010年第4期，第38~40页。

[3] 刘晓慧：《晋愍帝诏书质疑》，《社会科学动态》2019年第1期，第26~29页。

重构了司马睿称帝过程的一些细节。虽然史料有限，不能完全还原事件全貌，但仍不失为通过对诏书的深入追索，让今人对历史事件的认识更接近于过往之真实的有益尝试。田中一辉《西晋惠帝时期政治中的贾后与诏》，①关注惠帝前半期的政治史，探讨贾后如何通过矫诏假借皇帝权威行事，把诏书作为权力的代表，矫诏自然就是窃取皇权的方式。能紧随核心权力的归属复盘政治过程，是以诏书为中心的政治史研究的独特优势。不仅诏书内容可以充分利用，有时没有留下具体内容，只是时人行文之中稍稍提及的诏书，也能被拿来发掘背后的历史细节。丁宏武《〈抱朴子外篇〉所载东晋初年〈庚寅诏书〉考》②一文中，作为考察中心的《庚寅诏书》，原文在史书中没有片语遗留，仅仅只是"庚寅诏书"四字出现在了《抱朴子外篇》和《晋书》之中；尽管如此，作者仍通过《庚寅诏书》还原了司马睿为建立东晋王朝而进行的一系列重构官僚系统和稳定政局措施的片段。诏书在北魏赈灾政策的研究中也有运用，相关论作有王志达《"禁令"与赈灾救荒——以北魏诏书中的禁令为中心考察》③和张明星《从救灾诏令分析北魏救灾措施》。④

诏书中能发掘的远不止表面的政策情况和政治事件的经过，更深层的政治思想也能从中引申而出。诏书是官方话语的代表，这也意味着它会成为官方哲学的集中体现，王晓毅《魏晋玄学对官方哲学的影响——以诏书、

---

① ［日］田中一辉：《西晋惠帝期の政治における贾后と诏》，《史林》2011年第94卷第6号，第817~846页。

② 丁宏武：《〈抱朴子外篇〉所载东晋初年〈庚寅诏书〉考》，《西北师大学报》（社会科学版）2005年第5期，第93~96页。

③ 王志达：《"禁令"与赈灾救荒——以北魏诏书中的禁令为中心考察》，《农业考古》2015年第3期，第114~118页。

④ 张明星：《从救灾诏令分析北魏救灾措施》，硕士学位论文，长春师范大学，2015年。

官学为中心》①就是以此为立意,从东晋诏书对人对事评价的片语之中显现出的思想倾向,分析儒玄二学对于官方政治哲学的影响,揭示了玄学在东晋南朝能够成为官方哲学的原因。佐川英治《从西郊到圆丘——〈文馆词林·后魏孝文帝祭圆丘大赦诏〉所见孝文帝的祭天礼仪》,②从仅见于《文馆词林》的北魏孝文帝《祭圆丘大赦诏》入手,分析孝文帝祭天礼仪中的儒家因素与拓跋传统,认为孝文帝的祭天改革显示出废止游牧式祭天和再建南郊祭天两种趋向,他以《周礼》为基础,吸收萨满教飞升上天仪式的因素,创立委栗山圆丘祭天,希望以这种祭祀仪式实现神人交感。邓锐《魏明帝诏书中的正统观念初探》③阐释了魏明帝为谋求政治合法性,大力宣扬正统观念的行为,认为这一做法在他所下的诸多诏书之中得到了印证。该文值得称道的地方在于,以诏书为史料核心,正统观念为主题,将二者很好地结合起来,没有陷入在以诏书史料为核心时,因史料有限而易引发的研究主线混乱的困境。张齐明《〈改葬崇宪太后诏〉与六朝皇室风水信仰》,④同样运用诏书阐发政治思想。这一诏书在文中主要有两个作用,一是作为引出深入思考六朝时期皇室风水信仰的切入点,二是证明刘宋时期风水信仰正式通过诏书的形式取得了制度层面的合法性,诏书在文中兼具

---

① 王晓毅:《魏晋玄学对官方哲学的影响——以诏书、官学为中心》,《东岳论丛》2013年第12期,第71~75页。
② [日]佐川英治:《从西郊到圆丘——〈文馆词林·后魏孝文帝祭圆丘大赦诏〉所见孝文帝的祭天礼仪》,付晨晨译,《中古中国研究》第一卷,中西书局,2017年,第1~26、405页。
③ 邓锐:《魏明帝诏书中的正统观念初探》,《历史文献研究》总第二十七辑,第152~160页。
④ 张齐明:《〈改葬崇宪太后诏〉与六朝皇室风水信仰》,《历史研究》2008年第2期,第49~59、189~190页。

引子与核心论据的作用。周景勇和严耕的《论魏晋南朝时期帝王诏书中的生态意识》①一文，涉及到了诏书中蕴含的国家制定政策背后的深层次生态意识，通过诏书内容思考帝王的政策背后蕴含的统治意识。张先昌《西魏〈六条诏书〉中的选官思想》②则是从诏书中展现的选官标准引申出西魏时期的选官思想，作者在文中逐一解读西魏所颁《六条诏书》中关于选官标准的论述，分析其中的思想内涵，及其对唐代选举制度的深远影响。

还有一些研究将关注点集于诏书本身，从文书学或文献学的角度，细密考订诏书作为一种历史文书的本真状态。如李小山《两晋帝王诏令作年考订札记》③对诏书发布时间的考证，王铭《〈魏书〉孝文帝太和十五年改易庙号诏考订》④对诏书文字内容的校订，陈静《西晋通行纸诏考》⑤对诏书的书写材料的考察等都属此类。

三、出土材料与公文和文书行政研究

新材料在由中央官制延伸出的公文与文书行政研究，以及诏书研究中都可见到少量运用，但以上研究在史料构成上还是以传世文献为主，出土

---

① 周景勇、严耕：《论魏晋南朝时期帝王诏书中的生态意识》，《江西社会科学》2011年第2期，第144~150页。

② 张先昌：《西魏〈六条诏书〉中的选官思想》，《晋阳学刊》2002年第2期，第74~75页。

③ 李小山：《两晋帝王诏令作年考订札记》，《兰台世界》2011年第28期，第54~55页。

④ 王铭：《〈魏书〉孝文帝太和十五年改易庙号诏考订》，《中国史研究》2009年第3期，第98页。

⑤ 陈静：《西晋通行纸诏考》，《齐鲁学刊》1999年第1期，第126~128页。

材料的参与程度不高。众所周知，出土简牍是推动秦汉公文和文书行政研究成果大量涌现的重要因素，运用出土文献研究古代公文形态与文书行政状况的风潮正是源自秦汉简牍的大量出土和深入研究。简牍中所含为数不少的公文原件和考古遗址中的公文传递遗迹，使得以往苦于史料不足而无法进行的秦汉公文研究顺势展开。秦汉简牍研究同公文与文书行政研究是双向互动的关系，二者你中有我，我中有你，专门简牍的研究常常会论及公文与文书行政方面的内容，与之相应，在大部分秦汉公文研究论作中简牍文书也是不可或缺的论据。① 魏晋南北朝则有所不同，尽管公文研究与出土材料研究也有一些交叉重合之处，但二者互动的程度远不及秦汉。

魏晋南北朝公文与文书行政研究的一些论作中亦可见到出土材料的参与，前文提到的中村圭尔在其专著《魏晋南北朝公文书与文书行政研究》中对北凉文书的运用，以及在《两晋南朝墓志与公文书》②一文中以出土墓志为中心，结合传世文献进行对比分析，研究两晋南朝的公文形态，其实都是出土史料参与公文研究的例证。类似研究还有日本学者大庭脩更早期的《魏晋南北朝告身杂考：从木到纸》，③ 该文运用金鸡梁所出木牍论证魏晋南北朝时期的告身，即拜官版，在魏晋南北朝时期经历了书写材料从木到纸的变化。十六国前凉家族墓地出土公文数量虽然不丰，但对公文研究颇具价值。王策

---

① 从汪桂海《汉代官文书制度》、[日]冨谷至《文书行政的汉帝国》、[日]大庭脩《秦汉法制史研究》（中西书局，2017年）等秦汉公文与文书行政重要论著的史料构成上，可明显看出简牍在秦汉公文研究中发挥的重要作用。

② [日]中村圭尔：《両晋南朝墓誌と公文書》，[日]伊藤敏雄编：《魏晋南北朝史と石刻史料研究の新展開—魏晋南北朝史像の再構築に向けて—》(科研成果报告书别册)，第59~78页。

③ [日]大庭脩：《魏晋南北朝告身雑考：木から紙へ》，《史林》1964年第1号，第68~92页。

《金鸡梁所出木牍、封检及相关问题研究》①也是以这些材料为参考，系统研究出土的前凉时期拜官版和封检，从中引申出对版授、李柏文书的新见解，文中提出的前凉最高级别官文书称"令"不称"诏"的观点颇具新意。西晋简也受到了一些关注，魏斌《五条诏书小史》②从郴州苏仙桥出土西晋简牍中的诏书残句入手，结合文献记载，以晋武帝颁布的申饬吏治的五条诏书为线索，勾勒出了从汉到唐中央对上计吏戒敕的部分情形，又放大视角，从这一维度思考了中古时期朝廷对地方控制的手段，将诏书中散乱的片段运用到了极致。

事实上，在广义的文书行政体制下，几乎所有行政机构和官员都承担着或多或少的公文职责，区别只是与文书行政联系紧密程度的大小。然而，无论中央官制延伸出的公文与文书行政研究，亦或自成一体的诏书研究，其关注对象都局限于文书行政的顶层结构，对于公文向下传递和在基层执行的情况则鲜少触及。尽管上述研究也用到了一些墓志和简牍材料，但如上所论，这些史料在其中处于次要地位，仅做镶边补角之用，与秦汉简牍在公文研究中发挥的重要作用不可并提。这种情形在魏晋南北朝基层公文与文书行政的研究中则有所不同。由于传世史籍对公文的"选择性记录"，数量庞大的基层公文既不是史家记载的对象，也不属文学家结集讨论的内容，在传世文献中难觅踪影。而出土的公文原件和邮驿遗址却能最真实地反映魏晋南北朝的基层公文的形制和运作情况，以及文书行政实施的痕迹，为相关研究创造了条件。

传递是公文运转不可或缺的环节，公文传递主要依靠邮驿系统，对邮驿系统的研究必须充分发挥考古成果和文献记载的双重作用。多部邮驿通

---

① 王策：《金鸡梁所出木牍、封检及相关问题研究》，博士学位论文，兰州大学，2011年。
② 魏斌：《五条诏书小史》，《魏晋南北朝隋唐史资料》第二十六辑，武汉大学出版社，2010年，第1~21页。

史都对魏晋南北朝的相关情况有简单介绍，如王子今《邮传万里——驿站与邮递》，①臧嵘《中国古代驿站与邮传》，②刘广生和赵梅庄编著的《中国古代邮驿史》③等。此外，专门研究魏晋南北朝邮驿系统的论作也有一些。沈刚《试论走马楼吴简中的邮卒》，④通过对比邮卒和吏帅客缴纳"限米"时不同的记录方式，证明当时国家对邮卒的控制比较松弛；又通过邮卒"限米"乡域的分布，发现国家可能为便于管理而安排邮卒集中居住，这样的细节研究补充了对魏晋时期邮驿管理人事方面的认识。马晓峰《魏晋南北朝交通研究》⑤一文发现由于频繁的军事斗争突出了邮驿的重要性，推动了邮驿体系在魏晋南北朝时期的整合发展，单一的驿因而取代了秦汉时期亭、邮、置、驿、传并存的情况。赵彦昌、吕真真《魏晋南北朝时期的公文邮驿制度》，⑥从邮驿管理、传递机构、传递方式、邮驿律四个方面介绍了魏晋南北朝邮驿制度的概况。

得益于新内容的不断发布和研究的深化细化，加之参与者众多，吴简研究领域近年来成果辈出，成为魏晋南北朝基层公文和文书行政研究的重要增长点。走马楼出土公文涵盖户籍、司法文书、账簿、君教文书等，都是最原始的公文史料，能够直观地展现基层公文形态、行政组织、财政运作等方

---

① 王子今：《邮传万里——驿站与邮递》，长春出版社，2004年。
② 臧嵘：《中国古代驿站与邮传》，中国国际广播出版社，2009年。
③ 刘广生、赵梅庄编著：《中国古代邮驿史》（修订版），人民邮电出版社，1999年。
④ 沈刚：《试论走马楼吴简中的邮卒》，《吉林师范大学学报》（人文社会科学版）2011年第4期，第5~8页。
⑤ 马晓峰：《魏晋南北朝交通研究》，博士学位论文，北京师范大学，2004年。出版于新北：花木兰文化出版社，2012年。
⑥ 赵彦昌、吕真真：《魏晋南北朝时期的公文邮驿制度》，《秘书》2009年第3期，第22~24页。

面的细节。但是，与秦汉简牍不同，吴简的特殊性在于其中很多内容与传世文献关联不大，专攻吴简的研究者围绕吴简材料所做基层公文形态与运作的研究之外，吴简在魏晋南北朝公文研究中的运用不多，换言之，吴简史料较少出现在其他不以吴简为中心的公文研究之中。日本学者藤田胜久《东汉三国吴的长沙郡与文书行政》[①]是少见的将吴简同传世文献结合进行地方文书行政研究的论作之一，文中采用"二重证据法"的研究理路，先运用《三国志》的记载分析赤壁之战时曹、孙、刘三方军事根据地的情况，证明长沙和南郡在当时的战略意义，再利用吴简材料，并参考传世文献的记载，还原两郡文书行政的细节情况。但细读之下，还是能隐约觉察该文前后两部分的割裂感，说明将吴简与传世文献结合，进行文书行政研究有很大难度。诚如凌文超所言，吴简"材料相对单调，与传世文献的关系不够紧密"。[②]但不可否认的是，由于简牍内容多涉公文，所以吴简研究自身的进展，即是对魏晋南北朝公文与文书行政研究的推动，所以相关研究成果也应当被纳入公文研究者视域之内。由于吴简研究成果繁多，专业性较强，笔者涉足不深，不敢贸然评点，相关的研究综述、成果总结和回顾展望可参看王素《长沙走马楼三国吴简研究的回顾与展望》[③]和《中日长沙吴简研究述评》、[④]何立民《湖南长沙走马

[①] [日]藤田胜久：《东汉三国吴的长沙郡与文书行政》，收入楼劲、陈伟主编：《秦汉魏晋南北朝史国际学术研讨会论文集》，中国社会科学出版社，2018年，第140~164页。

[②] 凌文超：《走马楼吴简采集簿书整理与研究》，广西师范大学出版社，2015年，第469页。

[③] 王素：《长沙走马楼三国吴简研究的回顾与展望》，《中国历史文物》2004年第1期，第18~35页。

[④] 王素：《中日长沙吴简研究述评》，《故宫学刊》第三辑，紫禁城出版社，2007年，第528~560页。

楼三国吴简研究的回顾与反思》,[①]徐畅《走马楼吴简竹木牍的刊布及相关研究述评》[②]和《长沙走马楼三国吴简整理研究二十年热点选评》[③]等。上述综述文章的作者都长期致力于吴简研究,对该方向的研究动态非常熟悉,他们对吴简研究现状的评点已足够清楚全面,可资参读。

　　吴简之外,敦煌吐鲁番出土的十六国北朝文书是推动魏晋南北朝基层公文研究的另一重要发现。敦煌吐鲁番文书虽数量庞大,种类驳杂,但时间跨度较大,属于魏晋南北朝时期的文书史料只是其中小部分,主要是五凉、前秦时期高昌郡,以及北朝高昌国的一些官府档案、籍簿之类,涉及到的文书类型有辞、启、解、籍等。相关史料多收于唐长孺主编《吐鲁番出土文书》[④]第一、二、三册,柳洪亮著《新出吐鲁番文书及其研究》,[⑤]荣新江、李肖、孟宪实《新获吐鲁番出土文献》[⑥]中。运用吐鲁番文书所做研究主要集中于北凉、前秦时期,研究理路大多相类,通常先对文书进行复原考释,再利用其中内容分析十六国北朝的基层行政、军事、户籍和经济制度,以及社会生活情况,唐长孺、朱雷、王素、孟宪实、荣新江、陈国灿、贾小军等

---

① 何立民：《湖南长沙走马楼三国吴简研究的回顾与反思》,《江汉考古》2009 年第 2 期,第 119~139 页。

② 徐畅：《走马楼吴简竹木牍的刊布及相关研究述评》,《魏晋南北朝隋唐史资料》第三十一辑,上海古籍出版社,2015 年,第 25~74、313 页。

③ 徐畅：《长沙走马楼三国吴简整理研究二十年热点选评》,《简帛》2017 年第 2 期,第 223~240、275 页。

④ 唐长孺主编：《吐鲁番出土文书》（第一册）,文物出版社,1981 年；《吐鲁番出土文书》（第二册）,文物出版社,1981 年；《吐鲁番出土文书》（第三册）,文物出版社,1981 年。

⑤ 柳洪亮：《新出吐鲁番文书及其研究》,新疆人民出版社,1997 年。

⑥ 荣新江、李肖、孟宪实主编：《新获吐鲁番出土文献》,中华书局,2008 年。

学者的研究大都在此范畴。① 这些论作虽还原了不少行政公文,但没有进一步归纳出其所涉公文类型的基本格式,对文书文本所体现的公文形态或运作程序措意不多。近年的一些论作开始将视角转向具体的公文形态,黄楼在《吐鲁番文书所见北凉解文的复原及相关问题研究》② 一文中复原了北凉解文的基本格式,并由此深入,论证北凉时期的解文是下级官府向上级发出的公文,以"言"为标志性用语,是其与启、牒、关等文书的区别,又从解的形态推断出北凉郡府诸曹权力较大,县、幢等基层组织权力相对有限。黄楼的研究证明了运用吐鲁番文书研究魏晋公文与基层文书行政的可行性,但这类论作数量太少。总的看来,与走马楼吴简相似,吐鲁番文书

---

① 唐长孺:《从吐鲁番出土文书中所见的高昌郡县行政制度》,《文物》1978 年第 6 期,第 15~21 页;《吐鲁番出土文书中所见的高昌郡军事制度》,《社会科学战线》1982 年第 3 期,第 154~164 页;收入《山居存稿》,中华书局,1989 年;朱雷:《吐鲁番出土北凉赀簿考释》,《武汉大学学报》(哲学社会科学版)1980 年第 4 期,第 33~43、2 页;《吐鲁番出土文书中所见的北凉"按赀配生马制度"》,《文物》1983 年第 1 期,第 35~38 页;并收入《朱雷敦煌吐鲁番文书论丛》,上海古籍出版社,2012 年;王素:《吐鲁番出土北凉赀簿补说》,《文物》1996 年第 7 期,第 75~77 页;孟宪实:《吐鲁番新出一组北凉文书的初步研究》,《西域历史语言研究集刊》第一辑,科学出版社,2007 年,第 1~12 页;荣新江:《吐鲁番新出〈前秦建元二十年籍〉研究》,《中华文史论丛》2007 年第 4 期,第 1~30、359 页;贾小军:《五凉时期河西民众社会生活初论——以两份出土文书为中心的考察》,《社会科学战线》2011 年第 12 期,第 108~113 页;陈国灿:《〈北凉高昌郡高宁县条次烽候差役更代簿〉考释》,《吐鲁番学研究》2013 年第 2 期,第 1~9 页;丁树芳:《〈前秦建元二十年籍〉补说》,《敦煌学辑刊》2013 年第 4 期,第 78~85 页。此类论作数量较多,限于篇幅,兹不赘列。

② 黄楼:《吐鲁番文书所见北凉解文的复原及相关问题研究》,《敦煌研究》2016 年第 3 期,第 66~73 页。

研究尽管成果丰硕，但与公文和文书行政研究的结合不够紧密，其在该领域的史料价值还有待进一步发掘。

四、跨学科视野下的公文研究

公文虽更重实用价值，"以便俗致用为要"，①但同样讲究文辞，特别是一些重要诏令和名臣奏表，以文采扬名者甚众。因此，古人对公文的整理和思考是从文学角度开始的。近代以前学人措意于公文者，一般将其按用途归为不同文体分而论之。《昭明文选》②把公文按诏册、教文、表、书启、弹事、笺、奏记、檄等条目收集归类，保存了很多公文史料。刘勰在《文心雕龙》③中把公文划分为诏策、檄移、封禅、章表、奏启、议对等不同类型，各述其用途与文风，是最早有关公文理论的著作。两书的分类方式表明，南北朝时期公文尚未发展成文学意义上的独立文体，不存在有着统一格式规定的"公文体"。由于公文书写体式太过驳杂，因此时人虽已意识到公文的文学价值，但对公文的分类更多仍是依据用途，而不是文风体式。

近代以来，探索中国古代公文的学术实践更是不局限于历史学界，事实上现有大部分公文通史是由文学、秘书学或管理学研究者完成。虽然这些著作专注于"通"，对各个时期的关照或失之简略，但其中对魏晋南北朝公文的很多讨论不乏借鉴意义。从时间上追溯，1931年出版的《公牍通论》④是最早的公牍研究专著，但该书不是以史为纲，而是重在解释当时通行公文的类别和体例。其后，成书于1947年的《公牍学史》⑤是通论中国古

---

① 章太炎：《文学论略》，山西人民出版社，2014年，第12页。
② 萧统编，李善注：《文选》，上海古籍出版社，1986年。
③ 刘勰著，王运熙、周锋撰：《文心雕龙译注》，上海古籍出版社，2012年。
④ 徐望之：《公牍通论》，档案出版社，1988年。
⑤ 许同莘著，王毓、孔德兴校点：《公牍学史》，档案出版社，1989年。

代公牍的重要作品，影响力较大。著者许同莘为清末举人，曾任张之洞幕僚，后又供职于民国政府，历任职务都与公文有关。他对古代公牍的解读立足于史料和实践经验，论证详实，引据丰富，行文之间常有对中国古代公牍发展历程的独特思考。更重要的是，许书在魏晋六朝部分未吝笔墨，对其时整体公文风格特点、个别篇章的解读和关键制度背景的评述等均有论及，通读之下，足以对魏晋六朝公牍文的基本情况和变化历程形成初步认知。同时期影响较大的作品还有刘宣阁的《公牍文研究》，[1]但该书篇幅较短，对公文发展史的讨论不多，在魏晋南北朝公文方面的见解无出上述两书者。20世纪以来，又有多部公文通史编成，包括刘雨樵编著的《公文起源与演变》，[2]吕发成《中国公文史》，[3]丁晓昌、冒志祥《中国公文发展史》，[4]李昌远《中国公文发展简史》[5]等，但这些作品一般用于科普和教学，对魏晋南北朝公文止于浅论或介绍，没有太深入的研究。

近年来，仲秋融的系列论文从文学方面对魏晋公文进行了全面研究，其中《魏晋公牍文研究》[6]是文学领域专论魏晋公牍文最深入细致的论作。全文虽整体上侧重分析魏晋公牍文的文学艺术价值和思想，但对早期公牍史的回顾，以及魏晋时代公牍发展变化历程的研究都颇为深入，可为史学研究借鉴。作者另有两文讨论魏晋公文，《论"口占"与官文书的离合渊源》[7]

---

[1] 刘宣阁：《公牍文研究》，世界书局，1946年。
[2] 刘雨樵编著：《公文起源与演变》，档案出版社，1988年。
[3] 吕发成主编：《中国公文史》，甘肃文化出版社，1995年。
[4] 丁晓昌、冒志祥主编：《中国公文发展史》，苏州大学出版社，2004年。另有前书丁晓昌、冒志祥等著：《古代公文研究》，安徽文艺出版社，2000年。
[5] 李昌远：《中国公文发展简史》，复旦大学出版社，2007年。
[6] 仲秋融：《魏晋公牍文研究》，博士学位论文，浙江大学，2015年。
[7] 仲秋融：《论"口占"与官文书的离合渊源》，《浙江学刊》2018年第3期，第201~206页。

论证在魏晋南北朝战乱背景下，由于书写条件限制或创作者的个人因素，"口占"即口头表述成为官文书的一种形式。《日藏弘仁本〈文馆词林〉所辑魏晋官文书的文史价值》①介绍弘仁本《文馆词林》在补缺、校考、补正魏晋官文书方面可发挥的作用，并阐明其史料价值和文学意义。黄燕平《南朝公牍文研究》②则专论南朝，主要观点是认为南朝公牍文文辞考究，并从文学和文体的角度探讨了其价值。③另外，侯迎华《汉魏六朝公文批评研究》④则把文学批评的概念引入公文研究之中，全面总结了汉魏六朝的公文批评史。

吴中胜《〈文心雕龙〉论行政类文体的诗性特征》，⑤选取《文心雕龙》中的行政类文体为研究对象，认为《文心雕龙》中描述的公文具有鲜明的"诗性政治"特征，具体表现在文书行文之间处处彰显着的君权神圣和尊卑秩序，该文运用文学理论，通过公文文体思考古代政治文化的研究思路，颇具新意。此外，还有以作者为主体研究某一人物之公文，分析其风格特点以及与时代背景的关系，包括杨元美《沈约公牍文整理与研究》、⑥张兰花《对曹操公牍文的人本透视》、⑦孙淑娟《傅亮公牍文创作与晋宋文学思潮的

---

① 仲秋融：《日藏弘仁本〈文馆词林〉所辑魏晋官文书的文史价值》，《杭州学刊》2018 年第 4 期，第 192~205 页。
② 黄燕平：《南朝公牍文研究》，博士学位论文，浙江大学，2011 年。
③ 还有一些硕士论文，从文体和内容上把作为研究对象的公牍文划分出一种类型进行研究。谭玲：《魏晋南朝骈体公牍文研究》，硕士学位论文，四川大学，2004 年；王海琳：《齐梁五礼制度视域下的舆服类诗赋、公牍研究》，硕士学位论文，西华师范大学，2019 年。
④ 侯迎华：《汉魏六朝公文批评研究》，博士学位论文，南京师范大学，2009 年。出版于上海人民出版社，2017 年。
⑤ 吴中胜：《〈文心雕龙〉论行政类文体的诗性特征》，《郑州大学学报》（哲学社会科学版）2016 年第 4 期，第 68~72 页。
⑥ 杨元美：《沈约公牍文整理与研究》，硕士学位论文，北京师范大学，2012 年。
⑦ 张兰花：《对曹操公牍文的人本透视》，《求索》2005 年第 9 期，第 154~156 页。

嬗变》①等。

　　文学角度公文研究，最常见的选题方式是择一类型的公文单独立论，研究较多的有诏、奏、启、移、教、表等，现依公文传递方向分为下行、上行、平行分别进行总结。

　　作为最高级别的下行文书，不少诏书在文学上有极深的造诣，甚至可能引领时代文风。从文学角度对诏书进行研究的论作俯拾皆是，如《北魏孝文帝文学研究》②《魏晋诏体研究》③《两晋诏令文研究》④等。刘泰廷《论东晋南朝的"草诏之臣"》⑤一文更加深入，从诏书的文学价值入手分析诏书的书写主体，将研究视野推进到了政治史的范畴之外，但又从文学的角度加深了对政治文化的理解，某种意义上算是又回馈了政治史。策书也是皇帝命令文书的一种，钟涛《〈文选〉制策文散论》⑥指出从两汉到六朝，制策文文风由朴实到华丽的变化趋势，认为魏晋以降的公文更加注重文采。虽然文中只是说明现象，而未深究变化原因，但也提示我们应注意魏晋时期拟诏机构与人员的变化带来的包括诏书风格在内的种种变化，关注制度变革引发的文学和文化效应。教也是下行公文的一种，刘敏《先唐教文研究》⑦对魏晋南北朝

---

① 孙淑娟：《傅亮公牍文创作与晋宋文学思潮的嬗变》，《文艺评论》2015 年第 8 期，第 13~16 页。
② 关岩岩：《北魏孝文帝文学研究》，硕士学位论文，山东师范大学，2016 年。
③ 张媛媛：《魏晋诏体研究》，硕士学位论文，河北大学，2015 年。
④ 张志玮：《两晋诏令文研究》，硕士学位论文，兰州大学，2017 年。
⑤ 刘泰廷：《论东晋南朝的"草诏之臣"》，《北京社会科学》2018 年第 11 期，第 75~89 页。
⑥ 钟涛：《〈文选〉制策文散论》，《柳州师专学报》2003 年第 2 期，第 1~4 页。
⑦ 刘敏：《先唐教文研究》，硕士学位论文，广西师范大学，2006 年；刘敏、李元旭：《先唐教文的分类及功能》，《阜阳师范学院学报》（社会科学版）2009 年第 2 期，第 26~28 页；刘敏：《先唐教文的现代价值论》，《许昌学院学报》2012 年第 1 期，第 52~55 页；刘敏、刘学忠：《论先唐教文之演进》，《求索》2013 年第 2 期，第 75~77 页。

时期的教文有具体考述。

启、奏、表都是大臣写给皇帝的上行文书，在书写格式、语气表达上有共性，但承载内容不同，细节之处有不少差异。陈恬仪《论南北朝的"谢启"：以赐物谢启为观察中心》①一文讨论的"谢启"，是启的一种类型，作者认为"谢启"在齐梁时期开始大量出现，常用于臣下感谢尊长恩赐时，并在文中辨析了启、奏、章、表的区别，提出启有"陈政言事"和"让爵谢恩"两种，还分析了"谢启"的书写格式和在齐梁大量出现的原因。仇海平《秦汉魏晋南北朝奏议文研究》②一文研究的"奏议文"范围较大，包括"章、表、奏、议、书、启"等多种形式的上行公文，文中着重辨析了这些公文的文体，及在不同时代政治文化背景下的文风变化。表文的系统性研究多是硕士论文，此类论作与启、奏的硕论并在注中列出，不再详述。③此外，一些

---

① 陈恬仪：《论南北朝的"谢启"：以赐物谢启为观察中心》，《古代文学理论研究》第三十六辑，华东师范大学出版社，2013年，第74~99页。

② 仇海平：《秦汉魏晋南北朝奏议文研究》，博士学位论文，河北师范大学，2010年。该文后整理出版，更名《中国古代奏议文研究——以秦汉魏晋南北朝为中心》，中国社会科学出版社，2017年。

③ 有不少硕士论文研究这三类公文文体，田小中：《中古启文研究》，硕士学位论文，广西师范大学，2003年；马小凤：《魏晋南北朝书启研究》，硕士学位论文，辽宁大学，2013年；崔倩：《齐梁时期启文研究》，硕士学位论文，辽宁大学，2018年；李柯蓉：《秦汉魏晋南北朝骈体奏事文研究》，硕士学位论文，辽宁大学，2013年；王颖：《先唐表文研究》，硕士学位论文，安徽大学，2008年；李德虎：《魏晋南北朝章表体散文研究》，硕士学位论文，贵州大学，2008年；邹学莉：《魏晋南朝表文研究》，硕士学位论文，湖南师范大学，2011年；杨明伟：《魏晋南北朝表文研究》，硕士学位论文，宁夏大学，2012年；潘思宇：《〈文选〉表体研究》，硕士学位论文，广西师范大学，2015年；宋佩书：《〈昭明文选〉中表文研究》，硕士学位论文，长春理工大学，2016年。还有选择特定内容的上奏文进行单独研究的，如乔晓慧《魏晋南北朝弹劾文研究》（硕士学位论文，河南大学，2018年），汇总上行公文中用于弹劾的部分，归纳这些文书的共性特征。

名奏名表还有独立的研究成果，如诸葛亮《出师表》、李密《陈情表》，甚至如司马孚的《奏永宁宫》这样以往不太引人注意的奏文，也开始被发掘研究，①但这些研究一般只专注于单篇作品的文学艺术赏析和相关政治事件研究，篇章所涉公文形态不是考察的重点。

移通常是用于官署和官员之间的下行或平行文书，有时也会下达民间，早期使用过程中常与"檄"相混杂。该类型公文研究成果较少，近年才开始受到一些关注。唐以前的移书研究，有两篇硕士论文，分别是时英英《唐前移文研究》②和汪静《先唐移书研究》。③魏晋南北朝现存移文中最负盛名的是南齐孔稚圭的《北山移文》，历代文人对其有不少评析，关于它的个案研究数量很多，孙源鸿《孔稚圭〈北山移文〉研究述评》④一文中做过总结，可以参看。檄也是一种平行公文，不同于移一般对内发布，檄常对外使用，特别是用于军事活动，有不少文学方向的硕士论文专论檄文。⑤

魏晋南北朝文学角度的公文研究呈现出学位论文多，专著、期刊论文少的特点。研究内容较全面，对多种类型公文皆有关照，有些是史学研究

---

① 王艺雯、王利锁：《司马孚〈奏永宁宫〉考论——兼议魏晋南北朝弹事文的演变》是个案研究，围绕司马孚的一篇奏文做了全面考索，作者在文中坦陈这篇奏文并不算名篇，但在文风、体式方面有其独特性。《许昌学院学报》2016年第3期，第28~32页。
② 时英英：《唐前移文研究》，硕士学位论文，郑州大学，2011年。
③ 汪静：《先唐移书研究》，硕士学位论文，安徽师范大学，2019年。
④ 孙源鸿：《孔稚圭〈北山移文〉研究述评》，《辽东学院学报》（社会科学版）2018年第3期，第103~108页。
⑤ 刘晓庆：《魏晋南北朝檄文研究》，硕士学位论文，河北师范大学，2013年；郝昭军：《魏晋南北朝檄文研究》，硕士学位论文，西北师范大学，2016年；高燕：《檄文缘起与檄文文体之确立——兼论〈文心雕龙·檄移〉篇辨疑》，硕士学位论文，武汉大学，2018年。

者未曾涉猎的。并且，其中对早期公文发展历程的回顾，对魏晋南北朝公文文风和文体变迁时代背景的思考，对公文书写者或机构政治身份的研究，都对历史学的公文研究有启发意义。但是，尽管有着相同的研究对象，在不同学科背景和研究视域下，大部分文学学科的公文研究对历史学借鉴有限，这首先是因为关注内容和研究方法隔阂等客观原因的存在，文学学科的公文研究侧重于分析公文的艺术性，研究方法以文学赏析为主，而历史学则更关注公文的使用价值和政治意涵，研究方法更重实证。但跨学科的对话不够充分也是影响因素，如果我们在研究开始之前充分了解历史学以外的成果，就能尽量突破学科壁垒，获取更多有用信息。

五、结语

归纳上述研究成果，目前已知的魏晋南北朝公文类型包括下行文（诏、制、策、敕、教、符）、上行文（章、奏、表、启、版、笺记）、平行文（移、檄、关、刺、解、牒、状、列、辞），还有用以承载信息的籍、簿、律等。以上都是现有研究揭示过的公文类型，但对比汉唐，不难看出这些已知内容未必能代表魏晋南北朝时期的公文全貌，还有更多公文类型有待发现和研究。

在已知公文类型中，研究相对充分的是诏、奏、启、表、户籍等几种习见公文。可即便研究成果数量最多的诏书，学界对其原始形制，及在魏晋南北朝各个时期内的生成、运行机制与演变情况，仍未形成完整的认知体系。具体表现在各时期研究的充分程度差别很大，北魏、刘宋之外，大部分时段还未得到专门的研究；对诏书的起首、结尾、书写材料等基本形制都甚不清楚；关于诏书运行各个环节的研究，深入情况亦是参差不等，特别是向下传递和执行程序，最为模糊。至于另一些非习见的公文类型，研究现状就更不容乐观，常常是只知其名，未见其形，对它们的基本内容和具体用途大都似是而非，遑论理清其在整个文书行政体系中的地位和作用，以及在魏晋南北朝的发展演变情况。

现有魏晋南北朝公文与文书行政研究成果，数量虽不及秦汉隋唐，但尽举之下尚算可观，说明很多学者都在关注这一问题，且其中不乏高质量论作。中村圭尔的研究在史料掌控方面已极尽当时的可能，还有不少学者在论证过程中展示出了深厚的学养和敏锐的学术眼光，利用有限的史料获知了尽可能丰富的魏晋南北朝公文之情形。然而，从认知水平和研究进度客观看待，学界在魏晋南北朝公文与文书行政研究方面恐怕还有很长的路要走。限制前进的主要因素是明确的，即史料的严重匮乏。面对这样的困境，除了期待更多新材料的发现，还必须从别的方面做出努力。首先应尝试解决的，是目前研究中内部结构不均衡的问题，主要有三方面：一是高级别公文中，还有一些类型的公文没有得到足够的研究，说明传世文献中的很多公文史料未被充分运用，有深入研究的空间；二是高级别公文研究、公文传递研究、基层公文研究各自为战，互动有限，没能有机连接起来，缺乏整合性论作，造成自上而下的公文运作体系基本处在断裂状态；三是不同学科之间研究成果的互相利用程度不高，文学学科的公文研究，有很多现有结论和研究视角都可为历史学研究者参考借鉴，公文文风和文体转变背后的政治因素值得思考。

魏晋南北朝政权间边境地带研究综述

汪舒桐

一、前言

边境研究是学界的热门话题。其在中国历史中主要有两个研究取向：一是中原王朝的四方边境，这涉及到国家与四周民族的关系，尤其是内地农耕社会与北方游牧社会的对立；二是中原王朝分裂后各政权之间的边境，这通常和南北分立或东西对峙的局势相关。本文着眼于第二种边境，[①] 并选取魏晋

[①] 本文不涉及魏晋南北朝各政权与周边异民族的关系及中原国家对边疆的管理等问题。关于此领域，前人已有不少论著，其中既有对边疆地区的整体考察，如周伟洲：《三国两晋南北朝的边疆形势与边疆政策》（收入马大正主编：《中国古代边疆政策研究》，中国社会科学出版社，1990年，第84~149页）、彭丰文：《魏晋南北朝时期边政研究》（新北：花木兰文化出版社，2019年）；也有对某一方边疆的细致探讨，如苏治光：《东汉后期至北魏对西域的管辖》（《中国史研究》1984年第2期，第31~39页）、张金龙：《北魏中后期的北边防务及其与柔然的和战关系》（《西北民族研究》1992年第2期，第49~63页）、方铁：《方略与施治：历朝对西南边疆的经营》（社会科学文献出版社，2015年）等。

南北朝为关注时间段。魏晋南北朝是分裂动荡的时代，各政权的对立和纷争是这段时期的常态，如曹魏与孙吴蜀汉、晋与吴、东晋南朝与十六国北朝都曾维持过长时间的南北分峙局面，这不仅给政权之间的边境研究创造了较大的空间，也体现出该研究对于魏晋南北朝史的重要意义。

"政权之间的边境地带"是一个涵盖面非常广的主题，学者们取得的成果也有着不同的侧重点。除了专门探讨该地带的著述（如陈金凤对"中间地带"、北村一仁对"国境地域"的考察），[①] 其实还有许多主旨实不在此，却略微涉及政权对峙或边境地域的研究（如关于流民问题的讨论）。学力所限，笔者并不打算面面俱到地综述每一相关论题，而只是想将各论题置于边境研究的框架下，理清研究理路，介绍其中较有代表性的成果，以便对"政权间边境地带"形成更完整的认识，且尽量避免失之繁琐。

下面先从边境性质及战线、边境人群、边境地域、边境控制四方面简要地概述前贤著作，再提出个人一些粗浅的想法。

二、关于边境性质及战线的研究

政权间的边境来源于分界，不过这并不意味着双方领土有一明确的界线，学者们已经注意到边境（frontier）与边界（boundary）两个概念的区别，[②] 如吴于廑、侯甬坚就都指出，古代国家的边界不是线的概念，而是沿

---

① 陈金凤：《魏晋南北朝中间地带研究》，天津古籍出版社，2005 年，第 14~15 页；[日] 北村一仁：《南北朝期国境地域社会の形成過程及びその実態》，《東洋史苑》2004 年第 63 号，第 76~119 页。

② 参 [美] 拉铁摩尔：《中国的亚洲内陆边疆》，唐晓峰译，江苏人民出版社，2005 年，第 156 页。

其领域宽幅接触的面。①在长期分裂的魏晋南北朝时期，各政权之间存在着相互争夺、对峙的边境地带。关于此地带的性质，研究者们的理解重点不尽相同：北村一仁以"荒"来概括南北朝国境地域，提取出该地带所属不明、体制影响稀薄的特征；②易毅成定义其为"模糊地带"，揭示了这是对峙政权双方具有安全感的缓冲空间，③逯耀东亦视之为"非武装缓冲地带"，并认为它和"瓯脱"是相同的意思；④陈再勤则将边境地带与蛮汉分布相联系，强调蛮族的边缘性；⑤而陈金凤主张采用"中间地带"的称呼，他指出"边境地带"等概念都是相对于一个政权主体而言，无法涵盖对立政权间两不相属或两皆相属的区域。⑥

边境地带有一相对稳定的中心线，这在一定程度上呈现着政权控制范围的限度。就南北政权对峙而言，秦岭－淮河一线似乎已被公认为划分南北

---

① 吴于廑：《世界历史上的游牧世界与农耕世界》，收入《吴于廑学术论著自选集》，首都师范大学出版社，1995年，第97页；侯甬坚：《区域历史地理的空间发展过程》第五章附录《魏蜀间国界线的地理学分析》，陕西人民教育出版社，1995年，第146页。
② [日]北村一仁：《南北朝期国境地域社会の形成過程及びその実態》，《東洋史苑》2004年第63号，第107页。
③ 易毅成：《北魏的南进政策与国势的消长》，收入张国刚主编：《中国中古史论集》，天津古籍出版社，2003年，第445页。
④ 逯耀东：《从平城到洛阳——拓跋魏文化转变的历程》，中华书局，2006年，第276~277页。将"瓯脱"引申为两国间缓冲地带的理解不一定准确，相关观点的梳理可参陈晓伟：《"瓯脱"制度新探——论匈奴社会游牧组织与草原分地制》，《史学月刊》2016年第5期，第5~7页。
⑤ 陈再勤：《魏晋南北朝时期南北边境地带蛮族的地理考察》，博士学位论文，武汉大学，1997年，第2页。
⑥ 陈金凤：《魏晋南北朝中间地带研究》，天津古籍出版社，2005年，第14~15页。

的界线。① 不过，仅仅用关于地理分界线的既定结论来解释政权分立的现象是危险的，诸多学者讨论政权分界时引入了军事要地、政治领域、文化观念等新的视角：如史念海指出形成对立首先要有不同的政治组织，分立界线与政权双方的设防所在有关；② 侯甬坚选取战略要地作为结点，用连接结点的方式分界曹魏及蜀汉政权，并认为边界的分割作用体现了国家与社会集团的意志；③ 洪斌通过讨论东晋南朝淮水两岸不同政治区域的演进和分化，分析了淮水作为南北分界线的形成过程；④ 张伟然总结了南北分界的三重意义，揭示出文化与政治层面的界线有可能不一致；⑤ 于薇则认为淮河之所以从南北气候过渡带发展成稳定的政治分界线，是因为两岸形成了相对独立的"淮汉政治区域"，且人们在观念上产生了相应的认同感。⑥

---

① 参蒋寿康：《秦岭—淮河线与古代政治分野述论》，《浙江学刊》1997年第1期，第87~92页；胡阿祥：《东晋南朝的守国形势——兼说中国历史上的南北对立》，《江海学刊》1998年第4期，第116页；盛险峰：《论淮河在中国古代南北方的分界地位》，《古代文明》2008年第1期，第55~64页。

② 史念海：《论我国历史上东西对立的局面和南北对立的局面》，《中国历史地理论丛》1992年第1期，第65、79页。史念海在文章中将对立形势分为东西、南北两种形态，关于此，金发根有进一步的发挥，他探讨了魏晋南北朝时期南北观念取代东西观念并不断强化的过程（《中国中古地域观念之转变》，台北：兰台出版社，2014年，第170~190页）。

③ 侯甬坚：《区域历史地理的空间发展过程》第五章附录《魏蜀间国界线的地理学分析》，第146~160页。

④ 洪斌：《南北分界与建康政权——东晋南朝淮水两岸政治区域的演进与分化》，博士学位论文，中山大学，2018年。

⑤ 张伟然、周鹏：《唐代的南北地理分界线及相关问题》，《中国历史地理论丛》2005年第2期，第5~11页。

⑥ 于薇：《淮汉政治区域的形成与淮河作为南北政治分界线的起源》，《古代文明》2010年第1期，第38~52页。

边境是政权间军事争夺频繁的区域,双方的战线会随着各政权国力和实际形势的变化沿中心线摆动,而这种摆动也将导致边境地带的变化。因此,战争是研究边境地带的重要切入点。相关研究大概有三种取向:其一是考察魏晋南北朝时期的战线分布情况。在这方面,其实古人已有不少论述,如王应麟《通鉴地理通释》、顾祖禹《读史方舆纪要》等。今人则在此基础上多有总结和阐发,并引申到政权对某条战线乃至整体战局的攻防战略考量,如陈健梅凭借对政区建置的梳理讨论了三国时期长江南北政权、峡口东西政权在长江、川江沿线的攻防策略;[1]胡阿祥从南朝立国的角度分析了守河、守淮守江守秦岭、守江三条防线;[2]易毅成利用克劳塞维茨的"紧张与休息"理论解释南北政权军事拉锯的状态,揭示了刘宋北魏对峙时双方势力无法突破黄淮之间的原因,并指出北魏迁洛前后战略方针的转变;[3]李万生则以侯景江北防线为研究对象,探究了该防线的成立基础及其后续对西魏、梁、陈政权的影响。[4]

其二是以各政权争夺边境地带的某场或某系列战事为背景,阐发战争中的关键要素。[5]学者们的研究旨趣各不相同,如仇鹿鸣从曹魏军事体制和

---

[1] 陈健梅:《从政区建置看三国时期川江沿线的攻防策略》,《中国历史地理论丛》2008年第3期,第75~85、117页;《魏吴对峙中魏国的攻防体系与战略目标——基于行政区与军事区的考察》,《社会科学战线》2009年第3期,第113~122页;《从政区建置看吴国在长江沿线的攻防策略——以吴、魏对峙为背景的考察》,《中国史研究》2010年第1期,第71~85页。

[2] 胡阿祥:《东晋南朝的守国形势——兼说中国历史上的南北对立》,《江海学刊》1998年4期,第113~116页。

[3] 易毅成:《北魏的南进政策与国势的消长》,《中国中古史论集》,第442~469页;《东晋、刘宋的北伐政策与黄淮之间的经营》,《屏东师院学报》第14期,第505~535页。

[4] 李万生:《南北朝史拾遗》,三秦出版社,2003年。

[5] 关于魏晋南北朝战事的全面梳理可参台湾"三军大学"编:《中国历代战争史》第4、5、6册(中信出版社,2013年);关于单场战役的论述也有很多,此不赘述。

淮南特殊地位的角度探讨司马氏嬗代前淮南问题频繁爆发的现象;①毛汉光论述北朝东西政权的河东争端时强调河东士族的影响力;②李万生用剖析各政权战略意图的方法研究侯景叛乱后东西魏、梁三国对河南的争夺;③李硕则在梳理南征、北伐的经典战例后指出战争的决定因素是社会形态和政治结构,而非地理环境。④

其三是以边境地带的兵争要地为研究对象,借助地理形势、道路交通、相关战事等因素说明其战略地位,并进而介绍政权对该地的经营。宋杰《中国古代战争的历史枢纽》《三国兵争要地与攻守战略研究》两书是此思路的代表性著作,于前者,作者选取了合肥、汉中、寿春等军事枢纽进行了个案分析;⑤于后者,作者尝试将兵争要地与整体战局相联系,其对一系列重镇的论述其实也就勾勒出了战线的基本情况。⑥而李万生则将关注点放在军事重镇对政权发展的影响上,他指出西魏北周政权对邵郡的积极经营是其稳定、

---

① 仇鹿鸣:《谁是司马氏的敌人:地方势力与淮南三叛》,《人文杂志》2012年第2期,第110~114页。
② 毛汉光:《中国中古政治史论》第四篇《北朝东西政权之河东争夺战》,上海书店出版社,2002年,第148~187页。
③ 李万生:《侯景之乱与北朝政局》第三章《河南之地与三国之争》,中国社会科学出版社,2003年,第72~87页。
④ 李硕:《南北战争三百年:中国4—6世纪的军事与政权》,上海人民出版社,2018年,第193~291页。
⑤ 宋杰:《中国古代战争的地理枢纽》,中国社会科学出版社,2009年。相似研究还有郭黎安《六朝建都与军事重镇的分布》(《中国史研究》1999年第4期,第73~80页)、刘磐修《魏晋南北朝时期徐州战略地位的形成》(《史学月刊》2010年第4期,第28~35页)等。
⑥ 宋杰:《三国兵争要地与攻守战略研究》,中华书局,2020年。相似研究还有赵小勇:《东吴长江防线兵要地理初探》(《中国历史地理论丛》2006年第2期,第104~114页)等。

强大乃至灭齐的基础。①另外，朱大渭、张南还从城市职能的角度出发，揭示了边境城市政治军事功能强、经济功能弱的特质。②

三、关于边境人群的研究

研究边境有两个重要线索：人群和区域。前贤论述各有侧重，但通常也或多或少地综合了此二因素。关于生活在边境地带的人，尤其需要注意三个群体：首先是非华夏族群，政权对峙时期，他们往往被视为控制、利用和笼络的目标。其中尤以南北分立背景下的蛮人最受到学者关注，③于此论题，学界已经取得了不少优秀的成果，④其主要研究理路有以下几点：其一，部分学者把蛮族问题置于民族史的框架下考察，如周一良、陈寅恪都在探讨南方民族时提到了蛮族，对其族属及分布略有说明，⑤一些民族史的

---

① 李万生：《〈魏书·高允传〉所见邵县之释证与推论》，《清华大学学报》（哲学社会科学版）2015年第1期，第51~68页。

② 朱大渭：《魏晋南北朝时期的套城》，《齐鲁学刊》1987年第4期，第60页；张南：《战争冲突中的六朝江北城市》，《安徽史学》1991年第2期，第12~14页。

③ 本文只涉及了蛮族的研究回顾，不过处于政权间争夺地带的非华夏民族并不只有蛮，如[日]北村一仁就考察了东魏、北齐、西魏、北周东西政权角逐背景下的山胡（《"山胡"世界の形成とその背景——後漢末~北朝期における黄河東西岸地域社会について》，《東洋史苑》2011年第77号，第17~33页）。

④ 关于蛮族的研究综述可参王万隽：《秦汉魏晋南北朝时期的蛮族研究综述》，收入《中国中古史研究：中国中古史青年学者联谊会会刊》（第二卷），中华书局，2011年，第221~231页。

⑤ 周一良：《南朝境内之各种人及政府对待之政策》，收入氏著《魏晋南北朝史论集》，中华书局，1963年，第41~46页；陈寅恪：《魏书司马叡传江东民族条释证及推论》，收入氏著《金明馆丛稿初编》，上海古籍出版社，2020年，第76~77页。

通论性专著也将蛮人作为重要论述对象。① 在此基础上，朱大渭、张泽洪等将民族迁徙、民族融合等问题引入讨论，他们普遍认为：民族迁徙与政权统治有关，这促进了民族融合，加速了南方的开发，蛮人在此过程中也逐渐汉化。② 蛮族内部的区别亦创造了不少研究课题，其中既有关于蛮族各种落（如廪君蛮、板楯蛮）发源地、分布等情况的讨论，③ 也有对不同地域蛮族活动的个案考察。④ 在这些文章中，研究者多将关注点放在所研究蛮部的

---

① 如张雄：《中国中南民族史》，广西人民出版社，1989年。

② 朱大渭：《南朝少数民族的概况及其与汉族的融合》，《中国史研究》1980年第1期，第57~76页；张泽洪：《魏晋南朝蛮、僚、俚族的北徙》，《四川大学学报》（哲学社会科学版）1988年第4期，第88~93页；张雄：《魏晋十六国以来巴人的迁徙与汉化趋势》，《中南民族大学学报》（人文社会科学版）1998年第4期，第57~62页；周伟洲：《南朝蛮族的分布及其对长江中下游地区的开发》，收入江苏省六朝史研究会等编：《古代长江下游的经济开发》，三秦出版社，1989年，第36~53页；金裕哲：《魏晋南北朝时期"蛮"的北迁及其种族正体性问题》，收入中国魏晋南北朝史学会等编：《魏晋南北朝史论文集》，巴蜀书社，2006年，第228~236页。

③ 如章冠英：《两晋南北朝时期民族大变动中的廪君蛮》，《历史研究》1957年第2期，第67~85页；何光岳：《论盘瓠氏的起源、分布与迁徙：兼议盘瓠与葫芦的关系》，《中央民族学院学报》1989年第2期，第19~26页；吕一飞：《板楯蛮略论》，收入中国魏晋南北朝史学会编：《魏晋南北朝史研究》，四川省社会科学院出版社，1986年，第226~247页；王兴骥：《魏晋南北朝时期的板楯蛮》，《贵州社会科学》1992年第4期，第54~56页。

④ 如[日]川本芳昭《魏晋南北朝时代の民族問題》第四篇《蛮漢抗争と融合の軌跡》第三章《蛮の問題を中心としてみた六朝期段階における各地域の状況について》，东京：汲古书院，1998年，第487~534页；张雄：《汉魏以来武陵五溪蛮的活动地域及民族成分述考》，《中南民族大学学报》（人文社会科学版）1985年第1期，第25~34页；陈再勤：《魏晋南北朝时期南北边境地带蛮族的地理考察》，博士学位论文，武汉大学，1997年；程有为：《南北朝时期的淮汉蛮族》，《郑州大学学报》（哲学社会科学版）2003年第1期，第16~22页；姚治中：《论两晋南北朝时期大别山区的蛮人部落》，《六安师专学报》1998年第2期，第6~12页。

民族成分、其分布迁徙情况、其社会形态、其活动对时局的影响等方面。另外，受益于长沙走马楼吴简的出土，学者们关于"蛮姓""夷民""真吏"等讨论也增进了对该地域蛮夷情况的了解。①

其二，另有相当多的学者致力于考察蛮族在政权对峙时期的动向及其与王朝的关系。如杨德炳、王延武通过区分往北迁和留在南方的蛮族，讨论了蛮族因是否处于政权间边境地带而形成的差异；②陈金凤梳理了南北朝利用蛮族争夺中间地带的史事，指出蛮人在一段时期内造成了附北则北强、留南则南强的局面；③谷口房男回顾了宋齐时期蛮族的动向，总结出南北政权重复着讨伐与怀柔的两面政策，并认为南北朝史籍记载蛮族族属的差异与南北政权对蛮族的不同认知有关；④北村一仁则介绍了蛮夏在言语、宗教、服章三方面的差异，且强调"咫尺华氓"的两面性，即蛮地与中华世界在

---

① 魏斌：《吴简释姓：早期长沙编户与族群问题》，《魏晋南北朝隋唐史资料》第二十四辑，武汉大学文科学报编辑部，2008年，第23~45页；王素：《说"夷民"——读长沙走马楼三国吴简札记》，《故宫博物院院刊》2004年第5期，第49~52页；罗新：《王化与山险——中古早期南方诸蛮历史命运之概观》附论，《历史研究》2009年第2期，第16~20页；罗新：《"真吏"新解》，《中华文史论丛》2009年第1期，第121~131页。

② 杨德炳、王延武：《魏晋南北朝时期蛮族对长江中游地区开发作用之探讨》，收入中国唐史学会等编：《古代长江中游的经济开发》，武汉出版社，1988年，第306~308页。

③ 陈金凤：《魏晋南北朝中间地带研究》第八章《南北朝时期的蛮族与中间地带的争夺》，第188~204页。

④ [日]谷口房男：《華南民族史研究》第一编第三章《宋・齐時代の蛮》、第四章《蛮族の諸伝説をめぐって》，东京：绿荫书房，1996年，第57~107页。关于南北政权治蛮政策另可参吴永章：《南朝对"蛮"族的统治与"抚纳"政策》《北朝与蛮族》，收入氏著《民族研究文集》，民族出版社，2002年，第356~383页。

地理上接近，但在政治、社会上疏远；①川本芳昭、杨文春等研究者也从蛮汉融合、地域文化等角度做了考察，②此不赘述。还有学者以蛮酋为研究对象，揭示了其通过与南北政权的交往不断强化对蛮民统治的过程，并进而讨论蛮族内部的阶级分化和蛮族社会的汉化。③另外，胡鸿凭借对文罗气墓志的研读勾勒出该蛮女的一生，从她的视角观察了沔北蛮乱等重大历史事件。④

其三，受到民族学"工具论"（instrumentalism）及"华夏边缘"视角的影响，⑤部分学者开始重新思考蛮族起源传说及"蛮"概念的本质。罗新对民族起源和迁徙研究进行了反思，认为这种可能是虚构的社会记忆掩盖了民族集团丰富的传统和历史；⑥吕春盛指出蛮族是范畴不断变动的泛称族群而非内涵固定的特殊族群，其指涉范围会随时代扩张或压缩，这反映着

---

① ［日］北村一仁：《南北朝期"中華"世界における"蛮"地の空間性について》，《東洋史苑》2006 年第 67 号，第 27~49 页。

② ［日］川本芳昭：《魏晋南北朝時代の民族問題》第四篇第一章《六朝期における蛮の漢化について》，第 413~438 页；杨文春：《魏晋南北朝淮河上游的地缘政治与蛮族势力》，《北方论丛》2015 年第 5 期，第 78~81 页。

③ 王延武：《豫州蛮与田益宗——〈魏书·田益宗传〉读后》，收入谷川道雄编：《地域社会在六朝政治文化上所起的作用》，京都：玄文社，1989 年，第 187~194 页；姚治中：《论江淮西部蛮人部落的解体》，《皖西学院学报》2003 年第 1 期，第 73~77 页；［日］谷口房男：《南北朝时期的蛮酋》，收入谷川道雄主编：《魏晋南北朝隋唐史学的基本问题》，中华书局，2010 年，第 88~107 页。

④ 胡鸿：《蛮女文罗气的一生——新出墓志所见北魏后期蛮人的命运》，《魏晋南北朝隋唐史资料》第三十五辑，上海古籍出版社，2017 年，第 97~111 页。

⑤ 王明珂：《华夏边缘：历史记忆与族群认同》，上海人民出版社，2020 年。

⑥ 罗新：《从民族的起源研究转向族群的认同考察——民族史族源研究的新发展》，收入氏著《王化与山险：中古边裔论集》，北京大学出版社，2019 年，第 157~169 页。

汉族对四周异族认识的演变；①鲁西奇认为"蛮"的族群本质和边界均是王朝国家及华夏士人从外部加以界定的，不过蛮人规避赋役的共同愿望及散居山林的生存状况在客观上也强化了其族群认同；②胡鸿则从华夏化的角度切入，揭示出对峙政权的边境地带其实是华夏网络断裂的区域，而这里可能发生华夷关系的局部逆转，不过，非华夏政治体的演进方向不会超出华夏帝国官僚制度的范围。③

　　需注意的第二种边境人群是移民，尤其是流民。④其因战乱、灾害等因素背井离乡，不少人后来就被政权安置于边境地带。于此论题，学者们关注最多的是永嘉丧乱后的流民南迁浪潮。谭其骧介绍了这次流民迁徙的基本情况；⑤童超、夏日新、曹文柱对移民区域、流徙特点、流徙方式等做了整理，⑥其中曹文柱还将流民集团分为三层次：家庭、群体及处于较高有序状态的组织。在这些论著中，学者们的共同倾向是重视人口分布、民族

---

① 吕春盛：《魏晋南北朝时期的"蛮"及其概念之演变》，收入《郑钦仁教授七秩寿庆论文集》，台北：稻乡出版社，2006年，第29~56页。

② 鲁西奇：《释"蛮"》，收入氏著《人群·聚落·地域社会：中古南方史地初探》，厦门大学出版社，2012年，第23~52页。

③ 胡鸿：《能夏则大与渐慕华风：政治体视角下的华夏与华夏化》，北京师范大学出版社，2017年。

④ 关于魏晋南北朝移民的通论性专著可参葛剑雄、吴松弟、曹树基：《中国移民史》第二卷，福建人民出版社，1997年。

⑤ 谭其骧：《晋永嘉丧乱后之民族迁徙》，收入氏著《长水集》（上），人民出版社，2009年，第206~229页。

⑥ 童超：《东晋南朝时期的移民浪潮与土地开发》，《历史研究》1987年第4期，第72~79页；夏日新：《永嘉乱后北方民户的大流徙》，《社会科学杂志》1989年第6期，第95~100页；曹文柱：《两晋之际流民问题的综合考察》，《历史研究》1991年第2期，第78~93页；曹文柱：《中国流民史》，广东人民出版社、华夏出版社，1996年。

构成、文化风气的变化，肯定流民南迁对南方土地开发的促进作用。流民社会常以坞壁组织为表现形式，故坞壁亦是颇受重视的课题。学界的成果大概可分两个方向：一是探究坞壁的起源、类型、分布、经济形态和社会状况；① 二是将坞壁视为中国基层社会变迁的重要环节，关注坞壁与村的关系。② 其中不少学者考虑到了坞壁或村在南北对峙时期的处境，如黄宽重就主张：以坞壁组织为代表的地方武力是胡汉争衡的缓冲力量，其缓和了东晋南朝面临的压力；③ 宫川尚志则认为坞壁与村庄两者并存、互相转化，而战乱之际的村民常被争霸双方所利用。④ 另外，也有一些学者致力于探讨流民与国家的关系，如田余庆指出东晋一朝的大事几乎都与流民群体有关，

---

① 陈寅恪：《桃花源记旁证》，收入氏著《金明馆丛稿初编》，第168~179页；唐长孺：《读"桃花源记旁证"质疑》，收入氏著《魏晋南北朝史论丛续编》，生活·读书·新知三联书店，1959年，第163~174页；赵克尧：《论魏晋南北朝的坞壁》，《历史研究》1980年第6期，第77~90页；黄宽重：《从坞壁到山水寨——地方自卫武力》，收入刘岱总主编：《中国文化新论》社会篇《吾土与吾民》，生活·读书·新知三联书店，1992年，第227~280页；范兆飞、张明明：《十六国北魏时期的坞壁经济》，《中国社会经济史研究》2011年第2期，第14~21页。

② [日]宫川尚志：《六朝时代的村》，夏日新译，收入刘俊文主编：《日本学者研究中国史论著选译》第四卷《六朝隋唐》，中华书局，1992年，第67~108页；[日]谷川道雄：《中国中世社会与共同体》，马彪译，上海古籍出版社，2013年，第83~92页；韩昇：《魏晋隋唐的坞壁和村》，《厦门大学学报》（哲学社会科学版）1997年第2期，第99~105页；侯旭东：《汉魏六朝的自然聚落——兼论"邨""村"关系与"村"的通称化》，收入氏著《近观中古史：侯旭东自选集》，中西书局，2015年，第143~181页。

③ 黄宽重：《从坞壁到山水寨——地方自卫武力》，第268页。

④ [日]宫川尚志：《六朝时代的村》，夏日新译，收入刘俊文主编：《日本学者研究中国史论著选译》第四卷《六朝隋唐》，第84~87页。

将流民帅和流民武装置于门阀政治的背景下进行考察;①洪斌比较了淮水两岸流民组织势力的强弱,揭示出建康政权较易控制淮南却较难将淮北纳入王朝体系。②此外,还有研究者注意到南迁移民对建康附近地域社会造成的连锁影响。③

亦有部分学者从北朝的视角观察边境地带的移民,如操晓理总结了三种边境人群自发归附北魏的移民情形:迫于政治压力或疆场形势而降附、慑于大国声威而依附、因招怀政策而归顺,并指出:北魏政府大多将其纳入边地郡县,贯彻以南人制南方的方针;④胡阿祥则在操文基础上进一步探究了十六国北朝流动人口和"侨置郡县"的问题,并与东晋南朝的情况进行了对比,其认为十六国北朝时期能够长期定居的移民数量其实是有限的。⑤

边境豪族也是值得注意的人群,他们接受王朝的统治但又保持着一定的独立性,以其为代表的地方实力派能在很大程度上左右边境的局势。于此论题,首推韩树峰的研究,他不仅对青、冀二州、豫州、雍州的边境豪

---

① 田余庆:《东晋门阀政治》,北京大学出版社,2012年。
② 洪斌:《南北分界与建康政权——东晋南朝淮水两岸政治区域的演进与分化》,博士学位论文,中山大学,2018年。
③ [日]小尾孝夫:《永嘉之乱后的江淮士人与地域社会——以对广陵的探讨为中心》,收入童岭主编:《皇帝・单于・士人:中古中国与周边世界》,中西书局,2014年,第153~163页;[日]小尾孝夫:《广陵高崧及其周边:六朝南人的一个侧面》,杨洪俊译,《南京晓庄学院学报》2015年第1期,第16~24页;陆帅:《"青齐土民"与南朝社会——以五六世纪摄山千佛岩为中心》,《东南文化》2015年第6期,第92~98页。
④ 操晓理:《北魏移民初论》,《首都师范大学学报》(社会科学版)1998年第6期,第65~71页。
⑤ 胡阿祥:《十六国北朝侨州郡县与侨流人口研究引论》,《中国历史地理论丛》2009年第3期,第32~39页。

族做了个案考察,还尝试将各地域边境豪族作为一整体,总结了其学风等方面的独特性、其门第特征,及其对南北政治的影响。①不少学者将边境某片地域的豪族单独作为研究对象,如唐长孺、杨洪权等讨论了青齐"土民"在当地发展势力的原因和经过;②罗新、陈春雷、陆帅等展现了青徐集团在晋末、宋齐政治中发挥的作用;③陈寅恪、陈琳国、张琳等就襄阳武力豪族的崛起过程及其在南朝政权中的地位进行了考察;④鲁西奇在西魏北周府兵制的背景下探讨了"山南方隅豪族"的政治欲求与国家秩序的结合。⑤针对如河东柳氏、京兆韦氏等某一家族的研究亦是观察边境豪族的重要思路,此类成果颇多,兹不赘言。另外需要提及的是,田余庆、滕昭宗、崔世平等学者对边境豪族在南北分立形势下的动向和际遇有所关注,揭示出彭城

---

① 韩树峰:《南北朝时期淮汉迤北的边境豪族》,社会科学文献出版社,2003年。
② 唐长孺:《北魏的青齐土民》,收入氏著《魏晋南北朝史论拾遗》,中华书局,1983年,第92~122页;杨洪权:《关于北魏青齐土民的几个问题》,《魏晋南北朝隋唐史资料》第十六辑,武汉大学出版社,1998年,第33~41页。
③ 罗新:《青徐豪族与宋齐政治》,《原学》第一辑,中国广播电视出版社,1994年,第147~175页;陈春雷:《论晋宋之际的青徐集团》,《许昌师专学报》2000年第3期,第94~98页;章义和:《地域集团与南朝政治》第二章《青徐集团始末》,华东师范大学出版社,2002年,第23~60页;陆帅、胡阿祥:《〈明昙憘墓志〉所见南朝境内的"青齐土民"》,《东岳论丛》2014年第3期,第46~53页。
④ 陈寅恪:《述东晋王导之功业》,收入氏著《金明馆丛稿初编》,第62~67页;陈琳国:《论南朝襄阳的晚渡士族》,《北京师范大学学报》(社会科学版)1991年第4期,第20~27页;张琳:《南朝时期的雍州中下层豪族》,《武汉大学学报》(哲学社会科学版)1997年第6期,第76~80页;章义和:《地域集团与南朝政治》第三章《雍州集团的变迁》,第61~85页。关于此论题的研究综述可参王永平、徐成:《近六十年来有关南朝襄阳地区武力豪族研究述评》,《南京晓庄学院学报》2010年第1期,第28~32页。
⑤ 鲁西奇:《西魏北周时代"山南"的"方隅豪族"》,收入氏著《人群·聚落·地域社会:中古南方史地初探》,厦门大学出版社,2012年,第308~343页。

丛亭里刘氏、青州崔氏等家族为了维持当地势力时归南时投北的特点。^①此外，也有学者将石刻材料运用到边境豪族的相关考察中，如林昌丈就从七种汉晋碑刻入手，说明了荆南豪族在地方社会的重要作用，并指出：这些家族于吴蜀对峙时期被两边政权拉拢利用，但在天下一统后却因地处偏远而与帝国拉开了距离。[②]

上述三种人是研究边境人群较常见的切入点，不过，此三者只能算是三个分别的论题，并不处于一个整体结构中。事实上，也有学者尝试着构建能统摄边境人群的概念体系，如北村一仁从华荒关系的角度区分了在中华世界但不在中心的"豪族"、与中华世界疏远的"荒人"及介于"豪族"和"荒人"之间的"同姓集团"，并撰文述说了后二者的基本情况。他认为："荒人"主要由蛮和"亡命"构成，与蛮有着民族基础不同，"亡命"依赖的是较脆弱的"义"。两者通过政治协助、经济掠夺、宗教活动等纽带结合在一起，且与土豪有或多或少的联系，其共同创造出了华夏体制影响薄弱的"荒"的空间。[③]"同姓集团"则是流民因"同姓"联结而成的群体，他们是连接华荒两世界的桥梁，既与"荒人"合作，也依违于南北政权之间。在南北对峙的局面下，其与中华世界的交往反而使得国境地域的环境变得越发错综复杂。[④]

---

① 田余庆、滕昭宗：《南北对立时期的彭城丛亭里刘氏》，收入田余庆著《秦汉魏晋史探微》（重订本），中华书局，2011年，第379~393页；崔世平：《崔芬墓志与南北争战下的青州崔氏》，《南京晓庄学院学报》2005年第1期，第36~41页。
② 林昌丈：《汉晋铭刻与荆南家族》，《中华文史论丛》2016年第2期，第1~29页。
③ [日]北村一仁：《"荒人"試論——南北朝前期の国境地域》，《東洋史苑》2003年第60、61号，第265~284页；《论南北朝时期的"亡命"：以社会史侧面为中心》，《魏晋南北朝隋唐史资料》第二十二辑，武汉大学文科学报编辑部，2005年，第190~208页。
④ [日]北村一仁：《在南北朝国境地域的同姓集团的动向和其历史意义》，收入牟发松主编：《社会与国家关系视野下的汉唐历史变迁》，华东师范大学出版社，2006年，第261~294页。

北村氏提取出的"荒"概念极具启发性，其关于"荒人""亡命"和"同姓集团"的阐释增进了学界对边境人群组成的了解，但这些论述亦有不尽善之处，由于边境纷乱、人群身份转换频繁，故划分人群的结构性分析往往会陷入困境，对"土豪""豪族"等概念的使用也容易因含义暧昧而失之混乱。

四、关于边境地域的研究

不少学者将边境地域作为研究侧重点，通过对当时史事、当地人群活动的考察，最后得出边境形势、地域社会、地域文化等方面的结论。北村一仁曾提出了边境地域研究的两种思路：一是对"国境地域"进行整体性的审视；二是对各地域社会做个案调查。关于前者，北村氏不仅用"荒"总结了边境地带的特点，还将时间段拉长，勾勒出"国境地域"的形成过程。他认为：秦汉以来的任侠思想、魏晋南北朝时期的复杂形势、流民及一些非华夏群体的活动等诸多因素导致淮水流域持续弥漫着反体制的风气，这种风气又与当时政权长期对峙的状态互相影响，使得该地域"荒"的特质越来越显著。① 关于后者，他则通过对《白实等造中兴寺石像记》《敬史君禅静寺刹前铭》等碑刻材料的分析，尝试着描绘南北朝后期南阳、颍川地区的政治、社会状况。②

事实上，目前绝大多数研究都倾向于第二种思路。陈金凤虽然提出了"中间地带"的大概念，但其实际研究还是就淮北、荆襄等具体区域展开

---

① [日] 北村一仁：《南北朝期国境地域社会の形成過程及びその実態》，《東洋史苑》2004 年第 63 号，第 76~119 页。

② [日] 北村一仁：《关于〈白实等造中兴寺石像记〉——以两魏时期南阳地区的政治、社会状况为中心》，第三届"中国中古史青年学者联谊会"会议论文，武汉大学，2009 年；《南北朝後期潁川地区の人々と社会～石刻史料を手掛かりとして》，《竜谷史壇》2008 年第 129 号，第 45~81 页。

的。①魏晋南北朝时期的政权对峙局面制造了绵长的边境地带，而学者们关于位处边境地带的某区域的考察，在一定程度上就属于边境地域研究的范畴。除了一些针对特定地区的通论性专著，②这方面论述因侧重点不同大致可分为三个方向：一是关注某地域的政治、军事形势，如魏斌、陆帅分析了东晋后燕对峙时期的青齐局势，对当地处于主导地位的人群有所讨论；③王蕊将青徐兖地域整体作为研究对象，考察了魏晋十六国各政权对此地区的争夺、控制和管理情况，并探讨了青徐兖地域势力对历史进程的影响；④吉川忠夫把郁洲地区置于东方沿海地域的大背景下观察，指出郁洲与青土流亡者的密切关系；⑤田余庆借助对《隆中对》"跨有荆益"的解读，结合魏蜀交战史事，揭示出东三郡于魏蜀对峙时起到的政治通道作用；⑥李文才则选取益梁地区为考察对象，其不仅对南北政权围绕此地域的军事争夺做了细致的论述，还从南朝角度分析了益梁地区与荆襄、三吴地区的关系。⑦

---

① 陈金凤：《魏晋南北朝中间地带研究》，第二、三、四、五章，第 24~154 页。
② 如张文华：《汉唐时期淮河流域历史地理研究》，上海三联书店，2013 年；鲁西奇：《区域历史地理研究：对象与方法——汉水流域的个案考察》（修订本）第三章《秦汉至六朝时期汉水流域的人口、经济、聚落与文化》，社会科学文献出版社，2019 年，第 169~283 页。
③ 陆帅：《东晋十六国后期的青齐政局——以辟闾浑家族的活动为中心》，《南京晓庄学院学报》2016 年第 2 期，第 13~16 页；魏斌：《龙口晋墓砖铭与太元廿年青齐情势》，《华东师范大学学报》（哲学社会科学版）2017 年第 2 期，第 73~78 页。
④ 王蕊：《魏晋十六国青徐兖地域政局研究》，齐鲁书社，2008 年。
⑤ [日]吉川忠夫：《五、六世纪东方沿海地域与佛教——摄山栖霞寺的历史》，王维坤译，《敦煌学辑刊》1991 年第 2 期，第 92~95 页。
⑥ 田余庆：《东三郡与蜀魏历史》，收入氏著《秦汉魏晋史探微》（重订本），第 246~262 页。
⑦ 李文才：《南北朝时期益梁政区研究》，商务印书馆，2002 年。

西方学界也有涉及此方面的论著，如美国学者戚安道（Andrew Chittick）就对襄阳地区进行了研究，他引入"庇护制"（patronage）的概念来分析襄阳豪族与建康精英的联系，重新审视了南朝依赖豪族武装的军事体制，并以庇护双方的互动为线索，梳理了襄阳地域社会的发展历程。①

二是考察边境地域的农业、商业情况。相关论述比较零散，故此处选择其中学者关注较多的两个论题做简单的介绍。首先是边境地域的屯田。关于魏晋南北朝，尤其是曹魏屯田的基本情况，学界已经有相当充分的研究。学者们一般从屯田起止时间、屯田类别、分布地区、组织机构、历史作用等方面展开讨论，而在叙述军屯分布时往往会涉及边境地带，②如黎虎强调襄沔地区一直是长江中游最重要的屯田区，其虽然因西晋统一而暂时衰落，但南北分裂后又再度复兴；③权家玉整理了东晋南朝时期的屯田倡议和屯田区地理分布，总结出东晋因财政匮乏及荆扬之争而注重民屯、南朝因鲜卑扰边而注重边镇军屯的区别；④高敏等指出北魏后期主要发展的屯田是

---

① Andrew Chittick:*Patronage and Community in Medieval China: The Xiangyang Garrison, 400~600 CE.*,State University of New York Press, 2009. 另参林子微关于此书的书评，收入《中古中国研究》（第二卷），中西书局，2018 年，第 315~324 页。

② 参见高敏：《魏晋南北朝经济史》第四、五章，上海人民出版社，1996 年，第 184~286 页；陈金凤：《魏晋南北朝中间地带研究》第九章《中间地带的经济考察》，第 205~212 页；黄惠贤：《试论曹魏西晋时期军屯的两种类型》，《武汉大学学报》（哲学社会科学版）1980 年第 4 期，第 26~32 页；陈连庆：《孙吴的屯田制》，《社会科学辑刊》1982 年第 6 期，第 80~87 页；张泽咸：《东晋南北朝屯田述略》，《史学月刊》1981 年第 3 期，第 28~33 页；谢国升：《蜀汉屯田考》，《成都大学学报》（社会科学版）2015 年第 4 期，第 67~72 页。

③ 黎虎：《六朝时期江沔地区的屯田和农业》，收入黄惠贤、李文澜主编：《古代长江中游的经济开发》，武汉出版社，1988 年，第 108~128 页。

④ 权家玉：《东晋南朝的屯田及其地位》，《江西社会科学》2011 年第 4 期，第 139~145 页。

江淮地区的军屯，①卢开万还进一步论证此屯田者是不带家口的现役番兵，其军屯收获的粮食将全部上交。②研究者普遍认为，边境屯田对政权军事实力的维持和增长颇为重要，其有着保证军粮供应、减轻转运之劳等多方面作用。

其次是边境地带的经济交流，这大致可分为官方互市、民间贸易、边将经商三种类型。高敏等学者简单梳理了魏晋南北朝时期南北互市、东西互市的基本状况；③蔡宗宪在此基础上更加细致地叙述了南北交聘和互市活动，对互市和"淮禁"的起止时间做了考证；④朱雷探讨了襄阳等城市中的"互市"，认为这是东晋通往关中、河西走廊地区的经济窗口，并对胡商等"互市人"的经济、文化交流作用表示肯定；⑤宇青、陈金凤对三类边境贸易形式都有描述，后者还讨论了寿春、襄阳等边境城市的经济职能，并指出边境地带的经济活动具有较强的投机和走私性质；⑥王鑫义则乐观地评价了南北朝时期淮河流域的贸易情况，其认为当时南北政权统治区内的商业活动呈现出波浪式发展的态势，淮河流域城市的经济成分也有

---

① 高敏：《论北魏的屯田制》，《社会科学战线》1987年第4期，第154~161页。
② 卢开万：《论北朝屯田制的类型、管理系统及劳动者的处境——北朝屯田制度研究之二》，《武汉大学学报》（社会科学版）1987年第3期，第100~105页。
③ 高敏主编：《魏晋南北朝经济史》第十八章《魏晋南北朝的商业》，第970~973页；许辉、蒋福亚主编：《六朝经济史》第七章《商业与交通》，江苏古籍出版社，1993年，第370~374页。
④ 蔡宗宪：《南北朝交聘与中古南北互动（三九六—五八九）》，博士学位论文，台北：台湾大学，2006年，第98~104页。
⑤ 朱雷：《东晋十六国时期姑臧、长安、襄阳的"互市"》，收入黄惠贤、李文澜主编：《古代长江中游的经济开发》，第197~208页。
⑥ 宇青：《六朝时期的南北互市与海外贸易》，《江海学刊》1989年第6期，第119页；陈金凤：《魏晋南北朝中间地带研究》第九章《中间地带的经济考察》，第219~232页。

明显增长。①

三是阐发某地域的文化特征。如杨文春致力于研究淮河上游政区的形成过程，认为南北朝时的军争局面在一定程度上塑造了此地域的文化共性；②洪廷奶探讨了荆楚地区剽勇尚武的风气及杂夹流民、蛮族之俗的融合文化，强调荆楚文化凝聚力在地方实力派引导下的提升。③另有一些学者从墓葬的角度讨论边境地域的文化，如宿白、李梅田等注意到南北朝交接地区的墓葬呈现出南北文化交融的面貌，④韦正则强调文化的滞后性，认为政权的更替不会在短时间内改变某边境地区的丧葬习俗；⑤李梅田等还从襄阳地区出土的数座南朝画像砖墓出发，通过分析画像砖中西曲歌、文康舞等要素，指出该地区文化受到外来移民和本地蛮夷的影响，从而具有多元性、民间性、军事性的特征。⑥

宗教信仰也是学者颇为关注的方向。如陈寅恪就提点出郁洲地区的天

---

① 王鑫义：《魏晋南北朝时期淮河流域的商业和城市》，《史学月刊》2001 年第 5 期，第 110~115 页。

② 杨文春：《汉唐时期淮河上游政区的形成》，《唐都学刊》2015 年第 5 期，第 37~45 页。

③ 洪廷奶：《东晋南朝时期荆楚地域文化与"荆楚人"意识》，收入魏斌主编：《古代长江中游社会研究》，上海古籍出版社，2013 年，第 190~215 页。

④ 宿白：《三国两晋南北朝考古》，收入氏著《魏晋南北朝唐宋考古文稿辑丛》，文物出版社，2011 年，第 9 页；李梅田：《论南北朝交接地区的墓葬——以陕南、豫南鄂北、山东地区为中心》，《东南文化》2004 年第 1 期，第 27~31 页。

⑤ 韦正：《汉水流域四座南北朝墓葬的时代与归属》，《文物》2006 年第 2 期，第 33~39 页。

⑥ 李梅田：《西曲歌与文康舞：邓县南朝画像砖墓乐舞图新释》，《故宫博物院院刊》2016 年第 4 期，第 82~94 页；李梅田、周华蓉：《试论南朝襄阳的区域文化——以画像砖墓为中心》，《江汉考古》2017 年第 2 期，第 95~107 页。

师道背景,[①]洪斌也将梁天监年间朐山、郁洲的动乱与当地人和外任长官之间的信仰冲突联系起来;[②]张泽洪观察了道教在长江中游蛮区的传播踪迹,认为蛮族等少数民族习俗与道教存在相互影响的关系;[③]孙齐则通过揭示道教在流民安葬异乡、蛮族"华夏化"或"反华夏化"等方面的作用,叙述了荆襄道上的道教发展。[④]佛教亦盛行于一些边境地域,其中尤以道安僧团在襄阳的活动最受学者瞩目。[⑤]吉川忠夫考察了道安僧团与襄阳地域社会的关系,展现出习凿齿等当地土著豪族对佛教教团的重视及关于文化交流的期望;[⑥]陈志远则总结了六朝前期佛教在荆襄地区的兴衰,对道安僧团势力在荆州的进一步渗透有所描述。[⑦]淮水流域的边境城市彭城、寿春也是佛学重镇,汤用

[①] 陈寅恪:《天师道与滨海地域之关系》,收入氏著《金明馆丛稿初编》,第5~6页。

[②] 洪斌:《南北分界与建康政权——东晋南朝淮水两岸政治区域的演进与分化》,博士学位论文,中山大学,2018年,第78~84页。

[③] 张泽洪:《中国南方少数民族与道教关系初探》,《民族研究》1997年第6期,第92~99页;《魏晋南北朝时期少数民族与道教——以南蛮、氐羌族群为中心》,《中南民族大学学报》(人文社会科学版)2005年第6期,第33~37页。

[④] 孙齐:《六朝荆襄道上的道教》,《隋唐辽宋金元史论丛》第八辑,上海古籍出版社,2018年,第117~141页。

[⑤] 关于道安僧团及襄阳佛教的基本情况,可参许理和:《佛教征服中国:佛教在中国中古早期的传播与适应》第四章《襄阳、江陵和庐山的佛教中心及北方佛教的影响》,李四龙、裴勇等译,江苏人民出版社,2017年,第263~290页;朱雷:《释道安与襄阳》,收入谷川道雄编:《日中国际共同研究:地域社会在六朝政治文化上所起的作用》,第154~158页。

[⑥] [日]吉川忠夫:《道安教团在襄阳》,收入谷川道雄编:《地域社会在六朝政治文化上所起的作用》,第36~43页。

[⑦] 陈志远:《六朝前期荆襄地域的佛教》,《中山大学学报》(社会科学版)2019年第2期,第108~123页。另可参杨维中:《从佛寺及寺僧看东晋时期佛教在荆州的传播》,《佛教文化研究》2017年第五辑,第215~252页。

彤等曾论述了彭城、寿春系"成实学"的基本情况，①塚本善隆则从刘裕为僧导修建寿春导公寺之史事切入，讨论了刘裕与僧导、慧严、慧义诸僧的交往背景及僧导所弘扬的"成实""三论"之学对南朝佛教的影响。②另外，姜望来以位处刘宋、北魏对峙地带的嵩岳为中心，探讨了佛道信仰的相互竞争和南北政权对二教的接受倾向，指出嵩岳此时已成为南北双方争夺的皇权象征。③

五、关于边境控制的研究

边境地带对于国家至关重要，如拉采尔就认为，边境构成了"国家有机体"的表皮，具有保护和内外交流的作用。④因此，如何妥善地控制边境地带是每个国家都必须面对的问题。常规的行政、军事建置（都督区、实州郡县等）之外，南方政权还有蛮府与左郡左县、侨州郡县之设，十六国

---

① 汤用彤：《汉魏两晋南北朝佛教史》第十八章《南朝〈成实论〉之流行与般若三论之复兴》"《成实论》师"条、第二十章《北朝之佛学》"彭城之佛学"条，商务印书馆，2017年，第587~593、683~684页；张弓：《汉唐佛寺文化史·科门篇》"《成实论》之林""'三论'之林"条，中国社会科学出版社，1997年，第419~423页。

② [日]塚本善隆：《塚本善隆著作集》第三卷《中国中世仏教史論攷》第二章《水経注の寿春·導公寺について》，东京：大东出版社，1975年，第51~66页。

③ 姜望来：《皇权象征与信仰竞争：刘宋、北魏对峙时期之嵩岳》，《魏晋南北朝隋唐史资料》第三十一辑，上海古籍出版社，2015年，第110~125页。

④ 拉采尔：《作为边缘机体的边疆》，收入张世明等编：《空间、法律与学术话语：西方边疆理论经典文献》，黑龙江教育出版社，2014年，第132~141页。又参维克多·普莱斯考特（Victor Prescott）、吉莉安·D.崔格斯（Gillian D.Triggs）：《国际边疆与边界：法律、政治与地理》，孔令杰、张帆译，社会科学文献出版社，2017年，第9页。

北朝则在边境置军镇，故下分此三点做研究概述。

蛮府与左郡左县都是东晋南朝为管理蛮族而设置。张泽洪、王延武等梳理了蛮府的基本情况，指出南蛮校尉、宁蛮校尉等蛮府是不属州府、郡府管辖的军事性统治机构，其掌握军队、配置僚属，具备政治、军事、经济三方面的独立性；①胡阿祥还注意到齐梁时宁蛮府领有郡县的特点，揭示了其因面临与其他蛮府不同的军事形势，故已兼具地方行政机构性质。②关于左郡左县，河原正博、胡阿祥等都有比较细致的研究，他们还制成了包含各左郡左县建置沿革、地理位置等信息的汇总表格。③学界普遍认为，左郡左县存在于宋齐，主要针对大别山、桐柏山一带的豫州蛮而设立，其长官由蛮酋担任，且赋税上有所优待，实质上是一种国家对蛮区的羁縻统治形式。张泽洪、方高峰以此类推，将国家为蛮酋设置的州称之为"左州"。④王万隽则对前人意见进行了总结，其反对"左州"的说法，强调若州郡县名前没有"左"字，便不属于左郡左县的制度范畴；他还对蛮人领左郡左县的

---

① 王延武：《两晋南朝的治"蛮"机构与"蛮族"活动》，《中南民族学院学报》（哲学社会科学版）1983 年第 3 期，第 31~35 页；张泽洪：《两晋南朝的蛮府和左郡县》，《西华师范大学学报》（哲学社会科学版）1990 年第 1 期，第 30~37 页。

② 胡阿祥：《六朝疆域与政区研究》第九章《南朝的宁蛮府、左郡左县、俚郡僚郡》第三节《宁蛮府》，学苑出版社，2005 年，第 365~367 页。

③ [日]河原正博：《漢民族華南発展史研究》第一編《晋・南北朝時代における少数民族の漢化》第二节《宋書州郡志に見える左郡・左県》，东京：吉川弘文馆，1984 年，第 65~81 页；胡阿祥：《六朝疆域与政区研究》第九章第一节、第四节，第 348~353、370~376 页。另可参 [日] 谷口房男：《続華南民族史研究》第一編第二章《南朝の左郡左県》，东京：绿荫书房，2006 年，第 33~67 页。

④ 张泽洪：《两晋南朝的蛮府和左郡县》，《四川师范学院学报》（哲学社会科学版）1990 年第 1 期，第 36 页；方高峰：《试论左郡左县制》，《中国边疆史地研究》2006 第 2 期，第 23~30 页。

意见表示质疑，认为左郡左县长官有可能出现土流兼用的情形。①学者们对"左郡"之"左"字的含义亦有多种解释，目前较为主流的是杨武泉的说法，他指出"左"来源于时人以"左衽"视蛮夷的观念，因蛮人忌讳以"蛮"相称，故刘宋政权设置治蛮郡县时用"左"代"蛮"以不致蛮人反感。②

侨州郡县制度是东晋南朝为安置北来移民而采取的治理方式。考察此论题的学术成果很多，其中首推胡阿祥的研究，③在此不细述。侨州郡县不仅见于边境，内地亦有设置，学者们很少会单独讨论边境地带的情况。不过，从侨雍州的相关研究中，还是可以窥见其较之内地侨州郡县的特殊之处，即军事因素的强烈影响和侨民势力的相对庞大。安田二郎注意到雍州侨郡曾有三十多年时间归属军府而非统州统辖，他认为：之所以实行军政统治，主要原因在于襄阳地区的重要战略地位导致流住此地的乡族集团需要作为军事力量发挥作用，故流民群体就极易转化为军事集团。④安田氏还分析了实现雍州诸侨郡县实土化的大明土断，揭示出这次土断与刺史王玄谟致力于增强雍州实力以图北伐相关；而由于雍州侨民居多、乡族结合紧密，故政府不得不与

---

① 王万隽：《秦汉至南朝的国家与蛮人——以政区、官爵和赋役制度为中心》，博士学位论文，台湾大学，2012 年，第 181~190 页。

② 杨武泉：《"蛮左"试释》，《江汉论坛》1986 年第 3 期，第 68~72 页。此解释之外还有河原正博的"'左''楚'音近说"（《漢民族華南発展史研究》，第 79~80 页）、川本芳昭的"'左''夷'字近说"（《魏晋南北朝時代の民族問題》第四篇第二章《六朝期における蛮の理解についての一考察》注 18，第 484 页）、姚治中的"荒僻不开化说"（《论江淮西部蛮人部落的解体》，第 75 页）。

③ 胡阿祥：《东晋南朝侨州郡县与侨流人口研究》，江苏人民出版社，2019 年。关于东晋南朝侨州郡县的文献综述见该书引言。

④ [日] 安田二郎：《晋宋革命和雍州（襄阳）的侨民——从军政统治到民政统治》，王轶群译，收入刘俊文主编：《日本中青年学者论中国史·六朝隋唐卷》，上海古籍出版社，1995 年，第 116~144 页。

表达强烈反对意向的雍州侨民妥协,改变了土断方式。①张琳亦对雍州的侨置始末进行了考察,他将关注点放在襄宛地方社会的重构和发展上,描述了原本羸弱的雍州地方势力不断壮大的过程,指出雍州也因此成长为对北防御和牵制荆州的重镇。②

十六国北朝政权则多于边要形胜之地设军镇,这是其控制边境的重要方式。军镇制度虽大备于北魏,但十六国时期就已出现,牟发松、高敏对此均有讨论,并将后秦、夏之军镇视为典型。其中前者分析了当时地方行政制度军镇化的趋势,将军镇的渊源追溯至坞堡组织;③后者则指出:至十六国后期,军镇已成为一级地方行政单位,且"护军制"亦是军镇统民的一种表现方式。④北魏的军镇制度已经比较成熟,⑤学界相关成果也颇为丰富,如周一良、严耕望等梳理了北魏各军镇的分布及废置沿革,还论述了军镇之设官和镇与州之关系。⑥北魏镇戍遍布四境,不过由于南边军镇于北魏中后期多改

---

① [日]安田二郎:《刘宋大明年间的襄阳土断》(原文题为《王玄谟の大明土断について》,夏日新翻译改为此题),收入李锦章主编:《湖北历史文化论集》(二),中国地质大学出版社,2000年,第24~49页。

② 张琳:《东晋南朝时期襄宛地方社会的变迁与雍州侨置始末》,《魏晋南北朝隋唐史资料》第十五辑,武汉大学出版社,1997年,第36~49页。

③ 牟发松:《十六国时期地方行政机构的军镇化》,《晋阳学刊》1985年第6期,第39~47页。

④ 高敏:《十六国时期的军镇制度》,《史学月刊》1998年第1期,第15~24页。

⑤ 军镇下还有戍,南朝亦在边境设戍,相关论述可参[日]宫川尚志:《六朝史研究政治·社会篇》第九章《南北朝の軍主·隊主·戍主等について》,日本学术振兴会,1956年,第577~580页。

⑥ 周一良:《北魏镇戍制度考及续考》,收入氏著《魏晋南北朝史论集》,第199~219页;严耕望:《中国地方行政制度史·魏晋南北朝地方行政制度》(下)第十一章《北魏军镇》,上海古籍出版社,2007年,第691~797页;牟发松:《北魏军镇考补》,《魏晋南北朝隋唐史资料》第七辑,武汉大学出版社,1985年,第64~74页。

为州，故关于南边军镇的研究远远没有北镇多，且大都与州合观，侧重于对"城民"、地方军的阐释。谷川道雄、唐长孺等认为南方诸州镇的常驻镇戍兵（及家属）即是"城民"，其隶属于军府，①后者还指出：南境诸州城民在防御南朝北伐之外，还镇压散处乡村的土民反抗，其暴动只是表示对于洛阳政权转移的向背，与北镇镇民动乱截然不同；北村一仁从悬瓠城的三次叛乱事件入手，探讨了"城民"与"城豪"的关系和势力消长情况，表现出当地社会的复杂状态；②范兆飞则质疑了前人"城民即军户"的理解，强调城民（即城中之民）的多样性和层次性，并对南境诸州城民的动向做了总结。③另外，直江直子提及了北魏的州镇双轨制和彭城镇的屯田兵，将其与北镇、镇人相比较；④窪添庆文论述了地方军的组成及其成员比例的变化，并区分地方军为镇军和州军，其中镇军以鲜卑系族人和异民族兵为主力，州军则包括服义务兵役的汉人，镇被改为州后，原来的镇军变成了州军的一部分。⑤

羁縻或扶持傀儡政权也是政权控制边境地带的方式，下举仇池及后梁

---

① [日]谷川道雄：《北魏末的内乱与城民》，夏日新译，收入刘俊文主编：《日本学者研究中国史论著选译》第四卷，第149~150页；唐长孺：《北魏南境诸州的城民》，收入氏著《山居存稿》，武汉大学出版社，2013年，第86~97页；[日]西野正彬：《北魏の军制と南边》，《北陆史学》1976年第25号，第1~18页。需要注意的是，唐氏与西野氏对"城豪"的理解存在差异。

② [日]北村一仁：《南北朝时期的汝南悬瓠——以"城豪"胡氏的动向为中心》，《魏晋南北朝隋唐史资料》第二十七辑，武汉大学文科学报编辑部，2011年，第153~169页。

③ 范兆飞：《魏末城民新考》，收入童岭主编：《皇帝·单于·士人：中古中国与周边世界》，第164~197页。

④ [日]直江直子：《北魏的镇人》，李凭译，《国际汉学》第五辑，大象出版社，2000年，第110~111、130~131页。

⑤ [日]窪添庆文：《魏晋南北朝官僚制研究》第八章《北魏的地方军（特别是州军）》，赵立新译，复旦大学出版社，2017年，第209~220页。

为例。杨氏仇池政权处在南北交界地带，其常常依违于南北政权间以求生存。① 严耕望曾指出仇池山地势险阻、物产丰饶，故仇池这一坞堡式政权得以持续两百多年；② 徐日辉、陈金凤等指出：在南北政权国力尚未形成明显差距时，仇池政权是南北间的缓冲国，双方都想极力拉拢仇池、实行羁縻方略，以利于自己后续的军事行动；③ 三崎良章梳理了南、北朝对仇池杨氏集团的册封情况，注意到北朝的册封较之南朝更加严格，并进而论述了南朝通过招揽同盟者打造包围北朝的封锁圈、北朝建立并维持藩屏体制的策略；④ 北村一仁则把南北政权对仇池的争夺落实到具体的战略层面，将其与蜀地的攻守联系起来。⑤

后梁是西魏、北周通过扶持傀儡政权控制边境的案例，学者普遍认为，西魏攻陷江陵后树立后梁政权与其自身实力尚不足以控制长江中游地区有关。陈金凤、毋有江等指出：西魏扶持后梁既可以保证江陵一带的稳定，又能牵制江南政权，保持长江中游的政治均势；⑥ 李万生则认为西魏拥立傀儡萧詧有

---

① 关于仇池政权的研究综述，可参高然、刘兵兵：《仇池国史研究述评》，《西北民族论丛》第十七辑，社会科学文献出版社，2018年，第344~355页。
② 严耕望：《中古时代之仇池山》，附载于氏著《唐代交通图考》第三卷《秦岭仇池区》，上海古籍出版社，2007年，第853~861页。
③ 徐日辉：《前仇池国述论》，《社会科学》1988年第3期，第73页；陈金凤：《魏晋南北朝中间地带研究》第六章《仇池立国与中间地带》，第160~166页。
④ [日] 三崎良章：《南北期の対外政策についての一考察——氐族楊氏集団への冊封を通じて》，《史観》1986年第114号，第9~26页。
⑤ [日] 北村一仁：《南北朝政権の辺境統治に関する一考察——仇池地区を例として》，《研究論集》第7号（特集 東アジアの歴史と現代研究会），河合文化教育研究所，2009年，第83~97页。
⑥ 陈金凤：《魏晋南北朝中间地带研究》第五章《荆襄地区与南北政局》第三节《后梁政权与南北朝晚期政局》，第146~154页；毋有江：《北朝社会政治进程中的行政区划变动》，《中国中古史集刊》第二辑，商务印书馆，2016年，第140页。

招引长江以南之梁人的考量,其还注意到虽然西魏、北周与后梁有比较严格的臣属关系,但这种关系在实际执行中是具备伸缩性的。①

六、结语——若干思考

前文分边境性质及战线、边境人群、边境地域、边境控制四方面对前贤关于魏晋南北朝政权间边境地带的研究做了粗浅的综述,从中可以看出,该研究领域有着涵盖面广、涉及论题多的特点。不过,虽然学界已经有了不少成果,但有些文章并不是以边境地带为研究重点,而只是在论述时触及了边境这一背景,且学者们对边境地带的理解也比较模糊,很少对其进行专门的、整体的考察。所以总的说来,能整合各方面要素、真正以边境地带为指向的研究仍然是相当不充分的。

如果要系统地探讨这一论题,就必须先树立边境地带的主体性,形成相关的问题意识,并围绕其构建合适的论述体系。于此,笔者有三点想法:

其一,充分认识政权间边境地带的性质。"边境地带"其实是后世建构起来的概念。有学者曾指出:宋代之前的中原王朝没有真正意义上的国家观,其在法理上不承认天下有与自己平起平坐的国家。②对魏晋南北朝乱世中的各政权来说,它们尽管没有能力控制天下,却并不满足于与其他政权隔边境而治,其总是想最终消除边境、完成统一的。因此,所谓"边境"需要从政权实际控制区域的角度理解。不过,"边境地带"又绝不等同于对

---

① 李万生:《读〈周书·萧詧传〉书后》,《贵州师范大学学报》(社会科学版)1998年第3期,第30~32页。

② 葛兆光:《宋代"中国"意识的凸显——关于近世民族主义思想的一个远源》,《文史哲》2004年第1期,第5~12页;张文:《论古代中国的国家观与天下观——边境与边界形成的历史坐标》,《中国边疆史地研究》2007年第3期,第16~23页。

峙政权双方都无法控制的"中间地带"。虽然陈金凤指出"边境地带"等概念存在偏重政权主体的问题,但事实上,对此地区的研究必然要与政权相联系才得以实现。一方面,这一历史时段的材料本身就非常有限,且绝大多数记载都以政权中央为论述立场,所以带上政权方面的主观色彩是不可避免的;另一方面,政权的实际控制区域变动频繁,故可能出现某政权占领并逐渐稳定经营原本控制不及之区域的情况,边境地带既包括无法控制的地区,也涵盖了有一定统治基础的边地地区。这颇类似于拉铁摩尔提出的"内边疆"与"外边疆"的概念,如果仅用"中间地带"来解释边境,无疑就抹去了这一地区的层次性。而只有重视边境地带的层次性,才能意识到政权控制与军事占领的区别,使研究并不局限于对战争细节的考察。

其二,转变观察视角。由于材料受限,学者所能了解到的边境地带情况大多是各政权主观塑造的产物,因此,如何从政权的立场抽身,寻找到边境地带的视角就变得尤为重要。政权核心区与边境的互动其实是一个很好的研究方向,由此出发大概有两个思路:首先可以关注核心区与边境地带的差距,赫克特(Michael Hechter)曾提出了"扩散模式"概念,即核心区的文化形式不断向四周扩散,而边缘地区在追赶核心区的过程中或逐渐变革而拉平差距,或激起反对以致反而强化了分离意识。[①]许多研究者都注意到,北魏孝文帝迁都洛阳后,南朝北境的压力陡增,南北政权对于边境地带的争夺更加激烈。这种情势很可能导致政权核心区的扩散作用慢慢增强,那么,在此背景下,边境社会是会向核心区逐渐靠拢(如关于蛮族汉化的讨论),还是将依旧维持自身的"荒地"性质?该趋势的走向有待于更细致的分析。其次需要注意边境地带对政权的影响。边疆学派代表学者特纳(Frederick. J. Turner)认为,边疆是文明与野蛮的交汇处,而美国在扩张过程中与边疆地带的不断

---

① 赫克特:《内部殖民主义》,收入马戎编:《西方民族社会学的理论与方法》,天津人民出版社,1997年,第83~84页。

接触提供了支配美国性格的力量。①诚然,美国的西进与本文讨论的政权间对峙是截然不同的两种状态,但特纳的视角是值得借鉴的。研究者们曾将"蛮"的概念置于华夷秩序中考察,不仅华夏士人通过各种方式塑造了蛮族,这些边境地带的土著居民实际上也因此实现了族群认同,并反过来影响华夏世界。并且,由于边境形势错综复杂,人口流动频繁,流民、亡命等人群常常都汇集于此,故边境地带既易成为动乱的策源地,同时也是新生因素的发源地,其他政权的文化亦可能经由边境而进入内地。这些具有活泼性、创造性和不确定性的因素也许会对政权核心区产生冲击,甚至成为政权新体制的根源。

其三,了解政权间边境地带的特殊性,并在具体研究时体现边境地带的整体感。黄纯艳曾区分了宋朝多样的疆界形态,②对于魏晋南北朝诸政权来说,其边境地带亦不只一种形式。如南朝政权不仅与北朝对峙,还面临着和西南异民族势力交往的问题,其境内也有所谓"隙地""内地的边缘"。③这三种边境形式有着政权控制不充分的共同点,当然也在很多方面存在明显差异,如果能够从中提取出南北政权间边境地带的特殊性,也许就可以对魏晋南北朝的时代特点产生新的认识。在这种比较的视野下,随之而来的思考方向是:当边境的两边是国家实力相对均衡、文化内核有相似之处的两个政权,边境地带会呈现出怎样的面貌?如果以东晋南朝为主视角,十六国北朝的政权更替、文化转变又会给边境地带造成什么影响?

---

① 特纳:《边疆在美国历史上的重要性》,收入杨生茂编:《美国历史学家特纳及其学派》,商务印书馆,1984年,第4页。

② 黄纯艳:《宋代的疆界形态与疆界意识》,《历史研究》2019年第5期,第23~29页。

③ 许倬云:《汉代中国体系的网络》,收入《中国历史论文集》,台北:台湾商务印书馆,1986年,第17~24页;《试论网络》,收入氏著《许倬云自选集》,上海教育出版社,2002年,第32~33页;[日]北村一仁:《南北朝期"淵藪"の地域的分布とその空間的特徵》,《東洋史苑》2008年第70、71号,第146~184页;鲁西奇:《内地的边缘:传统中国内部的"化外之区"》,《学术月刊》2010年第5期,第121~128页。

这些问题的解答有赖于对边境人群、边境地域进行细致的考察。但此时，似乎又应该跳出政权对峙的背景，而将边境地带视为一整体。绵长的边境地带包含许多小区域，以它们为对象的个案研究是必要的，因为每块区域的地理条件、人群结构彼此相异，发生的史事各有特点，其在边境地带中处于不同的"位置"。但这只是准备工作，关键在于如何将零散的信息进行整合，建立各区域之间、区域与整个边境地带之间的联系，最终找到边境地带之所以能够形成的共性，并再由此出发，考察政权对峙的条件和变化情况。而且，以对边境地带的整体认识为基础，还能进一步探讨各区域的动态发展与其地域特性的关系。参考费弗尔（Lucien Febvre）对莱茵河的研究，[①]政权间的边境并不是作为隔离带而存在，它应该被视为一条纽带。

---

① 吕西安·费弗尔：《莱茵河：历史、神话与现实》，许明龙译，商务印书馆，2010年。

北朝佛教义邑研究综述

邵正坤

北朝时期,随着佛教的广泛流播,义邑组织大量出现。这是一种由僧俗混合或者主要由俗众组成的信仰群体,大多从事造像、写经、立寺、开窟、建塔、做斋等相关活动,对当时社会产生了很大的影响。传世文献对于义邑的记载至为罕见,而石刻铭文,尤其是造像记,则承载了大量关于义邑组织的内容。对于这一问题,前贤早已有所涉猎,日本学者如高雄义坚、[1]塚本善隆、[2]山崎宏、[3]佐藤智水[4]等,法国学者如谢和耐,[5]中国学者如

---

[1] [日]高雄义坚:《中国仏教史論》,《北魏佛教教團の發達》,京都:平乐寺书店,1952年。

[2] [日]塚本善隆:《龍門石窟に現れたる北魏仏教》,《塚本善隆著作集》第二卷《北朝仏教史研究》,东京:大东出版社,1947年。

[3] [日]山崎宏:《支那中世仏教の展開》,东京:清水书房,1947年。

[4] [日]佐藤智水:《北朝造像铭考》,《史学杂志》第86编第10号。

[5] [法]谢和耐:《中国5—10世纪的寺院经济》,耿昇译,上海古籍出版社,2004年。

张英莉、[1]宁可、[2]郝春文、[3]唐耕耦、[4]李文生[5]等,都曾经在自己的著作或论文中对相关问题进行过考察,但是,整体言之,上个世纪对于这类团体的研究还较为零星,也有很多关键性的问题未被触及或未获解决。近些年以来,伴随着石刻研究的兴起,相关著作与论文也大量涌现,因此,对于相关问题研究的回顾与总结也水到渠成。鉴于现有成果的特点,本文主要以几个核心问题为线索,对相关研究展开回顾。

一、概念的阐释

作为一种以共同宗教信仰统合的社会组织,义邑在北朝社会广泛存在,并且发挥着举足轻重的作用,但是,学界对其称呼并不统一。综合各家的论著来看,学者对于义邑的称呼,主要有以下几种:"邑""义邑""邑义""邑社""社邑""佛社""法社"等。而北朝的石刻中,对于义邑亦称呼各异,"邑""义邑""法义""法仪"等,皆可见于北朝时期以造像、立寺、建塔等为目的的社群当中。造成这种差异的原因是什么,对于这一团体的称呼又以哪一种较为合宜?对此,很多学者给出了自己的答案。

关于义邑和法社,容易引起混淆,也是学者讨论较多的一个问题。日本学者小笠原宣秀较早对邑"邑仪(义)"和"法社"进行区分,认为在中

---

[1] 张英莉、戴禾:《义邑制度述略——兼论南北朝佛道混合之原因》,《世界宗教研究》1982年第4期。
[2] 宁可:《述"社邑"》,《北京师范学院学报》(社会科学版)1985年第1期。
[3] 郝春文先生关于中古时期的社邑有一系列相关研究成果,详见后文,此不赘述。
[4] 唐耕耦:《房山石经题记中的唐代社邑》,《文献》1989年第1期。
[5] 李文生、孙新科:《龙门石窟佛社造像初探》,《世界宗教研究》1995年第3期;李文生:《龙门石窟佛社研究》,《历史文物》1996年第6卷第2期。

国北方，这类佛教信仰团体被称为"邑仪（义）"，其成员称为"邑子"，身份多为社会下层的善男信女；在南方，则称为"法社"，其成员由僧俗混合组成。①山崎宏则认为"义邑"主要流行在北魏初期的华北在家信徒当中，是为造像、设斋等活动而组成的出资组合，与流行于南方的"法社"相比，两者之间的区别为义邑成员多为社会下层的普通民众，法社则以贵族、官僚、知识阶层为主。②大陆也有学者对此进行讨论，如宁可先生即吸收了日本学者的研究成果，指出"邑义"和"法社"同为私社，属于私人性、自愿化的民间团体，"邑义"流行于黄河流域，村邑或宗族为其构成主体，"法社"则盛行于南方，由贵族、官僚、士大夫组成，以讲经说法为主要修行方式。③郝春文先生亦认为"社"与"邑"有别，东晋南北朝时期，"社"与"邑"有着完全不同的含义，其所讨论的佛社称为邑、邑义、法义等，绝不以"社"为名，而从事传统春秋二社祭祀活动的民间团体则称为社或邑社连称，它们也绝不以"邑""邑义"为名。至隋唐五代，二者逐渐合流。④至于法社，在两晋南北朝时期是指尊崇佛教的传统里（邑）社，与造像记中所呈现的佛教团体完全不是一回事。⑤

对于"邑义""法义""法社"，学者也有辨析。郝春文先生从邑义与法义区别的角度，对这一问题进行了探索，他认为"如果说邑、邑义还带有地缘组织的痕迹，'法义'则完全失去了这种色彩。法指佛法，义指结义，法义是崇信佛法的人们的结义组织……从时间上看，法义的出现比邑、邑

---

① [日]小笠原宣秀：《廬山慧遠の結社事情》，《中国浄土教家の研究》，京都：平乐寺书店，1951年。
② [日]山崎宏：《支那中世佛教の展開》，京都：法藏馆，1971年。
③ 宁可：《述"社邑"》，《北京师范学院学报》（社会科学版）1985年第1期。
④ 郝春文：《东晋南北朝时期的佛教结社》，《历史研究》1992年第1期，第101页。
⑤ 郝春文：《东晋南北朝时期的佛教结社》，《历史研究》1992年第1期，第103页。

义要晚一些"。^①至于"佛社",属于私社的一种,"大多由在家的与出家的佛教信徒组成,多数从事以造像为中心的佛教活动。这类佛教结社一般称为邑、邑义、邑会、法义等,为了叙述方便,我们把这类私社统称为佛社"。^②这就是说,在作者看来,"佛社"是对"邑、邑义、邑会、法义"等团体的一种统称,是为了叙述方便的权宜之计,至于文献中是否有此一称,还另当别论。此外,也有学者认为,"邑义"和"法义",与"邑"一样,同是民间佛教结社。^③颜尚文先生的看法是,北朝时期流行于城乡地区的佛教信仰团体,通常以邑、邑义、合邑、都邑、邑仪、义邑、法义等名称来指代全体成员,这给研究带来了不便,为了方便对于这一集团的考察,作者在撰文时进行了统一,以"邑义"一词予以概括。^④

总之,目前学界对于这类团体的称呼飘忽不定,立足点不一,甚至同一位学者在不同时期认识也不一致,这很容易引起思维上的混乱,使学界的讨论不在同一维度之上,甚至在某种程度上影响对于此类团体的深入研究。

台湾学者刘淑芬回归造像记文本本身,通过对若干题记进行分类与梳理,并结合传世文献的相关记载,在《香火因缘——北朝的佛教结社》一文中对这一问题进行了深入细致的分析,并且得出以下结论:北朝时期的佛教结社,仍以"邑"为单位或名称;"义邑"系北朝时期佛教社邑之名,

---

① 郝春文:《东晋南北朝时期的佛教结社》,《历史研究》1992 年第 1 期,第 91 页。
② 宁可、郝春文:《北朝至隋唐五代间的女人结社》,《北京师范学院学报》(社会科学版)1990 年第 5 期,第 16 页。
③ 黄怀德:《汉唐民间结社研究》(上),台北:花木兰文化出版社,2010 年,第 88 页。
④ 颜尚文:《法华思想与佛教小区共同体——以东魏〈李氏合邑造像碑〉为例》,《中华佛学学报》第 10 期,台北:中华佛学研究所,1997 年。

即当时的佛教社邑一般称为"义邑";"邑义"则指其成员。① 对于产生歧异的原因,作者也进行了推测,"由于造像记叙述对象为造像者,因此'邑义'二字随处可见,而几乎不见'义邑'一词,很容易让人误解'邑义'就是北朝佛教社邑的名称"。② 此外,北朝时期的佛教结社具有一定的地域特色,这在社邑名称上也有所体现,山东地区的民间佛教组织多称"法义",与此同时,"法义"也是指社邑成员。③ 在作者的另一篇文章《中古佛教政策与社邑转型》一文中,则进一步明确:关于北朝时期僧俗共组的佛教信仰组织,华北大部分地区称为"义邑",其成员为"邑义",而在今山东和山西二省的部分地区,称"法义",其成员叫作"法义"或"法仪"。④ 由此,便厘清了北朝义邑研究中的一些关键性概念,避免了以后在进行相关问题的讨论时有关概念的误用和混用,也为该问题的研究奠定了坚实的基础。本文对于学界有关学术史的回顾,以"义邑"指称北朝时期的这类佛教信仰团体,便是采用刘淑芬先生的研究成果。

---

① 刘淑芬:《香火因缘——北朝的佛教结社》,黄宽重主编:《中国史新论:基层社会分册》,台北:联经出版事业股份有限公司,2009年,第249页。
② 刘淑芬:《香火因缘——北朝的佛教结社》,黄宽重主编:《中国史新论:基层社会分册》,第250页。
③ 刘淑芬:《香火因缘——北朝的佛教结社》,黄宽重主编:《中国史新论:基层社会分册》,第248、271页。
④ 刘淑芬:《中古佛教政策与社邑的转型》,《唐研究》第十三卷,北京大学出版社,2007年,第233页。

二、对义邑中各种职衔的讨论

对造像记及造像题名中的各种头衔的考察，是义邑研究中的又一个重点。义邑团体中的各种头衔和称谓极为复杂，这些称谓，有的是单一的，有的是复合式的，有的冠于僧侣的法号之前，有的则属于俗家信徒的头衔，而且不同义邑中的头衔，通常也存在差异，这种差异，可能是职责上的，也可能是称谓本身即存在差别，差异的产生，从大处着眼，可能与题记所在的时间和空间不同有关。不过，同一时空范围的职名和头衔亦容有不同。一般情况下，"名"与"实"通常存在一定的映射关系，但北朝时期，即便是同一称谓，在不同的信仰团体中，所起的作用可能也不尽相同。与此相对，拥有不同头衔的义邑成员，在各自的义邑中，却有可能履行同一职责，这便加剧了原有的混乱状态。

王昶在《北朝造像诸碑总论》中曾经列举过造像团体中的诸多头衔，但并未进行详细的界定和区分。20世纪90年代，郝春文先生做了很多有益的探讨。他在《东晋南北朝佛社首领考略》一文中，通过广泛搜集材料，并列表统计，在对邑主、维那、化主、邑师、像主、塔主、斋主、香火、典坐、典录、邑中正、邑正、邑长、录事、邑老等头衔进行综合研究后指出：东晋南北朝佛社的首领虽然名目较多，但流行较广的则相对较少。对于义邑中名目繁多的首领，大体可以分为两类：一类是在佛事活动中建功德而产生的功德主；另一类可视为正规的佛社首领，主要受佛教和世俗官职的影响产生。受佛教影响的头衔还可以进一步划分，有一部分是受僧官名称影响而来，另一种移植自佛教寺院出资建功德者的称呼。文章对于北朝造像记中出现的诸多头衔进行了界定，指出其在造像团体中的地位和作用，在大陆史学界，尚属首次，其筚路蓝缕之功，不容抹杀，而且作者敏锐地意识到同一头衔在不同团体中的地位也存在着微妙的差别，颇具真知灼见。但是，由于该文刊布较早，虽属该领域的奠基性文章，亦有一些问题应该引起注意：文中将某些头衔，如寺主、寺邑主、邑主等头衔不加区分，混为一谈；认为邑正为邑中正的简称，也值得商榷。

刘淑芬在前者的基础上更进一步，将北朝华北地区造像碑上的头衔分为五个类别：（一）义邑的职事；（二）宗教专职人员，包括邑师、门师、比丘、比丘尼和沙弥等；（三）在造像和有关活动中出资较多者，主要有三种：1.在造像活动中出资建造佛、菩萨像的各种"像主"，2.与寺院有关的头衔，3.负担仪式和斋会费用者；（四）复合式的头衔；（五）义邑的成员。在阐述负担仪式和斋会费用这部分头衔时，作者指出，义邑执事中的"中正"一职，系借自州郡选举的职官，因此，造像题名中所见的"中正"，必须仔细分析它究竟属于州郡职官，还是义邑的职事。凡是"中正"前附有郡、邑之名者如"邑中正""郡中正""都邑中正"都是朝廷官属，多以当地大族担任，而作为义邑执事的"中正"前面没有任何限定词。[①]

与对于义邑的整体性指称一样，学者早就注意到义邑中的头衔存在地域性的差别，其首领在不同时期、地域以及同一时期不同地区称呼不一。[②]刘淑芬先生也敏锐地注意到，义邑本身具有地域特色，义邑中的各种职事也因之蒙上了浓厚的地域色彩，关陇地区的义邑执事名称便深受地域影响：首先，部分执事头衔杂有道教因素，如典录、弹官、邑日、邑谓、邑胄、邑胥等称谓仅见于此地。其次，义邑成员在北方多数地区称为"邑子"或"邑义"，在山东地区则多称"法义"或"法仪"，在甘肃地区又别称为"邑生"。再次，

---

① 刘淑芬：《香火因缘——北朝的佛教结社》，《中国史新论：基层社会分册》，第263~267页。
② 郝春文：《隋唐五代宋初佛社与寺院的关系》，《敦煌学辑刊》1990年第1期。

陕西地区部分僧尼题名仍具俗家姓氏。①

相邻地区之间，义邑职衔也会相互影响。"法义"之称多见于山东地区，偶见于山西，主要是因为二者毗邻，相互渗透。此外，在河南也有少数称"法义"的之例。山东义邑的执事较为简单，主要包括"维那""维那主""都维那"三种，而"维那主"之衔更具有特殊性，仅见于此地，他处未见。②

刘氏对义邑中纷繁芜杂的称谓进行分类整理，并从地缘角度尽可能确定其归属，一改过去将见之于石刻中的所有头衔皆混在一起从而导致的混乱和无所适从。事实证明，这种思路是行之有效的，也最大限度地廓清了研究者眼前的迷雾。解决了相关概念，才有可能保证学界的研究在同一视域和维度之内开展，并逐渐消除"各执己念"导致的各种错谬。

三、北朝义邑流行原因、时间、地域、主要活动与性质

研究者们对于义邑本身的考察，自20世纪30年代开始，到现在为止，一直都在进行。目前涉及的主要有北朝义邑流行的原因、时间、流行地域、义邑的主要活动，以及义邑的性质等，现分述如下。

关于这一时期义邑组织兴起和发展的原因，前贤早有论述。塚本善隆从维护国家统治的角度，对这一问题予以切入。认为北魏自道武帝以后，为了加强对新征服地区的统治，采取以僧侣教化民众的政策，使得僧人深入民间，传道布教，这无形中促进了义邑的发展。令僧人另立僧籍，由僧

---

① 刘淑芬：《香火因缘——北朝的佛教结社》，《中国史新论：基层社会分册》，第267~270页。

② 刘淑芬：《香火因缘——北朝的佛教结社》，《中国史新论：基层社会分册》，第254页。

官统辖,致使大量僧尼脱离国家管束,游行民间,也是造成义邑蓬勃发展的重要原因。① 刘淑芬也认为,北朝迄隋的佛教政策促成了佛教组织的兴盛,国家不严格限制寺院和僧人的数量,以僧官管理僧人,以及僧俗往来较为自由,都是造成义邑、法义遍及华北地区的因素。② 义邑的大量出现是佛教向世俗社会渗透的结果,同时也与统治者的支持与放任密切相关,这在学界已经形成共识。有学者指出,统治者对于佛教的支持是义邑蓬勃发展的主要助力,北朝虽然发生两次灭佛事件,但太武帝灭佛时义邑组织尚未兴起,北周武帝灭佛对这类团体产生了影响,随着佛法的复兴,这种影响也日趋衰微。③ 不过,作者认为不论南北的统治者,出于利用佛教稳定统治的考虑,皆对民间的信仰团体采取放任态度,则与事实相悖。究其根源、主要在于将高僧大德与士大夫组成的佛社与民间流行的义邑混为一谈,事实上,如前所述,二者无论在功能还是组成上都存在差别,将佛社与义邑等量齐观,必然导致结论出现偏差。刘淑芬从南北对比的角度,对北朝义邑盛行的原因进行了探析,认为东晋南朝实行符伍连坐制度,导致南方义邑组织不彰,但同一时期的北方则无此类限制,因此佛教义邑遍布当时的城市和乡村。④ 相对而言,这种看法无疑更为中肯。此外,林保尧也从经典影响与图像风格等角度入手,剖析造邑风潮席卷华北之因由,对于法华经

---

① [日]塚本善隆:《塚本善隆著作集》第二卷《北朝仏教史研究》,东京:大东出版社,1974年。
② 刘淑芬:《中古佛教政策与社邑的转型》,《唐研究》第十三卷,北京大学出版社,2007年,第234页。
③ 郝春文:《东晋南北朝时期的佛教结社》,《历史研究》1992年第1期,第101页。
④ 刘淑芬:《从造像碑看南北朝佛教的几个面向——石像、义邑和中国撰述经典》,林富士主编:《中国史新论:宗教史分册》,台北:联经出版事业股份有限公司,2010年,第234页。

的流行在义邑组建过程中的作用给予特别关注。①

现有材料表明，义邑在中古时期的北方极为流行，至于其流行的时限，《东晋南北朝时期的佛教结社》一文中持如下观点：自公元500年以后，北方的佛社始终保持旺盛的发展势头。特别是北齐治下的地区，由于统治者倾心佛教，且对佛教影响下的民间社团持支持态度，这类组织大量出现。北周的情况起初与北齐相同，但北周武帝灭佛期间，佛社受到打击。北周灭齐之后，原北齐辖区亦受此影响，直到6世纪末，再未发现此类团体活动的痕迹。②崔峰则在上述结论的基础上进行了细化，文章通过对石刻中合邑造像之例列表统计，得出如下结论：北魏后期是佛社组织兴起和发展的时期，其发展时期在520至574年之间，北周武帝灭佛之前的几年，灭佛运动波及整个北方之后，合邑造像便日趋罕见，隋唐以后，这类组织便不再流行。③总之，关于义邑的兴起、发展、兴盛、衰落时间，二者看法大同小异，对义邑发展骤然出现转折的原因，持论亦同，都认为北周武帝灭佛对民间的义邑组织产生毁灭性的打击，而且其余波所及，甚至延续至隋唐。

义邑不仅流行时段较长，流行区域也比较广。根据石刻呈现出来的信息，有学者发现，义邑组织兴盛的地区，主要有河南、陕西、山东等地。④山东、关陇皆为义邑盛行之处。⑤也有学者总结，从造像铭记来看，关中地区和山西东南部义邑组织最为发达，并与同时的北齐中原地

---

① 林保尧：《法华造像研究：嘉登博物馆藏东魏武定元年石造释迦像考》，台北：艺术家出版社，1993年。
② 郝春文：《东晋南北朝时期的佛教结社》，《历史研究》1992年第1期，第101页。
③ 崔峰：《论北周时期的民间佛教组织及其造像》，《世界宗教研究》2011年第2期，第28~29页。
④ 郝春文：《东晋南北朝时期的佛教结社》，《历史研究》1992年第1期，第92页。
⑤ 刘淑芬：《香火因缘——北朝的佛教结社》，《中国史新论：基层社会分册》，第255~260页。

区交互影响。①

一个社会的物质条件、道路设施、交通水平以及信息传播速度，对于信众的集结具有决定性的影响，这在一定程度上也决定了义邑的规模不可能无限制地扩张。北朝时期，虽然城市与乡村皆不乏这类信仰团体，但就其数量而言，尤以乡村地区为多。②而乡村中的义邑，大部分"是以一村或者相邻几个村的民众组合在一起的"，有的组织甚至"超过了千人规模"。③北朝的义邑固然不乏跨州连郡的结合，但这种情形极为罕见。

关于义邑从事的活动，学者也已做过不少研究。北朝的义邑，以造像、开窟、建塔、立寺、做斋、写经、诵经等与信仰有关的活动为主，此外，在佛法的感召下，也进行一些修桥、铺路、凿井、种树等公益性质的活动。山崎宏在对北魏初期华北地区以在家佛教徒为主的义邑群体进行界定时，就指出，该团体是为雕凿佛像、营建窟院、举行斋会、写经、诵经等事，特别是为了造像、设斋等活动出资而结成的组合。④那波利贞站在长时段的视角，较早注意到北朝至隋唐义邑组织所从事活动的变化：唐以前的义邑组织倾向于造像、开窟、修窟等实行；中唐以后义邑，较多从事设

---

① 崔峰：《论北周时期的民间佛教组织及其造像》，《世界宗教研究》2011年第2期，第29页。
② 刘淑芬：《从造像碑看南北朝佛教的几个面向——石像、义邑和中国撰述经典》，林富士主编：《中国史新论：宗教史分册》，台北：联经出版事业股份有限公司，2011年，第242页。
③ 崔峰：《论北周时期的民间佛教组织及其造像》，《世界宗教研究》2011年第2期，第28页。
④ [日]山崎宏：《支那仏教史の展開》，东京：清水书房，1947年，第767~768页。

斋、诵经、写经、印沙佛等活动。①松本文三郎也注意到造像活动在不同时期的义邑中存在消长关系。北朝及隋,义邑的造像活动随处可见,初唐以后,形势随之一变,雕佛造像逐渐减少,刻写经幢日益增多。②与佛事直接相关的活动之外,义邑也承担一些公益性、慈善性的社会活动。张总先生根据造像碑中承载的信息,对北朝义邑所开展的建义桥、凿义井等活动进行了考察;③颜尚文先生则认为,移徙至帝国边疆的李氏豪族,所从事的建造佛寺、僧坊、讲堂等活动,以及在村落之外凿井、种树等公益行为,皆在"法华思想"的感召下进行;④刘淑芬先生则以《佛说诸德福田经》和《像法决疑经》的流行为背景,探索北朝义邑中的佛教徒热心于各种公益事业的精神动力。⑤罗操则对义邑所从事福利事业的客观效果颇为关注:建桥、铺路,维持河谷、道路通畅,便于往来过客行走,并可与其他村邑有效联动;于村聚外之要道旁凿井、种树,既方便行人休憩止渴,又能将外来威胁阻挡于聚落之外;设置义冢以埋葬无名尸骨,供应义餐以救济饥民等,实为为维持地方稳定有序所做出的努力。⑥以上研究,涉及义邑活动的内容、功能、变化、思想背景以

---

① [日]那波利贞:《佛教信仰に基きて組織せられたる中晚唐五代の社邑就きて》(上、下),《史林》第24卷,第3、4号。
② [日]松本文三郎:《支那佛教遺物》,东京:大鐙阁,1919年。
③ 张总:《义桥·义井·义邑——造像碑铭中所见到的建义桥、掘义井之佛事善举》,《世界宗教文化》1997年第4期。
④ 颜尚文:《法华思想与佛教小区共同体——以东魏〈李氏合邑造像碑〉为例》,《中华佛学学报》第10期,台北:中华佛学研究所,1997年。
⑤ 刘淑芬:《慈悲清净:佛教与中古社会生活》,台北:三民书局,2001年,第16~30页。
⑥ 罗操:《论北朝时期的民间组织与地方自治——以造像记为中心》,《郑州大学学报》(哲学社会科学版)2019年第3期。

及对于乡里社会的影响等，对于窥见佛教"下沉"至乡里社会的途径颇有助益。

义邑通常有僧侣参与其中，僧侣有的是团体中的普通成员，有的则承担指导义邑中各种活动的重任，可以说是义邑中的精神领袖。因此，关于义邑的性质，有学者认为是寺院的外围组织，其成员不仅是寺院经济与劳动力的来源，也是该寺院的信徒，寺院通过深受信众仰慕的高僧大德组织、控制和利用义邑，再藉由义邑组织达到控制邑众的目的，从而使信仰通过潜移默化的方式，渗入民间。① 这种看法在学界影响很大，如崔峰便在自己的文章里表达了类似看法，认为在造像活动中，邑师通常为寺院内的高僧，承担了指导信众造像的职责，以此而言，这类组织与寺院存在着较为稳定的内部联系。② 但近几年也有学者提出不同看法，认为将义邑一概视为寺院的外围组织，值得商榷，"部分邑义系在寺院僧人指导下建立，与寺院关系密切，将其视为寺院的外围组织固无不可。但是，僧侣之弘法并非限于一地一隅，尚有游化之形式。受这些游方僧人影响而建立的邑义，恐非寺院外围组织"。③

四、与北朝义邑相关的几个专题

现有的研究成果，主要围绕若干主题展开，具体而言，涉及以下几个

---

① 郝春文：《东晋南北朝时期的佛教结社》，《历史研究》1992 年第 1 期，第 95~96 页。又见氏著《中古时期儒佛文化对民间结社的影响及其变化》，第 203 页。
② 崔峰：《论北周时期的民间佛教组织及其造像》，《世界宗教研究》2011 年第 2 期，第 29 页。
③ 覃晓磊：《山西地区北朝佛教邑义研究》，硕士学位论文，华东师范大学，2016 年，第 21 页。

方面。

  义邑具有一定的地缘基础，这是毋庸置疑的，[①]以地缘为基础的义邑，便不可避免地带有地域特色。如前所述，随着地域的转换，无论石刻中对于义邑这种建立在共同宗教信仰上的民间社群的具体称呼，还是义邑中的各种职名和头衔，以及内部的组织结构，皆存在差别。因此，不加区分，将同一时期各个地区的义邑置于同一主题之下进行讨论，便不再合宜。基于这种考虑，近些年来，以某一地区为中心的研究成果日益增多。如黄志成《四至六世纪山东地区佛教之研究——以寺院、僧侣与义邑为中心》、[②] 杜正宇《西魏北周时期具官方色彩的佛教义邑》、[③] 崔峰《北周民众佛教信仰研究》、[④] 唐成良《南北朝时期山东地区民间造像组织研究——以造像记为中心》、[⑤] 覃晓磊《山西地区北朝佛教邑义研究》、[⑥] 田耀中《西魏、北周时期的佛教义邑研究》[⑦] 等，以上研究，其时间断限，凡涉及西魏、北周，或者单以北周为期的，受政权的疆域范围限制，实际皆以关中地区的义邑为主要研究对象，因此，也打上了地域的烙印。由此，上述研究，或者关注于山

[①] 郝春文先生即认为，邑、邑义等名词虽然不是地域概念，但佛社的结合仍然是以地域为基础。郝春文：《东晋南北朝时期的佛教结社》，《历史研究》1992年第1期，第91页。

[②] 黄志成：《四至六世纪山东地区佛教之研究——以寺院、僧侣与义邑为中心》，硕士学位论文，嘉义：中正大学，1994年。

[③] 杜正宇：《西魏北周时期具官方色彩的佛教义邑》，台北：花木兰文化出版社，2010年。

[④] 崔峰：《北周民众佛教信仰研究》，硕士学位论文，兰州大学，2006年。

[⑤] 唐成良：《南北朝时期山东地区民间造像组织研究》，硕士学位论文，曲阜师范大学，2014年。

[⑥] 覃晓磊：《山西地区北朝佛教邑义研究》，硕士学位论文，华东师范大学，2016年。

[⑦] 田耀中：《西魏、北周时期的佛教义邑研究——以造像记为中心》，硕士学位论文，吉林大学，2019年。

东，或者聚焦于山西，或者定位于关中，都属于区域研究的成果。从义邑所处的地理区位入手，结合周边环境和交通线路，并与传世文献中所记载的历史人物和重要事件相连接，从而做出别开生面的考述，而这，既是面对石刻材料自发做出的选择，也是对前辈学者提倡对义邑组织进行地域研究的一个回应。

义邑不但具有地缘特征，也无法脱离血缘的羁绊。尽管义邑组织在佛教信仰的感召之下，尽力接纳社会上各个阶层的人群，具有一定的外向性，但是，在中古时期，却很难摆脱血缘关系的束缚。宁可先生即指出，义邑"主要流行于黄河流域，一般按村邑或宗族组成"。[1]郝春文先生也有类似论断，认为鉴于两晋南北朝时期北方大族聚族而居的社会现状，当时由某一大族或者以某一大族为主的佛社为数不少。[2]黄怀德先生则在研究中引进社会学和人类学中关于"原群"和"复群"的概念。其理论依据为，一般建立在血缘或地缘基础上的社群，称为"原群"；此外，人群尚有其他聚合因素，如共同职业、共同宗教信仰和共同社会身份等，是为"复群"。十六国北朝时期的造像邑，作为一种复群，是在原群的根基之上，分化、发展而成的较为复杂的社会群体，只是在地域和宗族关系的基础上，又叠加了宗教信仰的因素。[3]总体说来，黄氏在地缘和宗教信仰之外，也未排除宗族关系对义邑的影响。杜正宇在考察西魏、北周时期具官方色彩的佛教义邑时，便阐明其著作中所指涉的大部分佛邑都含有宗族成分，但在宗族强弱之间，存在或隐或显的差别，有的表现得极其隐晦，倘若不进行细致考求，甚至难以辨别彼此之间存在同姓血缘联系。作者列举了几个具有代表性的例

---

[1] 宁可：《述"社邑"》，《北京师范学院学报》（社会科学版）1985年第1期。
[2] 郝春文：《东晋南北朝时期的佛教结社》，《历史研究》1992年第1期。
[3] 黄怀德：《汉唐民间结社研究》（上），台北：花木兰文化出版社，2010年。

证来说明这一问题，如毛遐、京兆杜氏及费氏宗族组成的义邑，宗族关系表现得比较显豁，而洛川地区佛邑的邑众之间，宗族关系便隐而不明。通过个案追本溯源，敏锐地捕捉隐含在史料中的各种蛛丝马迹，在看似孤立的事件之间建立有机联系，从而使对义邑的研究步入一个新的领域。

早期的义邑组织大多因应僧侣传道布教的需要而建，因而具有相当程度的自发性，随着时间的推移，地方上的豪强大姓逐渐意识到这类团体对区域社会产生的潜在影响，开始有意识地介入义邑的各种活动，并且尽力在其中起主导作用，僧侣的作用逐渐退居次要地位，甚至仅作为义邑中一个象征性的精神符号出现。为了更有效地探讨这一问题，日本学者所提出的"豪族共同体"概念被逐渐引介至义邑的研究当中。颜尚文先生的《法华思想与佛教小区共同体——以东魏〈李氏合邑造像碑〉为例》，[1]便涉及这方面的内容。该文甚至在"豪族共同体"的概念之下，另外创立了一个"小区共同体"来对自己探讨的对象加以界说。他认为，义邑团体的出现与"豪族共同体"密切相连，佛教在魏晋时期为社会上层所信受而得以顺利传播，"尤其在北朝地区更进一步为豪族共同体所接纳，出现了许多佛教'邑义团体'"，而他所提出的"佛教小区共同体"，便基于豪族的社会活动而成立，"乡里豪族共同体成员以佛教信仰为精神纽带，他们有共同的价值观念、共同的归属感与集体行为"，这些从事佛教活动的"小区豪族共同体"称为"佛教小区共同体"。杜正宇也认为，豪族作为构成北朝社会的重要基础，必然会插手义邑的组织与管理，并对当事人的生活产生影响。除了与世族宗族有关的义邑，在军事首长主导之下建立起来的佛教义邑，也存在这种情况。军事首长初临某地，为了强化与地方势力的联系，往往通过组建佛

---

[1] 颜尚文：《法华思想与佛教小区共同体——以东魏〈李氏合邑造像碑〉为例》，《中华佛学学报》第10期，台北：中华佛学研究所，1997年。

教义邑的方式，利用豪族的人际网络，与邑众相连接。侯旭东先生则与以上学者持论有异，在对并州乐平郡安鹿交村进行个案研究时，就阐明该村未见以"姓氏"为纽带组织活动，组织者也不属于村中的大姓，如果依据"豪族共同体"理论，该村是个例外。[1]此外，在讨论"造像记所见民众的国家观念与国家认同"时，再次重申，对豪族的重视令研究者忽视了朝廷与其他力量在地方上所起的作用，而且"豪族共同体"能在多大程度上揭示这一时期地域社会的特点亦有待于商榷。[2]

因宗教信仰而结成的社会群体，必然受到有关教理、教义的影响。佛教作为一种制度性的宗教，具有一定的开放性，其信众也拥有相当大的自主性，黄怀德探讨了使义邑成员得以聚合在一起的动机、需求，将该问题的研究引入社会心理领域，颇具新意。[3]他认为，民间结社的出现展示了群众的生机、活力和自组织能力，但是这种社群能否发展出社会所习用的组织规则，能否长久运作，而非人存政举，人亡政息，端赖有力人士是否出面号召、主持，但不管怎样，这类团体是"不具官方色彩"的。杜正宇则反其道而行，其著作《西魏北周时期具官方色彩的佛教义邑》采取区域研究的方式，并顺应资料本身的特点，对西魏、北周时期与世族宗族有关的佛邑、与军事首长有关的佛邑、与军事团体有关的佛邑以及与少数民族有关的佛邑进行了探讨。其中，与军事首长和军事团体有关的佛邑具有明显的官方色彩。前者的产生主要源于地方长官调任一地，需要与地方势力尤

---

[1] 侯旭东：《北朝村民的生活世界：朝廷、州县与村里》，商务印书馆，2005年，第247~248页。

[2] 侯旭东：《北朝村民的生活世界：朝廷、州县与村里》，商务印书馆，2005年，第266页。

[3] 黄怀德：《汉唐民间结社研究》（上），台北：花木兰文化出版社，2010年。

其是当地的大族合作，从而在地方上扎牢根基；后者则主要是为了强化将士之间的相互关联，在军队的上下级关系之外，也因宗教信仰的护持，浸染出温情脉脉的同袍之谊。①

义邑作为一个宗教信仰团体，信众所从事的各种活动，也与信仰存在密不可分的联系，但在现实生活中，义邑所发挥的功能，已经超出了信仰团体本身，对当时的社会产生了多方面的影响。刘淑芬先生在《五至六世纪华北乡村的佛教信仰》一文中较早对此予以揭橥，指出华北乡村的民众从事造像，共组义邑、法义等社会群体，进行公共建设及慈善事业，在这个过程中，无形中促进了社会的整合，推动了公共建设，解决了一些社会问题。诚然，该文阐释的对象为佛教，但叙述佛教对乡村社会的整合作用时，则以义邑作为发挥这一功能的中间介质，因此说是义邑具有这一功能似也并无不妥。此后陆续有学者在此基础上进行发挥、补充和延伸，如侯旭东先生在《五六世纪北方民众佛教信仰——以造像记考察》一书中，在探讨民众信仰的社会影响时，采用了刘文的观点：在不同姓族的胡人杂居共处的村落里，佛教是消泯民族界限的功臣。但在材料上进行了扩展，除了关中，还补充了河南、山东等地区的造像资料，以证明这种影响并不限于关中，而是对北方的其他地区皆有辐射。此外，对于造像活动之所以能够发挥这样功能的原因，加以展开，并指出佛教的传播与风行，缓和了社会上上、下层之间的冲突，成为连接社会上下的纽带。②尚永琪先生亦在探讨4至6世纪佛教传播背景下的北方社会群体时，专门讨论了义邑组织对北方社会的整合作用。就义邑的内部结构而言，涉及"本村落中或者不同村落中的不同家族之间的势力

---

① 杜正宇：《西魏北周时期具官方色彩的佛教义邑》，台北：花木兰文化出版社，2010年。
② 侯旭东：《五六世纪北方民众佛教信仰：以造像记为中心的考察》（增订本），社会科学文献出版社，2015年，第306~309页。

调和；捐钱捐物数目不同者之间的调和；对乡村中实力人物与一般邑子等成员差别的调和"。① 以上研究从不同方面推进了义邑对北方社会产生的整合作用这一命题，对后续研究提供了基础与参照。近年来，仍有学者不断关注并跟进这一问题，如覃晓磊在吸收上述研究成果的同时，亦认为此前的研究忽略了其他存在差异的社会群体，如土著与移民。② 此外，又以个案为中心，总结了义邑在官员与平民之间所起的缓冲作用。③ 以上研究，通过个案的考察，照见群体的一般现状，无疑起到了管中窥豹之效。

民族融合可以说是体现义邑整合作用的一个侧面。关于十六国北朝时期的民族融合，过去的研究主要基于传世文献，造像记的材料为我们提供了另外一重证据。对此涉及较早的，如马长寿先生，在《碑铭所见前秦至隋初的关中部族》一书中使用关中地区出土的造像记，通过若干具有典型意义的造像题记和题名，对此予以揭示。文中指出，关中地区的造像题名显示，北朝时期，当地有不少胡族与汉族交错杂居，互相通婚，并且组织义邑，参加造像。④ 刘淑芬认为，这些信仰群体具有社会伦理整合的功能，其中一个重要的方面即体现在村落之内不同族姓之间的联结，⑤ "不同族姓"，既包括不同家族、宗族，不同姓氏，实际上，也涉及不同的民族、种族。侯旭东在论及北朝造像的影响时，也谈及这一点，"在很多地区，基于共同的信仰，不同姓族的信徒可以逾越民族畛域，组成社邑，共同从

---

① 尚永琪：《3~6世纪佛教传播背景下的北方社会群体研究》，科学出版社，2008年，第267~270页。
② 覃晓磊：《山西地区北朝佛教邑义研究》，硕士学位论文，华东师范大学，2016年。
③ 覃晓磊：《山西地区北朝佛教邑义研究》，硕士学位论文，华东师范大学，2016年。
④ 马长寿：《碑铭所见前秦至隋初的关中部族》，中华书局，1985年，第91页。
⑤ 刘淑芬：《五至六世纪华北乡村的佛教信仰》，林富士主编：《礼俗与宗教》，中国大百科全书出版社，2005年，216~256页。

事造像供养活动。在这种共同活动的作用下,民族界限与差异自然会逐步弱化,走上相互融合之路"。①杜正宇在探讨与少数民族有关的佛邑时,也专就佛教组织与民族融合的关系进行了考索,他认为,在北朝的政教体制下,佛教信仰的风行,以及在此基础上组成的信仰团体,对渭北羌民的同化过程,尤其具有独特贡献。②随着时间的推移,渭北地区不同的族群之间,已经结成"政治共同体",西魏、北周时期边境的羌乱并未延及渭北,与义邑的"同化"之功不无关系。③

义邑作为一个地缘性的社会组织,可以说是一个管道,能够借此窥见地域社会内部的权力结构和不同群体之间的互动。侯旭东通过并州乐平郡石艾县安鹿交村从北魏至隋初的五方造像记,对安鹿交村进行了个案研究,发现当地的居民有土著也有移民,主客关系较为融洽,因而能够相互联姻,并且共组佛事活动。但由于没有形成稳固的中心,发起人号召力有限,没有人有足够的威望与影响力将村内所有信众都动员起来。④这种以个案为基础,探索区域社会的权力格局与不同群体之间的互动情况,并且予以深入解剖的研究方法,颇具示范意义。邵正坤认为,通过义邑组织宗教活动是地方精英整合村落的一个有效途径。一方面,信众们通过各种佛事活动,在地缘和血缘关系的基础上,建立神缘纽带,有效促进了社群内部的团结;另一方面,通过

---

① 侯旭东:《五、六世纪北方民众佛教信仰:以造像记为中心的考察》,中国社会科学出版社,1998年。
② 杜正宇:《西魏北周时期具官方色彩的佛教义邑》,台北:花木兰文化出版社,第131页。
③ 杜正宇:《西魏北周时期具官方色彩的佛教义邑》,台北:花木兰文化出版社,第133页。
④ 侯旭东:《北朝村民的生活世界:朝廷、州县与村里》,商务印书馆,2005年,第231~264页。

组建邑义团体，也在不同家族之间建立起利益冲突的缓和机制，有利于地域社会的和谐与稳定。①李林昊将由宗族、村落、寺庙与义邑相结合而形成的信众组织称为"复合邑义"，并探讨了以上要素之间的互动模式。②上述研究，可视为将石刻中所呈现的静态画面，转化为动态而有张力的微观场景的尝试。

在某种程度上，发起、组织或者参加义邑团体，是地方上的精英将自身势力在区域社会进行延伸和试探的一个绝佳途径，有野心与实力的人物也试图通过义邑这一外壳，对地方社会进行整合。③尚永琪先生就曾在探讨"村落视野中的乡村力量与国家权力"时指出，佛教在渗入乡村的过程中，"开始构建一个独立于国家专制体制之外的'小传统'"。④集结大量人众的活动，一呼百诺的现实，固然展现了基层社会的生机与活力，以及佛教这种传播方式在民间的巨大成功，但若从国家统治的视角考虑，又该如何看待及应对这股势力？大规模的集会和结社一直是国家所警惕的，并且试图加以控制。卢建荣先生便探讨了宗教信仰团体所居之地与国家控制

---

① 邵正坤：《北朝的村落与权力——以造像记为中心》，《社会科学战线》2014年第5期。
② 李林昊：《从血缘到地缘：论北朝群体造像记的发展演进——以家庭、宗族、村落和邑义等造像记为中心》，《河南社会科学》2020年第1期。
③ 郝春文先生曾有如下论断："佛社与佛社成员还往往会受到世俗封建统治者与豪强富户的控制与利用。这一方面表现在佛社之内富人和官僚往往会凭借自己的地位和财富把佛社控制在手中，使佛社的活动对自己有利。他们常借组织佛社从事造像活动为自己树碑立传。"（郝春文：《东晋南北朝时期的佛教结社》，《历史研究》1992年第1期，第98页。）
④ 尚永琪：《3~6世纪佛教传播背景下的北方社会群体研究》第九章《对佛教信仰群体所处的社会组织的考察》，科学出版社，2008年，第262页。

强弱之间的关系,①为相关问题的研究提供了一条别径。侯旭东则根据对义邑中的各种题名和头衔的考察,指出国家通过授予官爵名号以及进行旌异表彰等手段,"既保证了帝国官僚队伍的活力,也维持了帝国结构的活力与延续"。②罗操从功能主义的角度,对于民间佛教组织在乡村社会组织网络中所充当的角色加以总结,认为民间组织通过参加公共建设和举办社会福利事业,向官府展示自己的权威和力量,而政府为了维护自己的利益与权威,也在控制甚至瓦解民间组织,有效掌控地方的治理之权。③李林昊认为,在义邑的发展过程中,国家并非置身事外,无所作为,而是藉由对僧官与佛社首领的影响与管控,强化对民众的精神控制,由此,以佛驭民便成为实现统治的重要手段。④刘淑芬先生既关注义邑对于基层社会的整合,也措意于国家权威与佛教势力的碰撞与冲突。在讨论北朝涉及僧人的叛乱事件时曾多次提及,北方社会由僧俗自由组建的佛教信仰组织,为"佛教匪"的聚合提供了契机。⑤北魏十余起"佛教匪"叛乱事件显示,在

---

① 卢建荣:《从造像铭记论五至六世纪北朝乡民的社会意识》,《台湾师范大学历史学报》1995 年第 23 期。
② 侯旭东:《北朝村民的生活世界:朝廷、州县与村里》,商务印书馆,2005 年,第 365 页。
③ 罗操:《论北朝时期的民间组织与地方自治——以造像记为中心》,《郑州大学学报》(哲学社会科学版)2019 年第 3 期。
④ 李林昊:《从血缘到地缘:论北朝群体造像记的发展演进——以家庭、宗族、村落和邑义等造像记为中心》,《河南社会科学》2020 年第 1 期。
⑤ 刘淑芬:《从造像碑看南北朝佛教的几个面向——石像、义邑和中国撰述经典》,林富士主编:《中国史新论:宗教史分册》,台北:联经出版事业股份有限公司,2011 年,第 257 页。

释风吹熏的社会背景之下，佛教教团是"佛教匪"聚结的纽带，①因而必然引起国家的警觉，甚至予以严厉打击。该研究事实上也为北魏太武帝灭佛和北周武帝毁释的缘由提供了另外一条思路。

  北朝的义邑大多由男性领衔聚合，义邑中的成员亦多为男性，但这并不意味着女性在有关的佛事活动中无所作为。大量石刻揭示，女性信徒是礼佛大军中不可忽视的重要组成部分，由女性组成的义邑群体，在当时的社会也并不鲜见。郝春文就曾指出，"除了在相当数量的佛社内有女人参加外，由女人自己组织的佛社也有一些"，②并先后与宁可合撰《北朝至隋唐五代间的女人结社》③及独撰《再论北朝至隋唐五代宋初的女人结社》④两篇文章，虽然讨论的对象为中古时期的"女人结社"，但涉及北朝内容颇多，开对北朝时期女性义邑群体进行综合研究之先河。根据这两篇文章的论述，不难看出，女性佛教义邑与以男性为主体的义邑在兴起时间、原因、性质、一般规模、首领称谓、组织结构以及地域性特点方面并无太大差异，区别在于，女性结邑的原因除了信仰的驱动、统治者的支持，也与当时胡风盛烈，女性社会地位较高，并对家庭经济具有一定程度的支配权相关。比丘尼僧团的存在和有关优婆夷经典的译介与传播，亦对女性结邑提供有力推动。此外，女性义邑团体中成员的称呼也与由男性主导的义邑存在差别，其成员有的称邑母、母人抑或直书某某母，据学者推测，她们"应是中老

---

① 刘淑芬：《从民族史的角度看太武灭佛》，《中古的佛教与社会》，上海古籍出版社，2008年，第35页。
② 郝春文：《东晋南北朝时期的佛教结社》，《历史研究》1992年第1期。
③ 宁可、郝春文：《北朝至隋唐五代间的女人结社》，《北京师范学院学报》（社会科学版）1990年第5期。
④ 郝春文：《再论北朝至隋唐五代宋初的女人结社》，《敦煌研究》2006年第6期。

年女性，达到了被尊重、孝顺的年龄"。①作为两篇跨越较长时段的文章，也从历时性的角度，对北朝至隋唐以后"女人邑"的发展趋势进行了勾勒：北朝时期女性结邑目的一般是造像祈福，隋唐以后的女人社已经罕有佛教色彩，具有明显的结邑互助性质。与以上变化相联系，其主要活动也逐渐与佛事无关。②

  刘淑芬先生在《五至六世纪华北乡村的佛教信仰》一文中，也分出笔墨，对乡村妇女在这类信仰团体中的角色进行考论，指出乡村妇女在这类团体中非常活跃，而华北妇女之所以有能力捐资造像，除了受"恒代遗风"渐染，她们在纺织方面的才干，使其在家庭手工业和家庭经济方面做出独有的贡献，对社会事务的积极参与，也让她们能够胜任义邑的组织和领导工作。尚永琪先生在其著作中辟有专章对4至6世纪佛教传播背景下的北方妇女予以详考。认为当时的女性参与佛教活动，主要有三种方式，其中一种即随邑义或法义活动。③正是对义邑或者法义活动的参与，对4至6世纪的北方妇女产生了前所未有的影响。

  除了以上研究成果，尚有其他一些论著与论文也不容忽略。如吴玲君《北朝妇女佛教信仰活动——以佛教造像铭为例》、④石越婕《北魏女性造像记

---

① 郝春文：《再论北朝至隋唐五代宋初的女人结社》，《敦煌研究》2006年第6期。
② 宁可、郝春文：《北朝至隋唐五代间的女人结社》，《北京师范学院学报》（社会科学版）1990年第5期。
③ 尚永琪：《3~6世纪佛教传播背景下的北方社会群体研究》第六章《4~6世纪佛教传播背景下的北方妇女》，科学出版社，2008年，第133页。
④ 吴玲君：《北朝妇女佛教信仰活动——以佛教造像铭为例》，硕士学位论文，嘉义：中正大学，1997年。

整理及研究》，①牛驰《北魏女性在家佛教徒研究——以造像记为中心》，②李林昊《渗透与分离：北朝女性群体造像记探微》③等，研究内容皆涉及由女性信徒组成的佛教义邑。

由女性组成的义邑，对于置身其中的女性信徒的意义亦为学者关注的重点。郝春文先生一方面认为，在思想文化层面上，女性结社属于家庭居于强势地位的女性，对于社会上男性结社行为的模仿，因此其在"性别史上的意义，不能做过高的估计"。另一方面，亦不否认，这类组织和活动虽然大多并未强调女性特征，但"其结社行为仍然可以看作是女性性别意识觉醒的征兆"。④尚永琪先生则对佛教之于北朝女性的意义予以充分肯定，认为参加义邑的佛事活动，使得在庸常生活状态下的女性有一个得以在历史上记录的机会，并在一定程度上消解了传统社会对于女性的角色限定，使她们走出家门，开始群体性活动，其中某些活动还突破了乡村社会的畛域限制，"赋予妇女以独立的宗教性社会人格"。⑤

义邑是女性在中古时期突破"第二性"的社会职责和身份构建，投身社会的一个契机，学者们的考察对于全方位了解中古时期女性的社会角色和地位，提供了基本坐标和参照系。

---

① 石越婕：《北魏女性佛教造像记整理及研究》，硕士学位论文，中山大学，2016年。
② 牛驰：《北魏女性在家佛教徒研究——以造像记为中心》，硕士学位论文，吉林大学，2017年。
③ 李林昊：《渗透与分离：北朝女性群体造像记探微》，《中原文化研究》2019年第3期。
④ 郝春文：《再论北朝至隋唐五代宋初的女人结社》，《敦煌研究》2006年第6期。
⑤ 尚永琪：《3~6世纪佛教传播背景下的北方社会群体研究》第六章《4~6世纪佛教传播背景下的北方妇女》，科学出版社，2008年，第131~133页。

五、结语

综前文所述,关于北朝时期以共同宗教信仰为基础的社会组织——义邑,学者已经进行了多方面的探研。这些研究,再现了由于史载有阙而被遮蔽的历史现象与社会人群,颇具补史之功。同时,充分利用石刻材料,并尽可能地与传世文献相勾连,拓展了中古社会史的研究领域。更重要的是,使对于民间社群的研究进入微观领域,开辟了新的研究格局。

就内容而言,成果主要集中于对与"义邑"相关的概念的界定,对于义邑中各种职名和头衔的考察,对于义邑组织流行时间、地域、规模、从事活动、团体性质等方面的总结,对于这些问题,学界的看法有的趋同,有的则存在分歧,有的在讨论中达成共识,有的则依然处于论辩之中。

与义邑相关的几个重要主题,也一直是学界关注的焦点。这其中,义邑作为地缘性社会组织,它的地域性特征,成为学者选题和展开论述的良好切入点。在大族居于主导地位的中古时代,这一群体也难免受到血缘关系的羁绊,宗族在这一群体中起到或隐或显的作用。更有学者将"豪族共同体"的观念引进义邑的研究领域,探究"名望家"在佛教传播过程中的贡献,及其借义邑组织的外壳对地方社会的整合。国家与民众之间的互动,也可以在义邑的研究之中得以窥见。民众通过组织义邑、雕佛造像、写经做斋等,向国家和统治者表达孝思忠忱,国家则透过义邑,以佛教为依托,实现对基层社会的管控。此外,由于女性在信、行、解、证等方面对佛教表现出丝毫不亚于男性的赤诚,女性义邑群体也大量出现,对于由女性组成的佛教义邑,以及参加义邑组织之于北朝女性的意义和影响,亦为学者关注的焦点。

由于造像记本身的特点,在具体的研究策略上,大多数学者采取个案分析的方式,即便是综合性的研究,也难免对个案的剖析,这可能也是以后研究的主流。在研究内容上，对义邑中官、僧、民三者之间的互动，以及义邑组织中各种权力的博弈和消长，越来越引起学者的注意。此外，区域性的研究成果越来越多，并将成为以后研究的一个主要发展趋向。

总之，学界对于义邑组织的研究涉及多个层面，与对北朝的政治、军事、经济、宗教、思想文化等方面的考察也产生了整体性的联动。已出版的著作和论文，对于体察基层社会、民间社群以及国家治理，皆有建树。本文对于学界现有研究成果的引用，难免挂一漏万，对于研究方法、材料的使用以及相关结论，也大多不做述评，只是希望对现有的研究进行力所能及的回顾，以明确下一步研究的发展方向。

区域史视野下汉晋时期荆南地区研究述评

崔启龙

荆州为古九州之一,《禹贡》云"荆及衡阳惟荆州",孔安国注曰"北据荆山,南及衡山之阳",①为古荆州划定了大致的地理范围。汉武帝元封五年"初置刺史部十三州",以设置监察区的形式明确了荆州所指代的界域,此后东汉和西晋荆州疆界虽然屡有调整,但主体部分大致不出初置荆州刺史部时的范围。荆州地域广大,纵跨长江南北,辖下政区可分为江北和江南两大区域,两汉时期,江北有南阳、南郡、江夏三郡,②江南则有长沙、武陵、零陵、桂阳四郡。以往治汉唐区域史之学者,常将"荆州""荆楚"视为一个

---

① 〔汉〕孔安国传、〔唐〕孔颖达正义:《尚书正义》卷第6《夏书·禹贡》,〔清〕阮元校刻《十三经注疏》清嘉庆刊本,中华书局,2009年,第313页。
② 东汉末年曾于荆北分置章陵郡,事见《后汉书·刘表传》章怀太子注引《汉官仪》,见《后汉书》卷74《刘表传》,中华书局点校本,1965年,第2420页。相关研究可参靳进:《东汉末年荆州八郡考》,《襄樊学院学报》2009年1期;周振鹤、李晓杰、张莉:《中国行政区划通史·秦汉卷》第十一章《荆州刺史部所辖郡国沿革》,复旦大学出版社,2016年。第951~952页。此处所言荆北三郡,是就两汉大多数时间的政区建制而言。

整体，抑或使用"长江中游""江南"等地理概念总括之。①但实际上，由于在发展程度、风土人情等方面存在差异，荆州江南、江北两区域自先秦以来就是相对独立的存在。

楚立国于江汉之间，国都丹阳和郢都皆位于这一地带，江北之地自然是其着重经营的对象。至于江南，则要到春秋中晚期或战国时期才纳入版图。②相较而言，江南无论是政治、经济还是文化地位均远逊于江北，故饶宗颐有云，楚虽有洞庭、苍梧，但"仍属南蛮，故称难治，惟其在楚为遐壤，于是以为黜臣窜逐之所"，③最有名的事例莫过"屈原放于江南之野"，其后楚汉之际项羽迁楚义帝于郴，也是显证。西汉司马迁在《史记·货殖列传》中按风俗和物产将故楚地分为三，其中将江南之楚称为"南楚"，包括长沙、豫章等广大地区，而与长沙一江之隔的南郡则属"西楚"的范围，

---

① 如黄惠贤、李文澜主编：《古代长江中游的经济开发》，武汉出版社，1988年；牟发松：《唐代长江中游的经济与社会》，武汉大学出版社，1989年；卢云：《汉晋文化地理》，陕西人民教育出版社，1991年，第183页；黄今言主编：《秦汉江南经济述略》，江西人民出版社，1999年；方高峰：《六朝政权与长江中游农业经济发展》，天津古籍出版社，2009年；王玲：《汉魏六朝荆州地区的经济与社会变迁》，中国社会科学出版社，2010年。

② 可参左鹏：《楚国历史地理研究》第二章第二节《楚国的疆域》，湖北教育出版社，2012年，第64~65页。考古学研究则对楚人进入荆南的时间有不同意见，详参高至喜：《从考古发现看楚人进占湖南的历程》，《湖南省博物馆馆刊》（第十四辑），岳麓书社，2018年；胡平平：《楚文化南渐的考古学观察——以洞庭湖水系区东周秦代墓葬为中心》第五章《楚文化南渐过程研究》，博士学位论文，吉林大学，2019年，第201~222页。

③ 饶宗颐：《楚辞地理考》，收录于《饶宗颐二十世纪学术文集》第十一卷，台北：新文丰出版股份公司，2003年，第151页。

益可证二者之异。① 这一点也得到了考古资料的证实。② 至武帝时荆州刺史部建立，"北三郡"与"南四郡"划江并峙的格局以政区的形式确立下来。后者又被学者称为"荆南四郡"。东汉时期，刘秀龙兴于南阳，使得南阳郡在政治和经济上的地位得到进一步提升，荆北地区持续繁荣。而荆南在东汉中后期却屡遭蛮乱，使原本发展水平有限的荆南社会雪上加霜，进一步拉大了荆州南北的发展差距。

此外，在两汉人的观念中，也习惯于将荆州内部视作南北两个板块。如扬雄《方言》，就单独划定了"南楚方言区"，其范围与"荆南"差同。③ 再如《后汉书·冯绲传》云："又武陵蛮夷悉反，寇掠江陵间，荆州刺史刘度、南郡太守李肃并奔走，荆南皆没。"④ 按东汉荆州刺史治于武陵汉寿，"荆南"应即指荆州长江以南的区域。"荆南"还出现在当时的官文书中，《长沙东牌楼东汉简牍》中1105号木牍是临湘守令上呈长沙太守的文书，其中言"荆南频遇军寇，租芻法赋，民不输入，冀蒙赦令"，⑤ 王素将该文书定名为《荆南频遇军寇文书》，认为该文书时间大致在中平五年（188），其中

---

① 〔汉〕司马迁撰、〔南朝宋〕裴骃集解、〔唐〕司马贞索隐、〔唐〕张守节正义：《史记》卷129《货殖列传》，中华书局点校本，1982年，第3268页。
② 余静：《中国南方地区两汉墓葬研究》第六章第一节《两湖区地域文化特点及其形成原因》之"湘—鄂东分区"部分，博士学位论文，吉林大学，2009年，第160~163页。
③ 李恕豪：《扬雄〈方言〉与方言地理学研究》第十三章《南楚方言区》，巴蜀书社，2003年，第190~201页。关于《史记》《汉书》《方言》中文化分区的探讨，还可参见雷虹霁：《秦汉历史地理与文化分区研究——以〈史记〉〈汉书〉方言为中心》第二至四章，中央民族大学出版社，2007年。
④ 〔南朝宋〕范晔撰，〔唐〕李贤等注：《后汉书》卷三十八《冯绲传》，第1281页。
⑤ 长沙市文物考古研究所、中国文物研究所编：《长沙东牌楼东汉简牍》，文物出版社，2006年，第77页。

"荆南"指长沙、武陵等南四郡,应是。①与之相应,亦有"荆北"之称,《三国志·蜀书·刘巴传》裴注引《零陵先贤传》载刘巴自述云:"昔游荆北,时涉师门",②刘巴是零陵烝阳人,属荆南,其父刘祥为江夏太守,与当时南阳太守张咨相联结,刘巴彼时从父就官,其言少年曾"游荆北",当在江北之南阳、江夏一带。可见在荆州本土人心中,亦有南、北之别。汉末大乱,荆州政局一度动荡,这种地理上的南北并峙演化成了政治上的对立:彼时刘表初刺荆州,敉平江汉之间,然"甚得江、湘间心"的长沙太守张羡与之不和,联合零陵、桂阳反抗刘表,其后败亡,刘表得以"南收零、桂,北据汉川,地方数千里",一统荆州南北。③当时寓居荆州的王粲曾著《三辅论》,其中以"湘潜先生"和"汉滨逸老"作比记述这段历史,前者应是指代张羡为首的荆南势力,而后者显然是刘表的荆北势力。文章开篇,"湘潜先生"斥责"汉滨逸老",为何刘表要来"残我波灵","汉滨逸老"则反驳刘表此举是代表朝廷"去暴举顺"。④二者的争执,实际上反映出荆南四郡在政治上凸显出的独立倾向。

然而在传世史料中,有关汉晋时期荆南地区的记载颇少,较为集中者如《后汉书》中《循吏传》《南蛮传》等,其余多为零星记载,或散见于六

---

① 王素:《长沙东牌楼东汉简牍选释》,《文物》2005 年第 12 期,第 71~72 页。按,林昌丈将"荆南"一词最早使用时间定在汉晋之际,且举魏文帝曹丕策孙权文为证,似嫌稍晚,详参其著《汉晋铭刻与荆南家族》,《中华文史论丛》2016 年第 2 期,第 3 页注③。
② 〔晋〕陈寿撰,〔南朝宋〕裴松之注:《三国志》卷 39《蜀书·刘巴传》,中华书局点校本,1982 年,第 980 页。
③ 〔南朝宋〕范晔撰,〔唐〕李贤等注:《后汉书》卷 74《刘表传》,第 2421 页。
④ 〔唐〕欧阳询:《艺文类聚》卷 59《武部·战伐》,上海古籍出版社,1999 年,第 1076 页。

朝笔记小说。资料上的局限，使荆南地区长期以来被并入"荆州"和"长江中游"等较大地域概念中展开研究。20世纪70年代以来，两湖地区陆续出土了为数众多的秦汉简牍，其中仅湖南地区就先后出土了马王堆汉墓简帛、虎溪山汉墓竹简、里耶秦简、走马楼西汉简、走马楼三国吴简、兔子山秦汉简牍、古人堤东汉简、郴州晋简、东牌楼东汉简、五一广场东汉简等多批简牍，为研究荆南地区的政治、经济、社会、文化提供了丰富资料。更弥足珍贵的是：这些简牍出土范围广，就两汉政区而言，荆南四郡中，零陵郡之外的其余三郡均有发现；涉及内容丰富，仅官文书就有户籍、仓库账簿、上计文书、司法文书等多种，此外还有私人书信、医方、典籍等内容；时间序列完整，湖南地区出土的简牍在年代上跨越秦、西汉、东汉、孙吴、西晋五个历史时期，"基本上涵盖了我国简牍传布使用的年代"，[①] 为历时性区域史研究的展开提供了难得便利，由此产生的学术成果呈井喷之势。因此，本文拟以汉晋之际荆南地区为对象，按地理交通及风土文化、政区政局、郡县行政、乡里社会与基层控制、吏民身份及其生计五方面对相关研究成果进行综述。由于篇幅所限，加之论题所涉内容众多，挂一漏万的情况在所难免，故文中若有不当之处，希请方家不吝指正。[②]

一、荆南地区的地理交通、风土文化

（一）地理与交通

近代以来，学界对于古代荆南地理的关注，发端于对《楚辞》中所载

---

① 宋少华：《长沙出土的简牍及相关考察》，《简帛研究二〇〇六》，广西师范大学出版社，2008年，第259页。
② 为行文简洁，文中所提及前辈学者姓名之后，一律略去尊称，敬希读者谅解。

屈原放逐之地这一历史公案的讨论。这一问题自东汉王逸作《楚辞章句》时即被提出，中经洪兴祖、朱熹等学者论辩，至近代依然是为一桩悬案。① 为此，钱穆1934年作《〈楚辞〉地名考》，辩屈原放逐之地在江北而非江南，并将《楚辞》中所记洞庭、湘、沅、澧诸名皆定在江北。②两年后，游国恩作《论屈原之放死及楚辞地理》力驳钱氏。③1940年，饶宗颐亦著《楚辞地理考》一书，详论钱说之误，并纠正了游文关于"屈原被放于怀王时"的观点。④石泉则通过考辨古文献中"江"并非专指今之长江，有时亦指淮水、汉水等，进一步申论《楚辞》中湘、资、沅、澧也均在长江之北，并对荆楚地名由北向南的迁徙做了历时性的研究。⑤

1957年安徽寿县出土"鄂君启节"，由于其铭文中多涉楚地水陆交通，故甫一公布就引起了学界热议。谭其骧、黄盛璋较早从历史地理角度对铭

---

① 关于《楚辞》地理学术史的梳理，可参王德华：《〈楚辞〉地理研究述论——以屈原放逐汉北、陵阳争论为中心》，《文学遗产》2012年第5期。

② 钱穆：《先秦诸子系年》之"一二七，屈原居汉北为三闾大夫考"，及附"战国时洞庭在江北不在江南辨"，"屈原沉湘在江北不在江南辨"（中华书局，1985年，第383~392页）。钱穆：《古史地理论丛部甲·〈楚辞〉地名考》，生活·读书·新知三联书店，2005年，第143页。

③ 此文最初发表于1937年，原载《读骚论微初集》，商务印书馆，1937年，后收入其著《游国恩学术论文集》，中华书局，1989年，第37~93页。

④ 饶宗颐：《楚辞地理考》。

⑤ 石泉：《古文献中的"江"不是长江的专称》，初刊《文史》第六辑，中华书局，1979年；《关于"江"和"长江"在历史上名称与地望的变化问题》，初刊《地名知识》1981年第2、3期，以上二文修订后均收入其著《古代荆楚地理新探》，武汉大学出版社，2013年，分见第51~65、66~74页。石泉、鲁西奇：《古湘、资、沅、澧源流新探》（上）（下），分见《中国历史地理论丛》1996年第2、4期。

文中的水名、地名做了考察,并形成了一系列往复商榷文章。①但谭文中对舟节中荆南诸水及地名的考证,黄文并无异议。其后,熊传新、何光岳对谭文中关于"赚""潘""鄙"的定位提出商榷意见,但其文颇用晚近文献论证,结论仍有讨论余地。②

1972年,马王堆汉墓被发现,其中三号墓出土了两幅古地图,即《地形图》与《驻军图》(《箭道封域图》)。在资料正式公布前,黄盛璋、钮仲勋就撰写了《有关长沙马王堆汉墓的历史地理问题》,对西汉长沙国的政治、经济及长沙地区历代沿革情况做了考察。③该文也成为较早对此问题进行论述的专题性成果。地图修复公布后,谭其骧、张修桂等一批学者相继撰文,就地图的绘制、年代及所涉历史地理问题展开讨论,现择要概述如下。谭其骧《马王堆汉墓出土地图所说明的几个历史地理问题》提出了"汉初长沙国南界"的问题,认为西汉初年朝廷将岭南部分区域划归长沙国,以对南越国形成战略威慑,并对长沙国西南诸县地望,以及荆南水道进行了详细考证。④詹立波则对《守备图》(《驻军图》)

---

① 谭其骧:《鄂君启节铭文释地》,原载《中华文史论丛》第二辑,1962年,第169~190页;《再论鄂君启节地理答黄盛璋同志》,原载《中华文史论丛》第五辑,1964年,第169~194页,二文后收录于其著《长水集》(下),人民出版社,2011年,分见第206~225、226~247页;黄盛璋:《关于鄂君启节交通路线的复原问题》,原载《中华文史论丛》第五辑,1964年,第143~168页,后与《鄂君启节地理问题若干补正》一并收入其著《历史地理论集》,人民出版社,1982年,分见第263~285、289~315页;黄盛璋:《再论鄂君启节交通路线复原与地理问题》,《安徽史学》1988年第2期,第16~31页。
② 熊传新、何光岳:《〈鄂君启节〉舟节中江湘地名新考》,《湖南师院学报》(哲学社会科学版),1982年第3期。
③ 黄盛璋、钮仲勋:《有关长沙马王堆汉墓的历史地理问题》,《文物》1972年第9期。
④ 谭其骧:《马王堆汉墓出土地图所说明的几个历史地理问题》,《文物》1975年第6期。

的历史价值、背景及所反映的军事思想做了探析。①周世荣对两幅地图中"道""鄣""波""部""里"等地名单位做了阐释,并结合湖南地图出土的汉印资料,对图中所涉诸县地望进行考证。②朱桂昌对《驻军图》中的户数、"甲钩""都尉军"等几处标记以及墓主与地图的关系进行了考释。③傅举有《关于〈驻军图〉绘制的年代问题》《有关马王堆古地图的几个问题》两篇文章对若干问题进行考辨,认为《驻军图》绘于汉文帝初年,并非朱桂昌所言"高祖末、惠帝初";《地形图》中的"道"是为政区之"道",《驻军图》中"箭道""复道"则非是;图中"封中"是为"界中"之意;"波"是为"水军基地",而非"护城河""蓄水池"。④周世荣则从实践出发,通过对相关遗址实地踏访,并与史籍记载结合,对诸县地望做了考证。⑤吴承园认为地图非南越国所献,而是朝廷赐下,图中水系格外突出,说明地图绘制的目的是为了用于楼船军作战。⑥1992年,湖南博物馆组织召开"马王堆国际学术讨论会",其中有多篇专论帛书地图。熊传薪对长沙国边境地区的聚落、人口、战略部署做了详论,并认为该图绘制年代并非汉文帝元年与南越停战后,而应是吕后五年(前183)至文帝元年(前179)间的战争时期。⑦李均明则将居

---

① 詹立波:《马王堆汉墓出土的守备图探讨》,《文物》1976年第1期。
② 周世荣:《有关马王堆古地图的一些资料和几方汉印》,《文物》1976年第1期。
③ 朱桂昌:《关于帛书〈驻军图〉的几个问题》,《文物》1979年第6期。
④ 傅举有:《关于〈驻军图〉绘制的年代问题》,《考古》1981年第2期;《有关马王堆古地图的几个问题》,《文物》1982年第2期。
⑤ 周世荣:《马王堆三号汉墓地形图古城邑的调查》,《湖南考古辑刊》(第二辑),岳麓书社,1984年。
⑥ 吴承园:《马王堆帛地图考》,《地图》1990年第1期。
⑦ 熊传薪:《关于〈驻军图〉中的有关问题及其绘制年代》,湖南省博物馆编:《马王堆汉墓研究文集——1992年马王堆汉墓国际学术讨论会论文选》,湖南出版社,1994年,第154~160页。

延汉简与《驻军图》中所涉军事布防、兵力配置情况进行比较研究。[①]周世荣重新辨明古地图非秦时所制,并论证了吴姓长沙国北界是邵县,南界可达桂林、象郡一带。[②]曹学群认为,《驻军图》绘制年代当在高后七年(前181)至文帝十二年(前168)之间,《地形图》则稍早,绘制于秦始皇二十六年(前221)至高后七年(前181)之间。[③]此年,王子今亦发表《马王堆汉墓古地图交通史料研究》,对地图中"箭道""波""复道"等注记以及地图绘制年代都做了新解。[④]除了以上诸家,张修桂对帛书地图的复原研究颇可瞩目,不仅对于整理组的复原意见予以修正,更提出了不少创见,如其依据古今水道、地势,复原出古地图所示区域及邻区在今图中的准确位置,并对图中所绘县邑做了重新定位。在此基础上,他还对赵佗进犯长沙国的数条路线做了细致考察,并重新确认了谭其骧对于长沙国南界的观点,对南界所涉地名又做了更精准的定位,使汉与南越之间的界线变得格外清晰。[⑤]邢义田则对张修桂的复原思路提出质疑,认为"与其费力比定今天的地图,不如利用图上提供的线索去估计它所打算示意的大致范围",而所谓"驻军图"实乃箭道(县级单位)的封域图,这一观点如今为学界

[①] 李均明:《关于〈驻军图〉军事要素的比较研究》,湖南省博物馆编:《马王堆汉墓研究文集——1992年马王堆汉墓国际学术讨论会论文选》,第161~165页。

[②] 周世荣:《马王堆帛书古地图不是秦代江图——兼谈汉初长沙国的历史地理》,湖南省博物馆编:《马王堆汉墓研究文集——1992年马王堆汉墓国际学术讨论会论文选》,第166~174页。

[③] 曹学群:《论马王堆古地图的绘制年代》,湖南省博物馆编:《马王堆汉墓研究文集——1992年马王堆汉墓国际学术讨论会论文选》,第175~182页。

[④] 王子今:《马王堆汉墓古地图交通史料研究》,《江汉考古》1992年第4期。

[⑤] 张修桂关于古地图研究的系列成果,均汇集于其著《中国历史地貌与古地图研究》第四篇《古地图研究》(社会科学文献出版社,2006年),此处不再一一罗列。

广泛接受。①

　　荆南与岭南之间的交通路线也是学界讨论的热点话题，事实上早在20世纪30年代，法国学者鄂卢梭在《秦代初平南越考》一文便已对秦汉时期岭南交通有过考察。②岑仲勉曾以书评的形式予以商榷补正。③吕名中《秦汉通南越要道考略》是较早对内地与岭南交通路线进行全面考察的专文，据考证，共有四条主要交通线：①湘水—灵渠—漓水；②湘水—萌渚岭—今贺江；③湖汉水—大庾岭—浈水—溱水；④湘水—耒水—骑田岭—湟水—溱水。四条通道荆南占其三，其中前三条为秦代开辟，第四条为汉代开辟，并指出通往岭南的道路是以水路为主。④余天炽与吕文观点相近，只是将吕文所考四条路线系于秦代，而另增五条汉代所开路线，分别为：牂牁道、桂阳峤道、武水水路、仁化城口道、葵蒲关道和大河水路。⑤余文所增后三条路线全据后世地志考得，可靠性尚需进一步验证。林蔚文将东南越地整体作为考察对象，对荆南、岭南、闽越之间的交通孔道有所论述，精度不及以上二文，但广度逾之，并对东南越地的交通特点予以总结。⑥陈代光视野更为宏阔，将岭南道路置于整个历史时期进行历时性考察，侧重

---

① 邢义田：《论马王堆汉墓"驻军图"应正名为"箭道封域图"》，《湖南大学学报》（社会科学版）2007年第5期。
② [法]鄂卢梭：《秦代初平南越考》，《西域南海史地考证译丛》第九编，中华书局，1958年。
③ 岑仲勉：《评〈秦代初平南越考〉》，《国立中山大学研究院文科研究所历史学部史学专刊》1936年第1卷第3期。
④ 吕名中：《秦汉通南越要道考略》，《中南民族学院学报》（哲学社会科学版）1983年第3期。
⑤ 余天炽：《秦汉时期岭南和岭北的交通举要》，《历史教学问题》1984年第3期。
⑥ 林蔚文：《古代东南越地水陆交通的开拓》，《广西民族研究》1988年第1期。

政治、经济形势对道路兴废的影响。①张步天《先秦汉晋时期洞庭湖区及其四邻的水陆交通格局》是较早对荆南北部地区水陆交通进行考察的专文，文章分为陆路交通、水路交通两部分，前者主要根据传世史料对沿湖陆路及可达地区做了考述，后者则主要依据鄂君启节。②该文思路与陈代光文相似，不仅就地理论交通，更重视经济、政治形势对于交通路线分合的重要意义，可惜篇幅有限，所论未详。1993年，王子今《秦汉交通史稿》出版，作为秦汉交通史的综合性研究成果，书中对各区域的水陆交通、运输技术乃至交通心理都有剖析。其中第五章为秦汉内河航运，即有涉及荆南交通的论述。③作者此后还相继发表了一系列专论荆南交通的文章：如《秦汉"五岭"交通与"南边"行政》《马援楼船军击交阯九真与刘秀的南海经略》两篇通过考察秦始皇、汉武帝、汉光武帝对岭南地区用兵始末，对五岭南北水陆交通及岭南行政控制做了论述。④王元林在充分了解前人成果基础上，侧重考察秦汉时期历次对五岭道路开辟、修缮的过程，并强调了岭南交通对于南北物质、文化交流产生的积极意义。⑤

---

① 陈代光：《论历史时期岭南地区交通发展的特征》，《中国历史地理论丛》1991年第3期。
② 张步天：《先秦汉晋时期洞庭湖区及其四邻的水陆交通格局》，《益阳师专学报》1993年第3期。此文以外，作者关于洞庭湖区的自然、人文地理曾做过系统考察，详参其著《洞庭历史地理》，山西人民出版社，1993年。
③ 王子今：《秦汉交通史稿》（增订版）第五章《秦汉内河航运》，中国人民大学出版社，2013年，第164~169页。
④ 王子今：《秦汉"五岭"交通与"南边"行政》，《中国史研究》2014年第3期；《马援楼船军击交阯九真与刘秀的南海经略》，《社会科学战线》2015年第5期。
⑤ 王元林：《秦汉时期南岭交通的开发与南北交流》，《中国历史地理论丛》2008年第4期。

21世纪以来，里耶秦简、五一广场东汉简、走马楼吴简陆续公布，其中有关水陆驿路、外地来客的资料十分丰富，学界对荆南地区交通的关注渐增。王子今在此前研究基础上继续关注区域交通，《秦汉时期湘江洞庭水路邮驿的初步考察——以里耶秦简和张家山汉简为视窗》着眼新发现的简牍材料，考察了洞庭周边的水陆交通及邮路设置；①《走马楼舟船属具简与中国帆船史的新认识》则关注走马楼吴简所见记有制船材料的木牍，并结合传世史料和船模文物，对秦汉时期造船技术以及湘江航运承载能力做了考证。②此外，钟炜、于洪涛、庄小霞、藤田胜久、郑威、杨智宇等从里耶秦简所载文书传递信息出发，考察了秦代洞庭郡内的交通网络。③张朝阳和黎明钊通过整理五一广场东汉简中若干流动人口事例，考察荆南及其周边地区的水陆交通情况。④

---

① 王子今：《秦汉时期湘江洞庭水路邮驿的初步考察——以里耶秦简和张家山汉简为视窗》，《湖南社会科学》2004年第5期。

② 王子今：《走马楼舟船属具简与中国帆船史的新认识》，《文物》2005年第1期。

③ 钟炜：《试探洞庭兵输内史及公文传递之路线》，《长沙大学学报》2007年第1期；于洪涛：《试析里耶秦简"御史问直络帬程书"的传递过程》，《长江文明》（第13辑）；庄小霞：《〈里耶秦简[壹]〉所见秦代洞庭郡、南郡属县考》，《简帛研究二〇一二》，广西师范大学出版社，2013年，第54~55页；[日]藤田胜久：《里耶秦简的交通资料与县社会》，《简帛》（第十辑），上海古籍出版社，2015年，第155~175页；郑威：《出土文献所见秦洞庭郡新识》，《考古》2016年第11期，后收入其著《出土文献与楚秦汉历史地理研究》，科学出版社，2017年，第100~105页；杨智宇：《里耶秦简牍所见洞庭郡交通路线相关问题补正》，《简帛研究二〇一九》（秋冬卷），广西师范大学出版社，2020年，第146~156页。

④ 张朝阳：《东汉临湘县交阯来客案例详考——兼论早期南方贸易网络》，《中山大学学报》（社会科学版）2019年第1期；黎明钊：《试析几枚五一广场东汉简牍》，《简帛研究二〇一八》（秋冬卷），广西师范大学出版社，2019年，第345~357页。

（二）风土与文化

对于湖南（荆南）历史文化的考察，谭其骧无疑是开拓者，他在20世纪30年代就先后发表了《湖南人由来考》和《近代湖南人中之蛮族血统》，有首开风气之功。①20世纪80年代以来，在他的倡导下，历史文化地理研究兴起。1986年，周振鹤、游汝杰撰成《方言与中国文化》，其中就涉及历史方言地理。此后，复旦史地所又相继有两篇博士论文以此为题，分别是卢云《汉晋文化地理》和张伟然《湖南历史文化地理研究》，均为谭所指导。②几乎与此同时，金发根也在香港完成了学位论文《两汉魏晋南北朝时期中国地域观念之转变及其对政治之影响》，旨趣与卢著颇有相合之处。③20世纪90年代，王子今《秦汉区域文化研究》一书出版，成为秦汉区域文化的先行研究之一。这些研究成果，对汉晋时期荆南的风土文化均有涉及，容下文分述之。

《方言与中国文化》第三章对历朝方言区划做出拟测，其中汉代主要依据扬雄《方言》中的方言分区，南楚（荆南）被单独划作独立方言区，西晋部分则依照郭璞为《方言》《尔雅》所作的注，荆南则与荆北合为"楚方言区"。④《汉晋文化地理》主要采取统计学方法，对汉晋时期见诸史籍的"文化人才"分区统计。从结果来看，西汉时期荆南地区几乎未见一人，东

---

① 两文均收录于其著《长水集》（上册），分别见于第312~375、376~410页。
② 关于20世纪80年代历史文化地理研究的发展概况，可参张伟然《中古文学的地理意象》的《前言》部分（中华书局，2014年，第4~6页）。
③ 卢云：《汉晋文化地理》第一章《汉晋时期学术文化的区域特征及其变迁》，陕西人民教育出版社，1991年，第1~142页。
④ 周振鹤、游汝杰：《方言与中国文化》（第2版），上海人民出版社，2006年，第76~82页。

汉中后期至西晋开始陆续增多，但总数仍远逊于同流域的巴蜀、荆北、吴会等地区。①《两汉魏晋南北朝时期中国地域观念之转变及其对政治之影响》第五章为《两汉时期长江流域的发展》通过搜集史料，对两汉尤其是东汉时期荆南地区经济、社会的发展做了论述。②《湖南历史文化地理研究》则是专论湖南的区域文化史专著，但受制于资料，作者对汉晋时期着墨不多。③《秦汉区域文化研究》上编第五节《江南文化的历史进步》从经济、文化等多角度分析了该区域的特点：虽然经济和文化方面落后于中原地区，但随着东汉时期经济发展，文化面貌也发生了改变。但从作者的论述看，就江南地区内部而言，荆南的发展还是不及荆北、吴会地区。④除了以上论著，高敏也通过统计方法，对两汉时期见诸史册的江南名人逐郡统计，得出以下结论：1.东汉时期江南地区人才涌现数量和速度远超西汉；2.东汉江南学风渐盛与北人南迁有密切关系；3.以上两点体现了东汉时期江南经济水平的提高。此外据其统计可见，荆南四郡的名人总数偏少，而江淮及吴会地区较为集中。⑤与以上诸说不同，何德章对于汉晋时期湘江流域的经济、社会及文化发展水平有较高的估计，认为长江下游吴会大族的社会影响力

---

① 卢云：《汉晋文化地理》第一章《汉晋时期学术文化的区域特征及其变迁》，陕西人民教育出版社，1991年，第1~142页。
② 金发根：《两汉魏晋南北朝时期中国地域观念之转变及其对政治之影响》，博士学位论文，香港大学，1989年。
③ 张伟然：《湖南历史文化地理研究》，复旦大学出版社，1995年。
④ 王子今：《秦汉区域文化研究》，四川人民出版社，1998年，第94~114页。
⑤ 高敏：《从东汉时期入仕者与知名人士出生地的分布状况看东汉江南经济的发展》，《郑州大学学报》（哲学社会科学版）2003年第3期。与高文类似，崔向东亦通过分区统计的方法观察两汉时期豪族的区域性特征，指出荆南地区的豪族具有数量少、发展慢，中央化、"儒化""士族化"程度低的特点，详参其著《汉代豪族地域性研究》，中华书局，2012年，第135~138、198~200页。

是在孙吴时期形成,"他们在汉代并不比湘土大族人士更有影响力"。①近年来,文学地理研究渐盛,出现了不少相关论著,如梅新林《中国古代文学地理形态与演变》和宋展云《汉末魏晋地域文化与文学研究》两篇博士论文。前者主要还是统计学方法,结论与以上类同;②后者则专注汉末魏晋,单辟一节专论汉末流寓人士对荆州学术文化的振兴。③此外,陆路也指出:该时期湖湘地区的诗歌创作主要涉及洞庭湖沿岸和湘江流域,虽然存世湖湘诗尚缺乏本土诗人的作品,但六朝时湖湘地区已有本土文人,且数人曾有文集,这说明该地区的文化在六朝时期有较大进步。④

汉末至东晋南朝是郡书、地志(地记)类文献兴起的时代,荆州地区尤盛,因此不少学者选择从这一角度考察荆南文化的发展。如周建刚及周斌分别从文献目录学及著录内容两方面考察荆南郡书、地志,也均注意到汉末以后湖南本土的方志类著作数量有所增多的现象。⑤胡宝国对于荆南等地盛行"先贤传"而中原盛行"家传"的特点提出过一种解释,认为"政治上失势或文化上落后的地区只能以众多的先贤来证明自己的价值",而中原高门名族密集,则各以著家传的形式炫耀本家门第。⑥此外,永田拓治从

---

① 何德章:《建康与六朝江南经济区域的变迁》,《东南文化》编辑部编:《六朝文化国际学术研讨会暨中国魏晋南北朝史学会第六届年会论文集》,1998年,后收入其著《魏晋南北朝史丛稿》,商务印书馆,2010年,第125~136页
② 梅新林:《中国古代文学地理形态与演变》,博士学位论文,上海师范大学,2004年。亦见其著《中国古代文学地理形态与演变》,复旦大学出版社,2006年。
③ 宋展云:《汉末魏晋地域文化与文学研究》,博士学位论文,扬州大学,2012年。
④ 陆路:《汉魏六朝湖湘诗考论》,《社会科学战线》2019年第3期。
⑤ 周建刚、毛健:《宋代以前的早期湖南方志史书考略》,《湖南科技学院学报》2013年第10期;周斌:《六朝荆州地记研究》,硕士学位论文,山东师范大学,2013年。
⑥ 胡宝国:《杂传与人物品评》,收录于其著《汉唐间史学的发展》,商务印书馆,2003年,第145页。

国家统治的角度，结合新出郴州晋简，对"先贤传""耆旧传"编纂的政治意图做了考察。①《荆楚岁时记》是记录东晋南朝以来荆楚风土民俗的重要文献，历来受到中外民俗史学者的关注，早在1950年守屋美都雄就出版了专著《校注荆楚岁时记——中国民俗历史的研究》，国内方面，李惠芳《从〈荆楚岁时记〉看古代岁时节日风俗的生成》、萧放《〈荆楚岁时记〉研究：兼论传统中国民众生活中的时间观念》是其中较为重要的论著。②

地域文化同样是考古学关注的话题。自20世纪50年代以来，湖南地区战国秦汉考古工作屡获硕果。1957年《长沙发掘报告》出版，为湖南省战国秦汉考古正式确立了器物类型学时代标尺，也为区域间考古文化的比较研究奠定基础。③此后，宋少华、④谭远辉进一步细化了湖南地区汉墓的时代分期。胡平平《楚文化南渐的考古学观察——以洞庭湖水系区东周秦代墓葬为中心》则通过整理两湖地区楚文化遗存，利用器物类型学考察了楚人南进的历史进程。⑤高至喜《长沙、西安中小型西汉墓的比较研究》则将长沙与西安两地西汉墓所出文物进行类型比对，揭示出两地文化发展进程上的差异，以及长

---

① ［日］永田拓治：《上计制度与"耆旧传"、"先贤传"的编纂》，《武汉大学学报》（人文科学版）2012年第4期。

② ［日］守屋美都雄：《校註荊楚歲時記：中国民俗の歴史的研究》，东京：帝国书院，1950年；李惠芳：《从〈荆楚岁时记〉看古代岁时节日风俗的生成》，收录于《楚俗研究》，湖北美术出版社，1987年；萧放：《〈荆楚岁时记〉研究：兼论传统中国民众生活中的时间观念》，北京师范大学出版社，2000年。

③ 中国科学院考古研究所：《长沙发掘报告》，科学出版社，1957年。

④ 宋少华：《西汉长沙国（临湘）中小型墓葬分期概论》，《考古耕耘录——湖南中青年考古学者论文选集》，岳麓书社，1999年；谭远辉：《湘西北地区西汉墓葬概论》，《考古耕耘录——湖南中青年考古学者论文选集》。

⑤ 胡平平：《楚文化南渐的考古学观察——以洞庭湖水系区东周秦代墓葬为中心》，博士学位论文，吉林大学，2019年。

沙地区的文化特性。具体而言，长沙汉墓出土器物（如陶器）从类型学而言，较之西安汉墓显示出了滞后性，玉制品少而滑石器多，但铸镜业却比西安地区更为发达。①余静同样指出了荆南地区的文化滞后性，认为西汉时期荆南人群顽固地保持着本民族的传统风格，楚文化因素得以较大程度保留。尤其是桂阳郡郴县一带，一直到东汉时期，汉、越文化之间的文化面貌才逐渐趋于一致。②罗庆康、何旭红则专注于吴姓、刘姓长沙国时期（西汉时期）考古及传世文献资料，对于该时期长沙国城址、墓葬、疆域、职官、文化等方面先后做了系统考察。③

关于荆南地区的风物人情，学界从不同角度展开研究。萧璠通过爬梳相关文献，就古代南方的"瘴疠"及其对国家统治、财政支配、时人心态等方面的深远影响都做了阐释。④衡山和九嶷山舜帝庙是汉晋时期荆南最具知名度的文化景观。但衡山地望在汉晋时并不稳定，历来存在争议。近年来陈立柱《古代"衡山"地望与〈禹贡〉荆州范围综说》、牛敬飞《论衡山南岳地位之成立——兼与陈立柱等商榷》、魏斌《洞庭古祠考——中古湘水下游的祠庙景观》从不同角度予以辨析。⑤在马王堆《地形图》中，绘有疑似九嶷山舜帝

---

① 高至喜：《长沙、西安中小型西汉墓的比较研究》，《湖南省博物馆馆刊》（第十四辑），岳麓书社，2018年，第192~198页。

② 余静：《中国南方地区两汉墓葬研究》，博士学位论文，吉林大学，2009年。

③ 罗庆康：《长沙国研究》，湖南人民出版社，1998年；何旭红：《汉代长沙国考古发现与研究》，岳麓书社，2013年。

④ 萧璠：《汉宋间文献所见古代中国南方的地理环境与地方病及其影响》，《"中研院"历史语言研究所集刊》第六十三本第一分，1993年，第67~171页。

⑤ 陈立柱：《古代"衡山"地望与〈禹贡〉荆州范围综说》，《中国历史地理论丛》2011年第3期；牛敬飞：《论衡山南岳地位之成立——兼与陈立柱等商榷》，《社会科学论坛》2014年第2期；魏斌：《洞庭古祠考——中古湘水下游的祠庙景观》，《历史人类学学刊》第10卷第2期，2012年，第1~32页。

庙的九柱状图形，也引起了一些学者关注，如尤慎、姜生等。①走马楼吴简公布后，其中所载"桓王庙"引起学者关注，王素、汪力工《走马楼孙吴"桓王庙"简与长沙"孙坚庙"》一文就专论及此。②此外，还有学者据吴简讨论孙吴时期长沙的地理环境和人文环境，如高敏《从嘉禾年间〈吏民田家莂〉看长沙郡一带的民情风俗与社会经济状况》、高凯《从吴简看孙吴初期长沙郡吏民的生活习俗》《从走马楼吴简〈吏民家田莂〉看孙吴初期长沙郡民的起名风俗》、黎石生《孙吴时期长沙郡吏民婚育状况考察》、中村威也《从兽皮纳入简看古代长沙之环境》、鹫尾祐子《嘉禾四至六年吏民簿所见夫妻龄差》、于振波《吴简户籍文书所见女子婚龄》、魏斌《单名与双名——汉晋南方人名的变迁及其意义》、安部聪一郎《临湘县的地理环境与走马楼吴简》等。③此外，王子今的研究也值得瞩目，他依据长沙地区出土的多批简牍

---

① 尤慎：《马王堆地图中的舜帝陵庙》，《湖南科技学院学报》2005年第10期；姜生：《论马王堆出土〈地形图〉之九嶷山图及其技术传承》，《中国历史地理论丛》2009年第3期。

② 王素、汪力工：《走马楼孙吴"桓王庙"简与长沙"孙坚庙"》，收录于《吴简研究》（第一辑），崇文书局，2004年，第131~142页。

③ 高敏：《从嘉禾年间〈吏民田家莂〉看长沙郡一带的民情风俗与社会经济状况》，《中州学刊》2005年第5期；高凯：《从吴简看孙吴初期长沙郡吏民的生活习俗》，《许昌学院学报》2008年第1期；《从走马楼吴简〈吏民家田莂〉看孙吴初期长沙郡民的起名风俗》，《寻根》2001年第2期；黎石生：《孙吴时期长沙郡吏民婚育状况考察》，《吴简研究》（第二辑），崇文书局，2006年，第221~231页；[日]中村威也：《从兽皮纳入简看古代长沙之环境》，《吴简研究》（第二辑），第245~257页；[日]鹫尾祐子：《嘉禾四至六年吏民簿所见父妻龄差》，收入长沙简牍博物馆编《长沙简帛研究国际学术研讨会论文集》，中西书局，2017年，第265~290页；于振波：《吴简户籍文书所见女子婚龄》，《走马楼吴简研究论文精选》，岳麓书社，2016年，第605~611页；魏斌：《单名与双名——汉晋南方人名的变迁及其意义》，《历史研究》2012年第1期；[日]安部聪一郎：《临湘县的地理环境与走马楼吴简》，《河北师范大学学报》（哲学社会科学版）2020年第2期。

撰写了一系列论文，对当地的风土人情多有论及，其中又以走马楼吴简为主，如《论走马楼简所见"小妻"——兼说两汉三国社会的多妻现象》《走马楼竹简女子名字分析》等，这些论文后来均收入其著《长沙吴简研究》中。① 此外，走马楼吴简"隐核波塘簿"中所反映出孙吴地方水利建设情况也颇受关注，王子今、孙闻博、沈刚、方高峰、张固也、阿部幸信、沈国光等学者先后做了探讨。② 庄小霞依据里耶秦简中所见的"得虎复除"制度，考察了中古时期湖南地区的虎患。③ 王福昌《西汉桂阳郡"金官"考辨》、周能俊《六朝桂阳郡的白银采掘与使用——以郴州晋简为中心》分别通过考察传世和出土文献，对桂阳郡的物产及管理做了探析。④ 赵义鑫在搜集走马楼吴简食盐

---

① 王子今：《长沙简牍研究》，中国社会科学出版社，2017年。
② 王子今：《走马楼吴简"枯兼波簿"及其透露的生态史信息》，《湖南大学学报》（社会科学版）2008年第3期；孙闻博：《走马楼吴简"枯兼波簿"初探》，《简帛研究二〇〇八》，广西师范大学出版社，2010年，第274~285页；沈刚：《走马楼三国吴简波枯兼簿探讨》，《中国农史》2009年第2期；方高峰：《从走马楼吴简看长沙地区的农田水利建设》，《中国社会经济史研究》2010年第2期；凌文超：《隐核波田簿与孙吴陂塘的治理》，收入其著《走马楼吴简采集簿书整理与研究》，广西师范大学出版社，2015年，第424~454页；张固也：《走马楼吴简"枯兼波簿"新探》，《吉林师范大学学报》（人文社会科学版）2013年第1期；[日]阿部幸信：《長沙吳簡を実見して—調関連簡・波塘関連簡を中心に—》，《長沙吳簡研究報告2008年度特刊》，2009，41~46页；《波塘関連簡続探》，《長沙吳簡研究報告2009年度特刊》，2010，18~22页；沈国光：《再论走马楼吴简"隐核波田簿"所见东吴的陂池兴修与管理》，《简帛研究二〇一九》（秋冬卷），广西师范大学出版社，2020年，第294~316页。
③ 庄小霞：《里耶秦简所见秦"得虎复除"制度考释——兼说中古时期湖南地区的虎患》，《出土文献研究》（第十七辑），中西书局，2018年，第115~128页。
④ 王福昌：《西汉桂阳郡"金官"考辨》，《中国历史地理论丛》1999年第3期；周能俊：《六朝桂阳郡的白银采掘与使用——以郴州晋简为中心》，《求索》2017年第4期。

相关史料的基础上，辨析了孙吴郡、县在盐政管理中的不同作用。①

二、汉晋时期荆南的政区与政局

荆南政区之初置大约在战国后期，但规模及数量尚存争议，及入秦时，政区变迁频繁，学界对此分歧更剧。至西汉文帝时，武陵、零陵、桂阳三郡先后设立，荆南四郡（包括长沙国）的格局才正式形成。此后直到孙吴增置郡县、两晋分置湘州，荆南政区一直保持相对稳定。因此相关论著大都集中在讨论秦及汉初政区变迁的问题上。

政区地理一般按朝代划分研究时段，就汉晋时期而言，有以下研究成果（按朝代顺序）：后晓荣《秦代政区地理》、何慕《秦代政区研究》、周振鹤《西汉政区地理》、李晓杰《东汉政区地理》、陈健梅《孙吴政区地理研究》、胡阿祥《六朝疆域与政区研究》和《东晋南朝侨州郡县与侨流人口研究》、程刚《东晋南朝荆州政治地理研究——兼论雍州、湘州、郢州》，这些研究对于各时期荆南政区的变迁均有详细考证。关于秦代黔中郡、洞庭郡、苍梧郡的统辖范围及三地之间的关系，是学界讨论最为集中的问题，先后有二十余篇文章专论于此，所涉问题十分复杂，王佳、王晨光对学术史梳理甚明，故此处不再详论。②西汉长沙国初期，由于史料之间存在矛盾，致使在桂阳郡于何时初置的问题上也存在争议。周振鹤认为置于高帝五年（前202）或稍后；③张修桂与周文观点相似，但认为是吴芮

---

① 赵义鑫：《孙吴长沙郡的盐政与地方行政权力运作的变化》，《湖南社会科学》2020年第4期。

② 王佳：《简牍所见秦长江中游的社会与经济研究》第一章第二节《洞庭郡的问题》，博士学位论文，武汉大学，2015年，第30~34页；王晨光：《黔中、洞庭分治论——楚秦南部地缘与治理空间》，《中国历史地理论丛》2018年第4期。

③ 周振鹤：《西汉政区地理》，人民出版社，1987年，第127页。

所置；①董远成认为置于吴楚七国之乱后；②何旭红则认为吕后七年（前181）前后分置的可能性大；③黎石生在辨析以上观点后认为始建于高祖五年（前202）的可能性较小，始建于五年以后至十一年赵佗封王之前的可能性相对较大，此外，桂阳郡也应系汉中央所置，而非吴芮自置。④刘瑞则从政治控制的角度对汉帝国南边诸"初郡"的演变进行研究，认为西汉时期朝廷对南边诸郡（包括荆南）统治较为松散，即实行所谓"以其故俗治""毋赋税"的政策，而东汉时期控制趋于严格，上述政策多被破坏，致使叛乱频仍。⑤马孟龙《西汉侯国地理》单辟《长沙王子侯国迁徙考》一节，对汉武帝时长沙王子请求北徙南阳一事始末进行探究。除了政区研究，也有学者以州刺史、郡守或郡县城址为关注对象。⑥史念海结合考古材料和传世文献，对汉代始安县的兴革、辖区及区位价值做了详实的研究。⑦李珍通过综

---

① 张修桂：《中国历史地貌与古地图研究》第十二章第二节《西汉初期长沙国南界探讨》，第567页。
② 董远成：《楚秦汉时期长沙地区历史地理概述》，《湖南省博物馆馆刊》（第六辑），岳麓书社，2010年，第178页。
③ 何旭红：《汉代长沙国考古发现与研究》第三章第二节《汉水与九嶷山间郡国历史沿革考证》，第197~198页。
④ 黎石生：《汉初桂阳郡建置二题》，《湖南省博物馆馆刊》（第十三辑），岳麓书社，2017年，第291~297页。
⑤ 刘瑞：《汉代的初郡制度》，《唐都学刊》2017年第2期。作者关于汉代南边诸郡的论述，还可详参其著《秦汉帝国南缘的面相：以考古视角的审视》，中国社会科学出版社，2019年。全书以岭南地区为主要考察对象，兼及荆南地区。
⑥ 马孟龙：《西汉侯国地理》下编第二章附《长沙王子侯国迁徙考》，上海古籍出版社，2013年，第272~281页。
⑦ 史念海：《汉代零陵郡始安县城址刍议》，《中国历史地理论丛》1998年第3期。

合对比,认为位于兴安县北的城子山古城址就是汉代零陵县治的所在地。①陈致远考析前说,认为西汉武陵郡治应在索县,新莽时期曾迁治义陵。②方珂关注荆州刺史的治所问题,两汉之际荆州的治所先治汉寿,后迁襄阳,而未曾治于江陵,作者认为这一现象与地缘政治及当时政局有关。③

东汉时期,影响荆南局势的最大变数是时叛时服的山间诸蛮,故不少学者对此都有过论述,④这些成果有相当一部分集中刊载于《中南民族大学学报》(《中南民族学院学报》),现依次胪列如下。张雄对五溪蛮的地域分布、民族成分、汉唐时期的活动情况做了初步探索。⑤伍新福思路与张文大致相仿,均是在搜集、排比史料的基础上对长沙蛮的地域分布及历代活动情况进行论述。⑥王瑞莲则对"武陵蛮""五溪蛮"两个概念做了区分:五溪地区是指整个沅水流域,并不局限于五条溪水的范围,但又不包括两汉时武陵郡的全部辖区。两汉"五溪蛮"主要分布在武陵南部沅水流域,与武陵溇中蛮、澧中蛮、零阳蛮等实有区别。⑦陈致远通过拾缀史料,复原了

---

① 李珍:《汉代零陵县治考》,《广西民族研究》2004年第2期。
② 陈致远:《西汉武陵郡治地望考》,《中国历史地理论丛》2004年第2期。
③ 方珂:《两汉时期的荆州刺史为何不治江陵》,《中南大学学报》(社会科学版)2007年第6期。
④ 关于秦汉魏晋南北朝时期的蛮族研究,王万隽《秦汉魏晋南北朝的蛮族研究综述》一文总结颇详,可参看,收录于《中国中古史研究:中国中古史青年学者联谊会会刊》第二卷,中华书局,2011年,第221~231页。
⑤ 张雄:《汉魏以来"武陵五溪蛮"的活动地域及民族成分述考》,《中南民族学院学报》1985年第1期。作者相关观点亦可参其著《中国中南民族史》第二、三章相关内容,广西人民出版社,1989年。
⑥ 伍新福:《长沙蛮初考》,《中南民族学院学报》1986年第4期。
⑦ 王瑞莲:《试论武陵、五溪的区别及五溪蛮的分布》,《中南民族学院学报》1989年第5期。

东汉历次五溪蛮起事及朝廷征讨始末。①韦东超辨析旧说，认为东汉时期大量汉族移民的涌入才是蛮变的深层次原因。②罗维庆结合古今材料，对马援身故之地做了考实，认为应在澧水上游的张家界天门山。③

除以上所举偏重传统考证的文章，不少学者也开始尝试使用新材料、新视角展开研究。日本学者谷口房男《華南民族史研究》中对于东汉、三国时期的武陵蛮曾有过探讨。④魏斌通过释读古人堤东汉简中所载武陵充县驻军军号入手，考察了汉晋以来对武陵地区的军事控驭，及澧、溇流域蛮人种落的分化，指出史籍中常以政区冠名诸种蛮人，但不同时代政区范围时常变迁，故考察时需予以注意。⑤王素、熊曲对走马楼吴简中有关"夷民"的记载展开考察，前者认为"夷民"是官府控制的一种特殊依附人口，"夷民""夷兵"有可能是孙吴地方官府或私人控制的一种少数民族"民兵"，两种称谓可以等同；⑥后者认为孙吴通过伐蛮获得蛮夷人口，根据一定标准分作夷兵、编户民、夷生口三种，有专门的中央官吏负责管辖。⑦王万隽分别从政区、官爵和赋役三个角度，对两汉时期巴郡和荆南两地蛮夷进

---

① 陈致远：《东汉武陵"五溪蛮"大起义考探》，《中南民族学院学报》（人文社会科学版）2000年第1期。

② 韦东超：《移民与族际冲突东汉时期武陵、长沙、零陵三郡"蛮变"动因浅论》，《中南民族大学学报》（人文社会科学版）2003年第1期。

③ 罗维庆、罗中：《马革裹尸何处还——马援征武陵蛮殁地新考》，《中央民族大学学报》（哲学社会科学版）2010年第3期。

④ [日]谷口房男：《華南民族史研究》，东京：绿荫书房，1997年。

⑤ 魏斌：《古人堤简牍与东汉武陵蛮》，《"中研院"历史语言研究所集刊》第八十五本第一分，2014年，第61~101页。

⑥ 王素：《说"夷民"——读长沙走马楼三国吴简札记》，《故宫博物院院刊》2004年第5期。

⑦ 熊曲：《也说吴简夷民问题》，《简帛研究二〇一五》（春夏卷），广西师范大学出版社，2015年，第220~236页。

行比较，发现前者的社会发育程度和组织力量较之后者都要更加成熟，这导致巴郡蛮夷受到朝廷的礼遇和优待都要明显多于后者。①

近年来，有不少学者开始借鉴人类学、民族学视角，运用"华夏化""土著族群"等概念对此问题展开思考。这方面研究首推鲁西奇《释"蛮"》与罗新《王化与山险——中古早期南方诸蛮历史命运之概观》两篇文章。《释"蛮"》认为史籍中"蛮"的称谓显示出中央王朝对南方土著人群的贱视，被称"蛮"者与"华夏人群"的根本区别不在于血统，而在于政治或文化的异质性，其基本特征是：不居于城邑、不著户籍、不纳或少纳赋役。②《王化与山险——中古早期南方诸蛮历史命运之概观》认为"华夏化"的根本动力在于华夏政权对于赋役和兵员的渴望，在"蛮夷"中固然有一些华夏人群羼入，但其中下层却依然是非华夏人群。与鲁文不尽相同的是，罗新还是承认"蛮夷"称呼具有一定的血缘性因素。③在这种思路的影响下，一些论文也开始以此为题进行研究。王珊《以夏变夷——秦汉魏晋南北朝南方土著族群华夏化的政治过程》认为伴随着华夏帝国南方疆域的不断扩张，华夏势力与土著族群的矛盾日趋加剧，造成了持续不断的"蛮乱"，华夏化由此呈现出反复性。此外，作者关于帝国在南方统治的有效性不取决于时间长短，而与该地区交通便捷与否密切相关，以及长江以南政权对于华夏化的推进起到了关键作用等观点也值得重视。④胡鸿则提出了"华夏网络"概念，认为

---

① 王万隽：《秦汉至南朝的国家与蛮人——以政区、官爵和赋役制度为中心》第三章第六节《东汉晚期蛮人社会的地区差异》，博士学位论文，台北：台湾大学，2012年，第103~108页。
② 鲁西奇：《释"蛮"》，收于其著《人群·聚落·地域社会：中古南方史地初探》，厦门大学出版社，2012年，第23~56页。
③ 罗新：《王化与山险——中古早期南方诸蛮历史命运之概观》，《历史研究》2009年第2期。
④ 王珊：《以夏变夷：秦汉魏晋南北朝南方土著族群华夏化的政治过程》，博士学位论文，北京大学，2011年。

华夏帝国在南方的统治是依靠交通线展开的，形似一张网络，网络内的空格区域则是土著人群居住的山林，当华夏国家衰弱时，这些网络就会被土著势力冲垮，导致局部地区的华夷力量对比发生逆转。①

简牍材料日趋丰富，展现出了更多的历史细节，比如简牍所见荆南当地的诸多姓氏，为研究当地社会结构提供了便利。20世纪90年代，陈连庆对于南方少数民族姓氏已有辑录、研究。②走马楼吴简出土后，满田刚对田家莂中的姓氏做了统计，并与史书中的"蛮姓"比对，谨慎地指出在没有确凿证据的情况下，不宜妄断何种为汉姓、何种为蛮姓。③魏斌同样对吴简中所见姓氏做了统计，认为其地域特征较为明显，其中相当一部分应是蛮族编户化后所改的汉姓，这也体现出华夏化进程中的阶段性特点。④王万隽则主要分析了东牌楼东汉简中各级官吏的姓氏，认为郡县部门主要还是汉人豪族把持，汉末的"蛮乱"也存在阶级因素在内。作者按郡县各级官吏统计姓氏的角度颇为新颖。⑤程涛通过统计汉晋时期荆南地区的姓氏，认为汉晋之际

---

① 胡鸿：《六朝时期的华夏网络与山地族群——以长江中游地区为中心》，《历史研究》2016年第2期。

② 陈连庆：《中国古代少数民族姓氏研究：魏晋南北朝民族姓氏研究》，吉林文史出版社，1993年。

③ [日]满田刚：《长沙走马楼〈嘉禾吏民田家莂〉所见的姓》，原载[日]长沙吴简研究会编：《嘉禾吏民田家莂研究——长沙吴简研究报告》第一集，东京，2001年，中译本见《走马楼吴简研究论文精选》，第106~147页。

④ 魏斌：《吴简释姓——早期长沙编户与族群问题》，收录于《魏晋南北朝隋唐史资料》（第二十四辑），武汉大学出版社，2008年，第23~45页。关于走马楼吴简中有关姓氏的探讨，可另参王子今、马振智：《烝姓的源流——读〈嘉禾吏民田家莂〉札记》，《文博》2003年第3期；黎石生：《〈嘉禾吏民田家莂〉中的田家姓名问题》，《故宫博物院院刊》2004年第1期；张显成：《走马楼三国吴简中的姓氏语料价值——以〈汉语大词典〉〈汉语大字典〉为参照》，长沙简牍博物馆编：《长沙简帛研究国际研讨会论文集》，中西书局，2017年，第399~407页。

⑤ 王万隽：《汉末三国长沙族群关系与大姓研究之一——汉末部分》，《早期中国史研

长沙郡及周边地区已经形成了具有显著地域特征的姓氏结构。这一姓氏结构直到六朝隋唐之际发生了剧烈变动。①除了考察简牍中的姓氏资料，还有学者关注碑刻材料。林昌丈搜集了汉晋时期荆南地区的七种碑刻，以此为基础讨论了荆南地方家族的组织方式与权力来源，"勾勒当地家族在多方政治势力进出下的地方实态"。②江田祥、何超在考释《汉绥民校尉熊君碑》碑文的基础上推断出碑主熊尚当为零陵郡人，当属士大夫豪族阶层。汉末大乱扩大地方县级长官的军事权力，同时也导致了荆南地方豪族军事权力的合法化。③

三、简牍所见长沙地区的郡县行政

如前文所述，就简牍发掘总量而言，长沙地区位列全国首位。不仅如此，长沙简牍所反映的年代从西汉直至三国，且多是行政文书，为历时性考察两汉三国郡县的行政运作提供了便利。目前，已系统公布的资料均集中在东汉三国时期，有五一广场东汉简、东牌楼东汉简、尚德街东汉简和走马楼三国吴简四种，为方便叙述，以下依照各批次简牍分类归纳相关学术成果（按简牍所反映的时代顺序）。

（一）五一广场东汉简

据整理者言，这批简牍有大量与司法相关的内容，事涉刑事、民事

究》第 2 卷第 1 期，2010 年，第 43~85 页。
① 程涛：《吴简大姓与六朝湘州土著族群》，《史林》2019 年第 2 期。
② 林昌丈：《汉晋铭刻与荆南家族》，《中华文史论丛》2016 年第 2 期。
③ 江田祥、何超：《〈汉绥民校尉熊君碑〉所见汉末政局与荆南社会变动》，《西华师范大学学报》（哲学社会科学版）2014 年第 4 期。

诉讼。因此先期研究也大都是围绕着《简报》中相对完整的案例展开。① 如木牍J1③: 325-1-140所载"王皮案",刘国忠最早对此展开研究,所著《长沙东汉简所见王皮案件发微》《五一广场东汉简王皮运送军粮案续论》两文先后对木牍及涉案相关竹简做了考释,并疏通了大致文意。② 刘乐贤《长沙五一广场出土东汉王皮木牍考述》就刘文对案件的解释做了一些修正,并对文书中所反映的东汉月令制度和武陵营兵进行阐释。③ 木牍J1③: 264-294所载"度田案",亦有侯旭东、刘国忠、陈鸣相继讨论。侯旭东在对木牍文字隶定的基础上,考证了其中"力田""别治掾"等身份,并认为"度田"制度并非在东汉初就已失败,而是东汉官府长期化的举措。④ 刘国忠专论该案中所见度田制度,认为度田与清查户口不应混为一谈,度田往往在每年五、六月进行,是官府掌握土地数量进而征收田租的基础性事务。⑤ 陈鸣从法律史视角出发,对"斗伤"在秦汉法律中的内涵、刑责都做了辨析,同时指出该件文书在法律史料中的意义。⑥ J1③:

---

① 五一广场东汉简研究综述,可详参徐畅、高智敏:《长沙五一广场东汉简牍整理研究论著目录(2010年至今)》,《简帛研究二〇一七》(秋冬卷),广西师范大学出版社,2018年,第343~351页;王绪云:《"长沙五一广场东汉简牍"研究综述》,《文教资料》2020年第14期。

② 刘国忠:《长沙东汉简所见王皮案件发微》,《齐鲁学刊》2013年第4期;《五一广场东汉简王皮运送军粮案续论》,《出土文献》第七辑,中西书局,2015年,第250—253页。

③ 刘乐贤:《长沙五一广场出土东汉王皮木牍考述》,《中山大学学报》2015年第3期。

④ 侯旭东:《湖南长沙五一广场东汉简J1③: 264–294考释》,北京大学中国古代史研究中心编:《田余庆先生九十华诞颂寿论文集》,中华书局,2014年,第113~119页;简帛网2014年6月6日转载。

⑤ 刘国忠:《从长沙五一广场J1③: 264–294号木牍看东汉的度田》,《古文字与古代史》第四辑,"中研院"历史语言研究所,2015年,第537~546页。

⑥ 陈鸣:《试析长沙五一广场东汉简牍所见"斗伤"案》,马聪、王涛、曹旅宁编:《出土文献与法律史研究现状学术研讨会论文集》,暨南大学出版社,2017年,第96~104页。

285号木牍则有赵平安、罗小华《长沙五一广场出土J1-285号木牍解读》，刘乐贤《长沙五一广场所出东汉孙诗供辞不实案再考》两文专论。前者对木牍内容做了释读，认为该案先前由攸县审理，后又由临湘县吏复审，发现问题后长沙太守府责成临湘县吏进一步核实。① 后者则在前者基础上进一步订正，并对文书所展示的行政流程重新做了梳理。② 此外，王子今《长沙五一广场出土待事掾王纯白事木牍考议》也对木牍J1③：169中诸多文句做了考释，其中认为"白事"文书用于下级对上级禀告场合的观点值得注意。③

随着五一广场简正式公布，学界的研究旨趣逐渐从考释单件文书转向文书学、法制史等方向。如吴雪飞、庄小霞、杨小亮、高智敏等对司法文书中的用语各有考释。④ 马力、徐世虹、乔志鑫则讨论了不同种类法律文书在司法实践中各自的功能。其中，马力认为CWJ③：71-26是一件举劾文书，通过解析文书形制、内容及结构，对举劾文书在案件审理中的生成及流转做了

---

① 赵平安、罗小华：《长沙五一广场出土J1③：285号木牍解读》，《齐鲁学刊》2013年第4期。

② 刘乐贤：《长沙五一广场所出东汉孙诗供辞不实案再考》，《出土文献研究》（第十二辑），中西书局，2013年，第272~279页。

③ 王子今：《长沙五一广场出土待事掾王纯白事木牍考议》，《简帛》（第九辑），上海古籍出版社，2014年，第293~300页。

④ 吴雪飞：《长沙五一广场东汉木牍相关法律用语探析》，《中国古代法律文献研究》第九辑，社会科学文献出版社，2015年，第187~199页；《长沙五一广场简牍法律用语续探》，《出土文献研究》（第十六辑），中西书局，2017年，第305~318页；庄小霞：《长沙五一广场出土东汉司法简牍语词汇释五则》，《简牍学研究》第六辑，甘肃人民出版社，2015年，第39~44页；杨小亮：《〈五一广场东汉简牍选释〉释文补正》，《出土文献》（第十辑），中西书局，2017年，第260~275页；高智敏：《论吴简许迪案中的"考实竟"与"傅前解"》，《鲁东大学学报》（哲学社会科学版）2017年第3期，第64~68页，修订本同题，简帛网2017年6月22日首发。

考察；①徐世虹关注的是"鞫"文书，认为它是结案时的判决文书，②其中包括"自言""爰书"以及庭审记录、判决结果等一系列子文书；乔志鑫所称"逐捕有书"是基层官府发布的"逮捕令"，可知即使在基层司法中，逮捕罪犯也必须依据由县令签发的逐捕文书，显示出对于司法官吏的权力限制。③

除了以上成果，亦有不少学者开始对文书流转中所展示的行政（司法）程序产生兴趣。姚远对郡县司法行政中各部门官吏的职能分别做了考察，指出郡吏比县吏的司法分工更为明确，呈现出"司法机关专职化"的特点，但县的司法吏较多，大部分案件也是在县结案，郡的监督作用较明显。④李松儒、庄小霞对"度田案"木牍的生成过程重新做了文书学意义的考察，认为文书经过了沮乡别治掾—县贼曹—县廷的传递过程，复原出文书上行、处理的完整过程。⑤王朔同样是以司法文书为中心，将县政分作信息获取、信息处理、决策落实三方面，分别考察其运行过程，认为县廷获取信息渠道多样，有民有官，处理信息时则分流至诸曹，抑或令先属吏核实，由丞

---

① 马力：《长沙五一广场东汉简牍举劾文书初读》，《出土文献》（第八辑），中西书局，2016年，第211~220页。

② 徐世虹：《秦汉"鞫"文书谫识——以湖南益阳兔子山、长沙五一广场出土木牍为中心》，《简帛》（第十七辑），上海古籍出版社，2018年，第267~279页。

③ 乔志鑫：《五一广场东汉简所见"逐捕有书"以东汉基层司法为中心》，《安阳师范学院学报》2018年第6期。

④ 姚远：《东汉内郡县法官法吏复原研究——以长沙五一广场东汉简牍为核心》，《华东政法大学学报》2016年第4期；又载《出土文献与法律史研究》第五辑，法律出版社，2016年，第135~161页。

⑤ 李松儒、庄小霞：《长沙五一广场J1③：264–294号木牍所见文书制作流转研究》，《简帛研究二〇一七》（秋冬卷），广西师范大学出版社，2018年。

及廷掾集议拟出意见后，再交由县令批示。①唐俊峰讨论内容与王文颇为一致，结论亦有相近之处，值得注意的是作者通过将五一广场简与居延汉简对比考察，观察县级行政在两汉间的变化，特别是指出东汉县级首长在行政决策过程中的虚化，值得思考。②陈松长、周海锋《"君教诺"考论》、邢义田《汉晋公文书上的"君教诺"——读〈长沙五一广场东汉简牍选释〉札记之一》、李松儒《五一广场"君教"类木牍字迹研究》三篇则关注"君教木牍"的制作，对长官批示这一环节做了具体考察。③此外，也有学者关注郡县行政中的制度细节，李均明对行政过程中"留事"和"假期"现象分别做了考述，④马增荣则关注史籍中少见的"直符"制度，在李均明研究的基础上，对其制度内容及功能论述颇详。⑤

---

① 王朔：《东汉县廷行政运作的过程和模式——以长沙五一广场东汉简为中心》，《华中师范大学学报》（人文社会科学版）2018 年第 6 期。

② 唐俊峰：《东汉早中期临湘县的行政决策过程——以五一广场东汉简牍为中心》，载于黎明钊等编：《东汉的法律、行政与社会：长沙五一广场东汉简牍探索》，香港：三联书店（香港）有限公司，2019 年，第 131~188 页。

③ 陈松长、周海锋：《"君教诺"考论》，长沙市文物考古研究所等编：《长沙五一广场东汉简牍选释》，中西书局，2015 年，第 325~330 页；邢义田：《汉晋公文书上的"君教诺"——读〈长沙五一广场东汉简牍选释〉札记之一》，简帛网 2016 年 9 月 24 日；李松儒：《长沙五一广场"君教"类木牍字迹研究》，《中国书法》2016 年第 5 期。

④ 李均明：《五一广场东汉简牍"留事"考》，《出土文献》（第十一辑），中西书局，2017 年，第 370~378 页；《长沙五一广场东汉简牍"假期书"考》，《出土文献》（第十三辑），中西书局，2018 年，第 367~373 页。

⑤ 马增荣：《汉代地方行政中的直符制度》，《简帛》（第十六辑），上海古籍出版社，2018 年，第 253~276 页；李均明：《长沙五一广场出土东汉木牍"直符"文书解析》，《齐鲁学刊》2013 年第 4 期。

（二）东牌楼东汉简

　　东牌楼汉简所涉内容丰富，但数量不多，且损泐较为严重，因此学界讨论重点大都集中在内容完整的木牍，如所谓《光和六年诤田自相和从书》。王素较早对这件文书做了简释，认为"自相和从"类似如今民事案件中的"私了"。① 叶玉英从行政制度、土地制度、遗产继承等几方面对文书做了考察，其中认为"监临湘""督盗贼"两职均是长沙郡中部督邮掾的属吏。② 庄小霞认为其中"例督盗贼"实为"督盗贼"，"监临湘"即是"长沙中部督邮"，这份文书实际上是监临湘转呈督盗贼的调查案卷。③ 邬文玲分析了文书结构，认为文书起首虽然监临湘李永与督盗贼殷何并列，但实际上是前者转呈后者所报告的案卷，并非二人联署。④ 侯旭东对文书语句重新考订，并考察了其中反映的督邮制度，指出汉代郡下督邮分区监察，其下还设有监察各县的属吏即"监临湘"之类，而"督盗贼"很有可能是监县吏的下属。⑤ 籾山明则认为汉代督邮作为郡中监察吏，位卑而权重，常直接受郡守委派下至县乡处理政务，对于县乡官吏可起到威慑作用。⑥

---

① 王素：《长沙东牌楼东汉简牍选释》，《文物》2005 年第 12 期。
② 叶玉英：《东汉简牍〈和从书〉所见东汉若干制度探索》，《厦门大学学报》（哲学社会科学版）2009 年第 12 期。
③ 庄小霞：《东牌楼东汉简牍所见"督盗贼"补考》，《南都学坛》2010 年第 3 期。
④ 邬文玲：《长沙东牌楼东汉简牍〈光和六年自相和从书〉研究》，《南都学坛》2010 年第 3 期。
⑤ 侯旭东：《长沙东牌楼东汉简〈光和六年诤田自相和从书〉考释》，黎明钊编：《汉帝国的制度与社会秩序》，牛津大学出版社（中国）有限公司，2012 年，第 247~276 页。
⑥ [日] 籾山明撰、[日] 广濑薰雄译：《长沙东牌楼出土木牍与东汉时代的诉讼》，《法律史译评》（2013 年卷），中国政法大学出版社，2014 年，第 28~45 页。

此外，其他一些与郡县行政有关的简牍也引起了学者关注。如《荆南频遇军寇文书》，王素认为这份文书是临湘守令通过邮亭上报荆南局势的公文，显示汉末荆南战乱频仍，正常的赋税征收受到严重影响，导致临湘仓储空虚的情况。①黄今言对文书的理解与王文基本一致，特别指出"租茡"应释作"租蒭"。②张荣强则对东牌楼汉简中"户籍简"做了考察，结合汉代户籍编造制度，指出其中所载人户均涉及蠲免徭役的情况，因此所谓"户籍简"应当是案比过程中形成的草稿，并非最终定本。③孙闻博《说东牌楼汉简"桂阳大守行丞事南平丞印缄"》对封检中"桂阳大守行丞事南平丞"的职事做了考辨，认为这是南平县丞因某种需要以本职官印行郡太守府丞事，办公地点有可能在本县。④徐畅则对这份封检中的"丞掾"做了详细考察，认为丞掾并非指"临湘县丞及相关属吏"，而应是丞的僚佐之掾，乃私吏性质。⑤

（三）走马楼三国吴简

自1996年出土以来，走马楼吴简得到了国内外学者广泛关注，据统计，截至2016年，相关文章就已有六百余篇之多，仅综述性的论文就有二十余

---

① 王素：《长沙东牌楼东汉简牍选释》，《文物》2005年第12期。
② 黄今言：《〈长沙东牌楼东汉简牍〉释读的几个问题》，《中国社会经济史研究》2008年第2期。
③ 张荣强：《长沙东牌楼东汉"户籍简"补说》，《中国史研究》2008年第4期。
④ 孙闻博：《说东牌楼汉简〈桂阳大守行丞事南平丞印缄〉》，《文物》2010年第10期。
⑤ 徐畅：《长沙出土简牍中的"丞掾"》，《文物》2017年第12期。

篇。①面对数量如此之大的研究成果，本文拟择要介绍其中与主题密切相关者，其余成果可参见相关综述论文，不再在文中一一罗列，敬希读者谅解。

吴简公布之初，其中的职官名称便引起了学界注意。如罗新曾先后对"督军粮都尉""监池司马""督邮"做过考察，认为："督军粮都尉"属于孙吴节度系统的属官，该系统仿照曹魏设置，负责代表中央从郡县调集军粮，②其后戴卫红在其基础上进一步复原出"节度府—督军粮都尉—州中邸阁左右郎中—三州邸阁郎中"的节度系统；③"监池司马"则是孙吴管理池泽水产的官吏，负责征收"假税"，即吴简所见"池贾米"，④但蒋福亚倾向于认为监池司马是管理围湖所造屯田的官吏；⑤"督邮"作为郡对县的监察官，有时由劝农掾兼任，并推测当时长沙郡有中、东、西三部督邮。⑥此外，孙正军从郎官制度的角度对吴简中"邸阁郎中"进行阐释，认为这是孙吴时

---

① 统计数据源自长沙简牍博物馆编：《嘉禾一井传天下：走马楼吴简的发现保护整理研究与利用》第五章《研究综述篇》，岳麓书社，2016年，第223~225页。此外，相关综述还可参看凌文超：《长沙走马楼三国吴简采集简研究述评》，收录于《中国中古史研究：中国中古史青年学者联谊会会刊》（第四卷），中华书局，2014年，218~242页；徐畅：《长沙走马楼三国吴简整理研究二十年热点选评》，《简帛》（第十五辑），上海古籍出版社，2017年，第223~240页；[日]窪添庆文：《日本的长沙吴简研究》，收录于长沙简牍博物馆编：《长沙简帛研究国际学术研讨会论文集》，中西书局，2017年，第31~49页。

② 罗新：《吴简中的"督军粮都尉"简》，《历史研究》2001年第4期。

③ 戴卫红：《长沙走马楼吴简中军粮调配问题初探》，《简帛研究二〇〇七》，广西师范大学出版社，2010年，第204~224页。

④ 罗新：《监池司马简及相关问题》，《吴简研究》（第一辑），第119~130页。

⑤ 蒋福亚：《走马楼吴简中监池司马与屯田》，李凭、梁满仓、叶植主编：《中国三国历史文化国际学术讨论会论文集》，湖北人民出版社，2012年，第123~131页。

⑥ 罗新：《吴简所见之督邮制度》，《吴简研究》（第一辑），第309~316页。

期三署郎外派的结果。① 雷长巍则对吴简中"立节校尉"做了考述，结合多方证据认定这即是孙吴名臣周鲂。随着吴简陆续公布，研究的焦点逐渐转移到临湘的县乡官吏上。② 侯旭东较早展开研究，认为吴简中乡吏由县派出，实质上有县吏的性质，分"劝农掾""典田掾""乡吏"三种。③ 王子今不认同将"乡吏"单独作为一类，认为其应是对在乡办公官吏的通称，并指出这些县派出的乡吏发挥着沟通城乡、上下衔接的作用。④ 孙闻博认为"乡劝农掾"即是"部劝农掾"，有时径称"乡吏"，劝农掾和典田掾分别与户曹和田曹存在业务上的对口联系。此外又将"乡市掾"纳入乡吏的范围。⑤ 沈刚亦认为乡吏实质上是县廷派出的吏员，并指出这是延续两汉以来的制度。⑥ 安部聪一郎通过考察"户品出钱"简，进一步确认劝农掾、典田掾为县吏，同时特别指出在嘉禾四、五年之交，存在将劝农掾向典田掾转换的可能。⑦ 徐畅在此前讨论的基础上，对劝农掾做了全面考察，得出以下结论：临湘县下分十乡，可能每

---

① 孙正军：《走马楼吴简中的左、右郎中》，《吴简研究》（第三辑），中西书局，2011 年，第 262~271 页。

② 雷长巍：《走马楼三国吴简中的"立节校尉"考述》，《出土文献研究》（第十二辑），中西书局，2013 年，第 340~346 页。

③ 侯旭东：《走马楼吴简所见"乡"与"乡吏"》，《吴简研究》（第一辑），第 87~113 页。

④ 王子今：《走马楼简牍所见"吏"在城乡联系中的特殊作用》，《浙江社会科学》2005 年第 5 期。

⑤ 孙闻博：《走马楼吴简所见"乡"的再研究》，《江汉考古》2009 年第 2 期；《走马楼吴简中乡官里吏》，《吴简研究》（第三辑），第 272~286 页。

⑥ 沈刚：《试论长沙走马楼吴简中的乡吏》，《湖南省博物馆馆刊》（第七辑），岳麓书社，2010 年，第 383~391 页。

⑦ [日] 安部聪一郎：《典田掾・勸農掾の職掌と郷———長沙吳簡中所見「戶品出錢」簡よりみる———》，伊藤敏雄、窪添庆文、关尾史郎编：《湖南出土簡牘とその社會》，东京：汲古书院，2015 年，第 117~142 页。

两乡设一劝农掾分部治事；劝农掾存在于全年各时段，但非常职，因事而置；劝农掾常为各曹派下处理不定期事务；劝农掾与典田掾确在嘉禾四、五年之交发生转换。①除了讨论乡吏，徐畅还把目光放在了县廷诸曹的运作上，《走马楼吴简所见临湘县廷列曹及曹吏》一文通过文书集成，将吴简中所见临湘诸曹及曹吏任职时间一一汇集，为此后的研究提供了资料性框架。②王振华也搜集了吴简中的职官名称，并进行了系统性考述。③小嶋茂稔将东牌楼汉简与走马楼吴简相对照，指出孙吴政权的统治结构与方式基本沿袭东汉，但同时也做了一些适应江南地区统治的调整。④

亦有学者从文书学角度对郡县行政进行考察。最早的讨论是从"君教诺"文书开始，诸家针对文字的释读、文书功能展开热烈讨论。至今，学界一般认为"君教诺"文书是供郡县首长批示的公文，一经批示，便具有行政效力。⑤徐畅利用"君教文书"对县廷审查、集议等行政环节做了考察，认为其

---

① 徐畅：《走马楼简所见孙吴"乡劝农掾"的再研究——对汉晋之际乡级政权的再思考》，《文史》2016 年第一辑。
② 徐畅：《走马楼简所见孙吴临湘县廷列曹设置及曹吏》，《吴简研究》（第三辑），第 287~352 页。
③ 王振华：《走马楼吴简所见临湘侯国属吏管窥》，《出土文献综合研究集刊》（第二辑），巴蜀书社，2015 年，第 223~237 页。该文主要内容亦可见于其博士学位论文《孙吴"君教文书"与侯国行政过程研究》第三章《临湘侯国属吏》中，博士学位论文，清华大学，2017 年。
④ [日] 小嶋茂稔：《後漢孫吳交替期における臨湘縣の統治機構と在地社會——走馬樓簡牘と東牌樓簡牘の記述の比較を通して》，[日] 长沙吴简研究会编：《長沙吳簡研究報告》第 3 集，东京，2007 年，第 12~26 页。
⑤ 关于"君教诺"的学术史梳理，可参王素：《"画诺"问题纵横谈——以长沙汉吴简牍为中心》，《中华文史论丛》2017 年第 1 期。

中"掾某如曹"是指籍簿审核过程中，相关曹掾在曹办公之意。①王振华则以"君教"文书为中心，讨论了与之相关的行政事务，以此观察临湘侯国的日常行政过程。②此外，一些学者也对吴简中散见的"草刺"文书展开讨论，李均明认为此类文书文首多书"草言"二字，是撰写文件草稿的记录，内容包括所书文件的概要、撰写日期及撰写人，用于备案待查。③沈刚在此基础上，进一步指出草刺文书所反映郡、县政权处置基层事务的流程为：县曹吏处理具体事务，并将草撰好的文书上报县廷，县廷审核、签署后，选择部分内容上报至郡府，或郡府委派督邮审核。在这一过程中，县廷是日常行政运转的枢纽。④"白事"文书一直以来受到日本学者关注，伊藤敏雄的两篇文章就是此类研究的代表，作者搜集了各种场合的"白"文书，认为这种文书既可单独使用，又可与其他文件编连使用，总之均是用于上行报告文书中。⑤徐畅结合"草刺"文书与"白事"文书相结合，对其中所涉诸曹事务重做考实，确认了吴简应是"临湘侯国档案群"。⑥除了公文文书，通过简册复原，进而考察籍簿制作及审核等行政过程的研究近年来逐渐兴起，如

---

① 徐畅：《释长沙吴简"君教"文书牍中的"掾某如曹"》，《简帛研究二〇一五》（秋冬卷），广西师范大学出版社，2016年，第224~237页。
② 王振华：《孙吴"君教文书"与侯国行政过程研究》，博士学位论文，清华大学，2017年。
③ 李均明：《走马楼吴简"草刺"考校》，《史学月刊》2008年第6期。
④ 沈刚：《吴简所见孙吴县级草刺类文书处置问题考论》，《文史》2016年第一辑。
⑤ [日]伊藤敏雄：《長沙吳簡中の生口売買と"估錢"徵收をめぐって——"白"文書木牘の一例として——》，《历史研究》50号，2013年3月，第97~128页；《長沙吳簡中の"叩頭死罪白"文書木牘小考——文書木牘と竹簡との編綴を中心に——》，《历史研究》51号，2014年3月，第29~48页。
⑥ 徐畅：《走马楼简牍公文书中诸曹性质的判定——重论长沙吴简所属官府级别》，《中华文史论丛》2017年第1期。

侯旭东对两份里户籍类简册的复原，①凌文超对户籍类、师佐籍、库布帐、举私学、隐核新占民簿等诸类简册的复原，②邓玮光对入米、出米及各类名籍简册的复原。⑶ 此外，还有对籍簿中校核符号的研究，如汪力工《关于吴简注记中的"中"字》、张荣强《走马楼户籍简的"中"字注记》、关尾史郎《賦税納入簡の形式と形態をめぐつて—2009年12月の調査から—》、伊藤敏雄《長沙吳簡中の朱痕・朱筆・"中"字について（その2）》、凌文超《走马楼吴简中的签署、省校和勾画符号举隅》等。⑷ 以上对于籍簿及注记的研究，都为我们进一步认识孙吴郡县的行政过程提供了微观实例。

作为吴简中相对完整的司法文书，"许迪割米案"自吴简公布之初就成为研究热点之一，近年来随着相关简牍不断公布，此案的诸多细节得以呈现。

---

① 侯旭东：《长沙走马楼吴简〈竹简[贰]〉"吏民人名年纪口食簿"复原的初步研究》，《中华文史论丛》2009年第1期；侯旭东：《长沙走马楼吴简"嘉禾六年（广成乡）弦里吏民人名年纪口食簿"集成研究——三世纪初江南乡里官吏一瞥》，原刊于邢义田、刘增贵主编：《第四届国际汉学会议论文集：古代庶民社会》，台北："中研院"，2013年，第103~147页。
② 凌文超关于户籍文书的复原整理，集中见于其著《走马楼吴简采集簿书整理与研究》第二章《嘉禾四年南乡户籍与孙吴户籍的确认》和第三章《户籍簿及其类型与功能》，广西师范大学出版社，2015年，第12~153页。
③ 相关成果集中见于其博士论文《走马楼吴简采集簿书的复原与研究》，博士学位论文，南京大学，2012年。
④ 胡平生、汪力工：《走马楼吴简"嘉禾吏民田家莂"合同符号研究》，《出土文献研究》（第六辑），上海古籍出版社，2004年，第238~259页；张荣强：《走马楼户籍简的"中"字注记》，《中国历史文物》2009年第5期；[日]关尾史郎：《賦税納入簡の形式と形態をめぐつて—2009年12月の調査から—》；[日]伊藤敏雄：《長沙吳簡中の朱痕・朱筆・"中"字について》，《長沙吳簡研究報告2009年度特刊》，2010年，第87~94页；《長沙吳簡中の朱痕・朱筆・"中"字について（その2）》，《長沙吳簡研究報告2010年度特刊》，2011年，第11~17页。

王素、胡平生、王子今、徐世虹、王彬、徐畅、郝蒲珍、邓玮光分别从不同角度对该案进行了复原研究,其中徐文和邓文对研究史已有较充分的总结,本文不再赘述。[①]除了"许迪案",近来学者们又发现了"朱表割米案"的相关竹简。孙东波、杨芬《走马楼三国吴简吴昌长朱表盗米案初探》、[②]陈荣杰《走马楼吴简"朱表割米自首案"整理与研究》、[③]杨小亮《"表坐割匿用米行军法"案勾稽考校》三篇文章同时见于"纪念走马楼三国吴简发现二十周年"学术研讨会,[④]所论内容较为接近,但由于所涉简牍损泐严重,致使该案一些关键信息仍不明朗,有待材料的进一步公布。

四、乡里社会和基层控制

(一)乡、里、丘

在走马楼吴简、五一广场东汉简出土前,中外学界对于中古时期乡以下的基层聚落,已经积累了相当可观的研究成果。尤其是日本学者,自20

[①] 徐畅:《新刊长沙走马楼吴简与许迪割米案司法程序的复原》,《文物》2015年第12期;邓玮光:《试析孙吴嘉禾年间的财政危机——以走马楼吴简许迪割米案为中心》,《文史》2019年第三辑。

[②] 孙东波、杨芬:《走马楼三国吴简吴昌长朱表盗米案初探》,《简帛研究二〇一六》(秋冬卷),广西师范大学出版社,2017年,第248~263页。

[③] 陈荣杰:《走马楼吴简"朱表割米自首案"整理与研究》,《中华文史论丛》2017年第1期。

[④] 杨小亮:《"表坐割匿用米行军法"案勾稽考校》,收录于《长沙简帛研究国际学术研讨会论文集》,第173~189页。

世纪 30 年代以来就开始关注汉代乡里及聚落问题。①但由于材料有限，诸如乡里制度的运行实态，及其与自然聚落间的关系等一系列问题始终难以真正展开。走马楼吴简出土后，其中出现大量的"丘"引发了学界高度关注，仅是针对"丘"的性质问题，就先后有不下十种说法，现择要罗列如下：

1. 以"丘"为"里"说。这一观点诞生于吴简公布之初，曾持此论者有胡平生、宋少华、高敏、臧知非、吴海燕等学者。之所以有如此结论，或是在传世史料无从查证的情况下，受丘里同名现象的误导，如高敏曾以"上利丘""上利里"以及"刘里丘"为证论说。这反映出此时学界对于"丘"的研究还处在探索阶段。②

2. 耕作区域说。有别于将二者等同的说法，此说将丘与里对立看待。高村武幸、宋少华认为丘是指耕作区域，而里为居住区。③于振波则进一步认为，二者应分属不同的行政系统。④

---

① 侯旭东：《汉魏六朝的自然聚落——兼论"邨""村"关系与"村"的通称化》一文曾对中日学者相关讨论做了梳理，可参。该文原刊于黄宽重主编：《中国史新论：基层社会分册》，台北：联经出版事业有限公司，2009 年，第 127~182 页，后收入其著《近观中古史》，第 143~181 页。

② 胡平生、宋少华：《新发现的长沙走马楼简牍的重大意义》，《光明日报》1997 年 1 月 14 日第 5 版；高敏：《从嘉禾年间〈吏民田家莂〉看长沙郡一带的民情风俗与社会经济状况》，《中州学刊》2000 年第 5 期；臧知非：《从"吏民田家莂"看汉代田税的征收方式》，《史学月刊》2002 年第 5 期；吴海燕：《"丘"非"乡"而为"里"辨》，《史学月刊》2003 年第 6 期。

③ [日]高村武幸：《長沙走馬樓吳簡にみえる鄉》，[日]长沙吴简研究会编：《長沙吳簡研究報告》第 2 集，东京，2004 年，第 24~38 页；宋少华：《长沙三国吴简保护整理与研究的新进展》，长沙市文物考古研究所编：《长沙三国吴简暨百年来简帛发现与研究国际学术研讨会论文集》，中华书局，2005 年，第 8~23 页。

④ 于振波：《走马楼吴简中的里与丘》，《文史》2005 年第一辑；《再说吴简中的丘》，《简帛研究二〇〇六》，广西师范大学出版社，2008 年，第 282~292 页。

3. 自治基层组织说。邱东联根据典籍中"四邑为丘"的记载，认为丘是孙吴政权为了有效劝课农业、征收赋税，利用农村原有的自治组织设置的基层组织。⑤

4. 征税组织说。小嶋茂稔主要根据《田家莂》中同时记有乡丘的现象，推测丘是人为划定的征税区，由此构成乡—丘租税征收系统。关尾史郎根据赋税纳入简的字迹发现：同乡同日的纳入简笔迹不一定相同，而确定笔迹相同的均是同乡同日同丘的简，由此推断这种文书的制作可能在各丘完成，而丘也可被视作是与纳税相关的地域组织。⑥

5. 行政组织说。阿部幸信针对小嶋茂稔的说法，提出丘虽有征税单位的功能，却不能说是为征税而设，总的来看，丘既然出现在官方文书中，其性质也应是官方划定的行政组织单位。⑦

6. 屯田组织说。吴荣曾、曹砚农认为田家莂中所载"町"和"处"是有屯田性质的田块地段，而丘是官方在其之上划定的屯田编区。⑧

7. 含有田地的居住地说。这一观点由森本淳提出，后获得阿部幸信与

---

⑤ 邱东联：《长沙走马楼佃田租税简的初步研究》，《江汉考古》1998 年第 4 期。

⑥ [日]小嶋茂稔：《"丘"についての試論》，《長沙吳簡研究報告》第 1 集，第 30~41 页；[日]关尾史郎：《長沙吳簡中の賦税納入簡について——符券としての側面を中心に》，《"东亚简牍与社会—东亚简牍学探讨"学术会议讨论集》，2012 年，第 43~56 页。

⑦ [日]阿部幸信：《嘉禾吏民田家莂「丘」再考》，《東洋史研究》第 62 卷第 4 号，2004 年，第 32~59 页。

⑧ 吴荣曾：《孙吴佃田初探》，《长沙三国吴简暨百年来简帛发现与研究国际学术研讨会论文集》，第 64~71 页；曹砚农：《从〈长沙走马楼三国吴简·嘉禾吏民田家莂〉看吴国在长沙郡的国家"营田"》，《长沙三国吴简暨百年来简帛发现与研究国际学术研讨会论文集》，第 72~74 页。

伊藤敏雄的支持，但此说似未对丘与里、丘与乡的关系做出解说。①

8. 自然聚落说。王素、宋少华、罗新、张荣强、李卿均认为"丘"原指丘陵，是民众聚居的场所。②宋超指出里是人为划定的行政区，而丘是民众自然形成的聚落，前者在孙吴时期已不足以覆盖整个社会，丘的盛行体现出传统的乡里体制有被乡丘体制取代的趋势。③这一观点极具启发性，郭浩则在此基础上进一步提出"丘"是屯田性质的居住单位，"里"是虚拟户籍单位，"同丘不同乡"的现象是某些居民迁徙至他丘而户籍单位未能变更之故。④使该问题的讨论步入了新境。

近年公布的五一广场简中亦出现有"丘"。王彦辉综合有关材料，提出了汉代基层"乡—里""亭—丘"二元体制说，亭制衰落后，则演变为吴简所见"乡—丘""乡—里"体制，由此认为在自然聚落兴起的浪潮中，以联户为目的的乡里组织逐渐向地域单位演变。⑤邓玮光、吴琼则对走马楼吴简赋税入纳简中一丘对应多乡的现象提出新解，认为这与缴纳赋税过程中代缴现象有关，故在入纳简中只有同文符前的人名与缴纳物间有必然联系，

---

① [日]森本淳：《嘉禾吏民田家莂にみえる同姓同名に関する一考察》，《嘉禾吏民田家莂研究——長沙吳簡研究報告》第1集，2001年，第68~79页，转引自王素：《日本〈长沙吴简研究报告〉第1、2集简介》，《吴简研究》（第二辑），第270~284页。

② 王素、宋少华、罗新：《长沙走马楼简牍整理的新收获》，《文物》1999年第5期；张荣强：《孙吴"嘉禾吏民田家莂"中的几个问题》，《中国史研究》2001年第3期；李卿：《〈长沙走马楼三国吴简·嘉禾吏民田家莂〉性质与内容分析》，《中国经济史研究》2001年第1期。

③ 宋超：《长沙走马楼吴简中的"丘"与"里"》，《长沙三国吴简暨百年来简帛发现与研究国际学术研讨会论文集》，第77~85页。

④ 郭浩：《从汉"里"谈长沙走马楼吴简中的"里"和"丘"》，《史学月刊》2008年第6期。

⑤ 王彦辉：《聚落与交通视阈下的秦汉亭制变迁》，《历史研究》2017年第1期。

同文符后的人名只是运输者，与缴纳物间无必然联系。①

总体来看，学界对于"丘"的认识经历了一个逐渐深入的过程。目前普遍接受的观点是，吴简中的"丘"为自然聚落，是一般民众聚居的场所，而"里"是官方统计户口的单位。但仍有一些问题没有被彻底解决，如：里与丘是否能够覆盖全部社会人口？按五十户为一单位编制的里，其编制依据为何？与丘的关系又怎样？乡对于丘是怎样管理的呢？由于史料阙如，导致这些问题都只能从出土文献中寻索答案。随着五一广场简及走马楼吴简木牍的陆续公布，相信可为问题的解答提供更多线索。

（二）户籍制度

走马楼吴简中的户籍类文书也是学界聚讼已久的话题。《文物》1999年第5期刊发了《长沙走马楼简牍整理的新收获》，②作为吴简的初步整理报告，此文公布了一些名籍类的零简。这些材料也成为吴简系统公布之前讨论孙吴户籍制度的主要样本。在这一阶段，学者们关注焦点主要集中在户籍类简的分类、定名与定性。王素《中日长沙吴简研究述评》对2006年前关于户口籍簿简分类、定名的争论做了详细的综述，共分为七说。③虽然彼时材料有限，其中一些观点也无不可商榷之处，但已有学者开始关注"户籍"与"名籍"的区别与联系，为此后的吴简户籍类文书的研究奠定了基础。

吴简系统公布后，大量的户籍类文书为相关研究提供了更充沛的材料。张荣强在《孙吴简中的户籍文书》中，从考察秦汉户籍制度入手，认为"汉代的户籍是户口簿与财产簿的紧密结合"，在"户口籍"部分有赋役注记。财产簿在东汉末年已与户籍簿分离，但还保留着户籍簿中的课役

---

① 邓玮光、吴琼：《试论"丘"及相关问题》，《南京晓庄学院学报》2017年第5期。
② 王素、宋少华、罗新：《长沙走马楼简牍整理的新收获》，《文物》1999年第5期。
③ 王素：《中日长沙吴简研究述评》，《故宫学刊》第三辑，紫禁城出版社，2007年。

内容，这也解释了吴简中为何没有"财产簿"而只有"赀税"。①《〈前秦建元籍〉与汉唐间籍帐制度的变化》则从"户籍功能的实现"这一角度来把握"户籍"的定义，认为户籍有统计户口和征科赋役两种功能，在走马楼户籍类简中分别对应"右某家口食""凡口若干"两类户计简，前者侧重统计户口，后者侧重征发赋役。②《再论孙吴简中的户籍文书——以结计简为中心的讨论》认为"右"类的里结计简统计的是全里的总户数和总口数，而"凡"类简只是该里承担口算赋的人户亦即"应役民"和吏卒户，前者是户籍无疑；后者也称"黄簿"，属于广义上的户籍，并认为在现有吴简中没有专门用来征发徭役的籍簿存在。③杨际平亦从户籍登载内容方面探讨户籍简的性质，④认为汉代户籍中很可能不登载财产项，并依据登载内容的差异将吴简户籍类文书分为四类：第一类的结计简为"右某家口食"；第二类在其基础上加注"赀"；第三类则在第一类的基础上加注"筭""事"；第四类则为工匠户籍。其中第一类应是"户籍"，第二、三类是在"八月算民"后官府在第一类上加注赋役标记的结果，属"广义的户籍"。杨文通过总结各式户籍类文书的特征，区分各自功能上的差异，并从造籍程序的角度阐释各式文书的生成过程，具有启发意义。沈刚《吴简户籍文书的编制方式与格式复原新解》以乡里两级机构的职能为视角，认为乡具有征发徭役的职能，故载有徭役注记的"凡"类文书由乡编制，而以"右"结尾的文书则由里中编制。⑤于振波《略说走马楼吴简之名籍》认为土地、人口和赋税

---

① 张荣强：《孙吴简中的户籍文书》，《历史研究》2006年第4期。
② 张荣强：《〈前秦建元籍〉与汉唐间籍帐制度的变化》，《历史研究》2009年第3期。
③ 张荣强：《再论孙吴简中的户籍文书——以结计简为中心的讨论》，《北京师范大学学报》（社会科学版）2014年第5期。
④ 杨际平：《秦汉户籍管理制度研究》，《中华文史论丛》2007年第1期。
⑤ 沈刚：《吴简户籍文书的编制方式与格式复原新解》，《人文杂志》2010年第2期。

等诸多项目登记在多种籍簿之中，按照"户人简"著录格式的差异，分为"民""给吏""给卒"等若干种。①

2009年，侯旭东《长沙走马楼吴简〈竹简[贰]〉"吏民人名年纪口食簿"复原的初步研究》，是首次尝试利用揭剥图对吴简进行复原研究，为此后的复原工作奠定了方法基础，通过所复原的"广成乡嘉禾六年吏民人名年纪口食簿"中"广成里"部分，确认孙吴"吏民合籍"。②张朵依据侯文的方法，也复原出四份户籍简，分作"右"类和"凡"类两组进行讨论，认为"'右'类户籍簿虽侧重徭役但并不局限某一特定项目；'凡'类户籍簿则是专为口算钱以及赀税的征收而制作的"。③此后，凌文超对户籍类简册展开了一系列复原工作，先后复原出"嘉禾四年小武陵乡吏民人名妻子年纪簿""嘉禾六年广成乡吏民人名年纪口食簿""小武陵乡、南乡等吏民人名年纪口食簿"和"嘉禾四年南乡吏民户数口食人名年纪簿"四组文书，发现"嘉禾四年南乡吏民户数口食人名年纪簿"的体例与"新占民人名口食年纪簿"基本相同，故而将此视作"户籍简"，并总结了孙吴户籍的基本要素只包含身份、姓名、年龄、身体状况等基本信息，不应包含赋役注记。此观点在一定程度上可被视作是"户籍狭义说"的拓展。胡平生《新出汉简户口籍簿研究》中曾指出：秦及汉初法律规定的户籍格式只具有最基本最简单的内容，其他更加复杂的形式则是法律规定的其他户口籍簿。④凌

---

① 于振波：《略说走马楼吴简之名籍》，《简帛研究二〇〇八》，广西师范大学出版社，2010年，第224~250页。
② 侯旭东：《长沙走马楼吴简〈竹简〉[贰]"吏民人名年纪口食簿"复原的初步研究》，《中华文史论丛》2009年第1期。
③ 张朵：《走马楼吴简吏民籍的复原与研究》，硕士学位论文，北京师范大学，2011年。
④ 胡平生：《新出汉简户口簿籍研究》，《出土文献研究》（第十辑），中华书局，2011年，第270~283页。

文超还复原了不同于"户籍"的"户籍簿",指出"户籍簿"依据功能分征赋、派役两类,推测当时官府使用的"簿"大多数可能只为实现单一功能,以应对各行政部门的不同需要,并认为"吴简户籍簿格式的差异不足以反映其籍簿功用的不同"。①邓玮光则对凌文的定名方式提出异议,指出吴简中可能并不存在自名"户籍"的籍簿,无法确认何种籍簿为户籍简。故应尽量避免使用"户籍"一词,而用吴简时代的自名,如"吏民簿"来命名籍簿。②韩树峰亦持狭义的户籍说,认为"户籍"的称谓只能对应一种户籍实体,即只登载人口基本信息的户籍,③而不登录财产、赋役等项目,至于财产登记和征发赋役的功能,只能通过各式单一籍簿来实现。直至北魏均田制实施以后,方才出现户籍、田籍合一的新式综合户籍。④近年来,对吴简户籍类文书的讨论有趋缓之势,但仍有学者坚持以简册复原为导向开展研究,如鹫尾祐子《资料集:三世纪长沙的吏民之户——走马楼吴简吏民簿中户的复原》、连先用《试论吴简所见的"黄簿民"与"新占民"》《吴简所见里的规模与吴初临湘侯国的户籍整顿》、崔启龙《走马楼吴简所见"黄簿民"与"新占民"再探——以嘉禾五年春平

---

① 凌文超以上观点见于其著《走马楼吴简采集簿书整理与研究》中第二章《嘉禾四年南乡户籍与孙吴户籍的确认》及第三章《户籍简及其类型与功能》,其中部分观点见于其之前在《吴简研究》(第三辑)中发表的《走马楼吴简采集简"户籍簿"复原整理与研究——兼论吴简"户籍簿"的类型与功能》一文。
② 邓玮光:《试论吴简名籍的制作周期及相关问题》,《简帛研究二〇一二》,广西师范大学出版社,2012年,第165~181页。
③ 韩树峰:《论秦汉时期户籍概念与户籍实体的对应关系》,《国学学刊》2015年第4期。
④ 韩树峰:《试论汉魏时期户籍文书的著录内容》,《简帛研究二〇一四》,广西师范大学出版社,2014年,第248~264页。

里相关籍簿的整理为中心》等均是此类成果。①

（三）流动人口及管制

从莽新至东汉，荆南地区人口流动频繁，有学者认为，东汉时期荆南四郡人口的大幅增长就与流民迁入有关。②五一广场东汉简中关于流动人口的资料颇为丰富，蒋丹丹以《选释》为中心，对其中所见流民与客的材料做了搜集，并以此考察东汉长沙对流动人口的管理措施。③汪蓉蓉通过复原"连道奇乡受占南乡民逢定本事"相关两行，从文书学角度讨论了占籍文书的基本结构。张荣强、张俊毅则以户籍制度为视角，通过梳理逢定两次占籍的过程，讨论了造籍制度中县与乡各自担任的角色，指出乡吏具体负责的各项事务，县廷只起到联络、安排和监督的作用，体现出秦汉国家基层统治重心在乡不在县的特点。④

东汉末年乃至三国时期，中原板荡，流入荆南的流民为数甚多。这在

---

① 鹫尾祐子：《資料集：三世紀の長沙における吏民の世帯 —走馬楼吳簡吏民簿の戶の復原—》，东京外国语大学亚非语言文化研究所，2017年；连先用：《试论吴简所见的"黄簿民"和"新占民"》，《文史》2017年第四辑；《吴简所见里的规模与吴初临湘侯国的户籍整顿》，《中国农史》2019年第1期；崔启龙：《走马楼吴简所见"黄簿民"与"新占民"再探——以嘉禾五年春平里相关籍簿的整理为中心》，《出土文献研究》（第十八辑），中西书局，2019年，第348~387页。
② 葛剑雄、吴松弟、曹树基：《中国移民史》（第二卷），福建人民出版社，1997年，第268~270页。
③ 蒋丹丹：《五一广场东汉简牍所见流民及客——兼论东汉时期长沙地区流动人口管理》，《简帛研究二〇一七》（秋冬卷），广西师范大学出版社，2018年，第229~238页。
④ 张荣强、张俊毅：《东汉"连道奇乡受占南乡民逢定本事"简册的复原与研究》，《简帛研究二〇二〇》（秋冬卷），广西师范大学出版社，2021年。

出土简牍中留下了痕迹。在走马楼吴简中我们可以看到一些被冠以"州吏""私学"身份但籍贯不属于当地的民户,他们在临湘长期居住并承担着赋役,却没有落籍于此,依然标注着原本的郡籍,或许就是躲避中原战祸的难民。侯旭东从孙吴占募制与领客制角度理解"举私学",认为这是豪将攫取依附民的手段,反映出豪将与孙吴朝廷的矛盾。[1] 凌文超循此思路,对吴简中"新占民"和"举私学"相关籍簿分别做了复原研究,并考察了两种籍簿背后展现的行政过程,认为两次行动均是针对脱籍者,但前者比后者提前行动了仅一个月,由此推断认为前者是豪将控制下武昌宫部署的行动,目的是为了先朝廷一步控制流民,本质上反映出豪将与孙吴政权的矛盾。[2] 连先用通过简册复原,揭示出临湘县下乡里存在"黄簿民"与"新占民"分张的情况,指出新占民一旦落籍,就要同一般编户民一样承担赋役。[3]

五、吏民身份及其生计

（一）关于走马楼吴简中"吏"的讨论

走马楼吴简出土前,唐长孺、韩国磐等前辈学者对魏晋南北朝时期"吏户"已有较为充分的研究,一般认为"吏户"作为当时官府依附民,有特殊

---

[1] 侯旭东:《长沙三国吴简所见"私学"考——兼论孙吴的占募与领客制》,《简帛研究二〇〇一》（下册）,广西师范大学出版社,2001年,第514~522页。

[2] 凌文超:《走马楼吴简举私学簿整理与研究——兼论孙吴的占募》,《文史》2014年第二辑。

[3] 连先用:《试论吴简所见的"黄簿民"与"新占民"》,《文史》2017年第4期。

户籍且世袭罔替、身份低贱。①走马楼吴简出土后，其中所见的各色"吏"如"州吏""郡吏""县吏""给吏""真吏"等身份，为学界高度关注。

高敏赓续此前学界的观点，认为吴简中诸吏包括"在都"之吏和"给郡县"之吏，均是身份特殊且有专门吏籍的官府服役者。②持相似见解者还有蒋福亚，他认为"子弟佃客"可证吏役已由吏本人延至父兄子弟，若有逃亡则以"下户民自代"，显示出较强的依附性质。③韩树峰认为"真吏"和"给吏"是相对而言的概念，前者是包括"州吏""郡吏"在内正式的吏，他们无需缴纳口算赋，但长期服役，具有很强的依附性，作者在对郡县吏缴纳赋税的变化考察后，认为其在嘉禾年间的地位也逐渐下降；后者本质是民，只是临时在官府服役，赋役缴纳与一般民众无异，承担"给役"一般是老弱病残的"下户"，虽有机会被转为"真吏"，但地位依然低贱。④黎虎认为"给吏"来源于民和吏子弟，本身可分两种情况，一是在本州郡县服役"给吏"者，即是"州吏""郡吏""县吏"；二是被派遣至其他单位的"给吏"者，虽然其身份为"州吏""郡吏""县吏"，但未必均称为"州

---

① 相关成果有唐长孺：《魏晋南北朝时期的吏役》，《江汉论坛》1988 年第 6 期；韩国磬：《南朝经济试探》，上海人民出版社，1963 年；张泽咸：《六朝的徭役制度》，《社会科学战线》编辑部：《中国古史论集》，吉林人民出版社，1981 年。也有学者对这种说法提出质疑，不同意将"吏户"视作有别于"民"的特殊户口，如汪征鲁：《魏晋南北朝选官体制研究》，福建人民出版社，1995 年。

② 高敏：《从〈嘉禾吏民田家莂〉中的"诸吏"状况看吏役制的形成与演变——读〈嘉禾吏民田家莂〉札记》，《郑州大学学报》（哲学社会科学版）2001 年第 1 期。

③ 蒋福亚：《〈嘉禾吏民田家莂〉中的诸吏》，《文史哲》2002 年第 1 期。

④ 韩树峰：《走马楼吴简中的"真吏"与"给吏"》，《吴简研究》（第二辑），第 25~40 页；《论吴简所见的州郡县吏》，《吴简研究》（第二辑），第 41~55 页；韩树峰、王贵永：《孙吴时期的"给吏"与"给户"——以走马楼吴简为中心》，《吴简研究》（第二辑），第 88~108 页。

吏""郡吏""县吏",或称为"给吏"。①于振波指出"给吏""给卒"本质上是民的身份,由下品或下品之下的贫民担任,因其在官府服杂役,故可减免部分赋税。②张荣强将给吏与唐代色役结合起来理解,认为是民户在官府所服杂役,王素、宋少华也基本持这种观点。③侯旭东则考察了两汉以来的"给事"制度,指出其原意是官、民临时脱离本职到其他机构工作,西汉不占编制,东汉部分开始拥有编制,目的是解决官府编制有限和事务膨胀间的矛盾,孙吴时期的"给吏"开始显现出身份性和世袭性,吏之子弟在任吏前,需为官府耕种限田。④孟彦弘在"吏子弟"问题上与侯文不尽一致,但也认为当时吏役出现了身份性和世袭性,并由此推断孙吴存在按户征派吏役的吏户,其中"真吏"为承担行政工作者,未标"真吏"者则从事近似吏役的工作。⑤

关于"真吏",黎虎认为这是指"真除实授"的官吏,非"真吏"则包括"冗散但有官称"和"有职事但未真除实授"两种。⑥罗新则将"真"与睡虎地秦简中的"臣邦真戎君长"联系起来,认为"真吏"指已经编户化

---

① 黎虎:《说"给吏"——从长沙走马楼吴简谈起》,《社会科学战线》2008 年第 11 期。
② 于振波:《略论走马楼吴简中的户品》,《史学月刊》2006 年第 2 期。
③ 张荣强:《孙吴简中的户籍文书》,《历史研究》2006 年第 4 期;王素、宋少华:《长沙走马楼三国吴简的新材料与旧问题——以邸阁、许迪案、私学身份为中心》,《中华文史论丛》2009 年第 1 期。
④ 侯旭东:《长沙走马楼三国吴简所见给吏与吏子弟——从汉代的"给事"说起》,《中国史研究》2011 年第 3 期。
⑤ 孟彦弘:《吴简所见的"子弟"与孙吴的吏户制——兼论魏晋的以户为役之制》,《魏晋南北朝隋唐史资料》第二十四辑,武汉大学文科学报编辑部,2008 年,第 1~22 页。
⑥ 黎虎:《说"真吏"——从长沙走马楼吴简谈起》,《史学月刊》2009 年第 5 期。

的土著族群在官府任职者。①杨振红认为"真吏"是正式的吏，社会身份为公乘且有算事义务，孙吴时已然形成世袭性的"吏户"，而"给吏"由公乘以下的庶民承担。②凌文超基于对相关籍簿的复原，认为"真吏"与其他给役注记没有本质区别，"真吏"集中出现在某几个里的籍簿中，可能与里魁个人的书写意图有关。③

（二）关于走马楼吴简中"私学""客"等身份的讨论

"私学"也是走马楼吴简研究中讨论颇多的问题。胡平生认为"私学"是与官学相对的私人弟子，与官吏选举有关。④王素则认为私学非国家正户，故"举私学"有"没入私学"之意，没入后即为官府服役，依附性强于"诸吏"。⑤侯旭东中和以上两说，认为私学由"遗脱"充当，也与特定"举主"存在依附关系，但这种关系是官府默许的，私学本身也享有免役待遇。⑥于振波将"私学"视作在外求学的学生，受现居地官府管理，并非依附人口，但要承担较重租税。⑦王子今、张荣强从民间教育的角度，认为"私学"是民间教育体制下的受教育者，举私学是指登录其身份为私学。⑧李迎春和邓玮光均从两

---

① 罗新：《"真吏"新解》，《中华文史论丛》2009年第1期。
② 杨振红：《吴简中的吏、吏民与汉魏时期官、吏的分野——中国古代官僚政治社会构造研究之二》，《史学月刊》2012年第1期。
③ 凌文超：《"真吏"别解》，《出土文献研究》（第十二辑），中西书局，2014年，第347~366页。
④ 胡平生：《长沙走马楼三国孙吴简牍三文书考证》，《文物》1999年第5期。
⑤ 王素：《长沙走马楼三国孙吴简牍三文书新探》，《文物》1999年第9期。
⑥ 侯旭东：《长沙三国吴简所见"私学"考——兼论孙吴的占募与领客制》。
⑦ 于振波：《汉晋私学考述》，收入其著《走马楼吴简初探》，台北：文津出版社，2004年，第175~224页。
⑧ 王子今、张荣强：《走马楼简牍"私学"考议》，《吴简研究》（第二辑），第67~82页。

汉"学吏制度"出发，认为私学是一种后备吏的性质，不同的是，前者在"举"的问题上同意"登录身份说"，而后者认为应当根据具体语境判定含义。①李恒全亦认同后备官吏的说法，但认为私学是国家正户民。②凌文超通过复原私学相关简册，认为"举私学"是选举私学，遗脱和正户民均可担任，其身份是后备吏而非正式的吏，官方举私学行动的目的是搜集遗脱，不使其落入豪将之手。③

魏晋南北朝时期作为依附人口的"佃客""衣食客"，此前一直受到中外学界关注，吴简中"客"的出现重新激活了对这一问题的讨论。陈爽认为吴简中"吏帅客"是管理屯田事务的"屯吏"所统领的田客，主要由讨伐山越过程中俘获的山越民构成。④蒋福亚认为"吏帅客"是官府依附民，而注家籍的"食客"和"限佃客"是私家依附民，体现出孙吴已经开启了依附民合法化的先声。⑤王素持论与之相似，进一步推断西晋户调式中的荫客制度就是源自孙吴"复客""赐客"制，其称谓也是取自"衣食客"和"限佃客"。⑥沈刚对吴简中所见"客"做了分类研究，认为吏帅客是

---

① 李迎春：《走马楼简牍所见"私学"身份探析》，《考古与文物》2010年第4期；邓玮光：《走马楼吴简所见"私学"考》，《东南文化》2010年第3期。
② 李恒全：《走马楼三国孙吴简牍"私学"考论》，《南京师大学报》（社会科学版）2012年第4期。
③ 凌文超：《走马楼吴简举私学簿整理与研究——兼论孙吴的占募》，《文史》2014年第二辑。
④ 陈爽：《走马楼吴简所见"吏帅客"试解》，《吴简研究》（第二辑），第56~66页。
⑤ 蒋福亚：《长沙走马楼三国吴简中的"客"》，《中国经济史研究》2006年第3期。
⑥ 王素：《长沙吴简中的佃客与衣食客——兼谈西晋户调式中的"南朝化"问题》，《中华文史论丛》2011年第1期。

国家官吏的非正户民，他们分散居于乡丘，身份相对自由。①鹭尾祐子探讨了《竹简[贰]》中出现的限佃人户名籍，认为这类民户户内人口稀少，所耕种的也非自己的土地。②而谷口建速则认为为官府耕作限田、缴纳限米的限佃客拥有独立的户籍，属于编户民范畴。③

除了"私学"和"客"，吴简中还见到"复民""还民""邮卒"等诸多职业、身份，王子今、蒋福亚、孟彦弘、沈刚等学者均有专题研究。④此外，苏俊林博士学位论文《孙吴基层社会身份秩序研究》对吴简所见诸身份做了系统而详细的梳理。⑤

---

① 沈刚：《试论吴简中的客》，《吴简研究》（第三辑），第141-152页。

② [日]鹭尾祐子：《长沙走马楼吴简中的"限佃"名籍》，刘峰译，《简帛研究二〇一七》（秋冬卷），广西师范大学出版社，2018年，第315~333页。原文《长沙走马楼吴简所见[限佃]名籍》，载《立命馆文学》619，2010年。

③ [日]谷口建速：《長沙呉簡にみえる佃客と限米》，《湖南出土簡牘とその社會》，东京：汲古书院，2015年，第143~156页。相关论述亦可参见其著《長沙走馬楼呉簡の研究：倉庫関連簿よりみる孫呉政権の地方財政》第五章《「限米」と限田》及第八章《「給役」と賦税》，东京：早稻田大学出版部，2016年。

④ 王子今：《走马楼简所见"邮卒"与"驿兵"》，《吴简研究》（第一辑），第317~326页；赵宠亮：《吴简邮驿人员称谓补议》，《吴简研究》（第二辑），第83~89页；沈刚：《试论走马楼吴简中的邮卒》，《吉林师范大学学报》（人文社科版）2011年第4期；蒋福亚：《走马楼吴简中的"复民"》，《许昌学院学报》2011年第6期；高敏：《再论长沙走马楼简牍中的"复民"问题——读〈长沙走马楼三国吴简〔竹简〕壹札记之一》，收录于其著《长沙走马楼简牍研究》，广西师范大学出版社，2008年，第81~85页；孟彦弘：《释"还民"》，《历史研究》2001年第4期。

⑤ 苏俊林：《孙吴基层社会身份秩序研究——以走马楼吴简为中心》，博士学位论文，湖南大学，2015年。

六、结语

顾祖禹在《读史方舆纪要》中曾对长沙（荆南）的区位优势有过精辟总结，他引述杜佑"湘州之奥，人丰土辟，南通岭峤，唇齿荆、雍"之语，认为该地是控压南越、争霸江表的军争要冲，在王朝版图中具有相当高的战略价值。① 但长久以来，由于传世史料的贫乏，学界对于汉晋时期荆南地区的研究较为局限，关注问题主要集中在地理交通、民族关系等几个方面，至于地方行政、社会文化等方面则少有推进。② 在简牍文献大量出土后，荆南一跃成为秦汉魏晋史学界关注的热点区域，无论是从研究的深度还是广度，都不可与之前同日而语。随着简牍材料日益丰富，相关研究在传统议题的基础上，得以向基层行政、社会风俗等层面深入展开，荆南地区的历史图景由此愈发清晰，这为区域史研究提供了更多的可能。比如日本学者高村武幸和宫宅洁依据里耶秦简考察秦代迁陵县概貌，③ 再如凌文超在《吴简与吴制》一书中也曾提出参照年鉴学派名著《蒙塔尤》的研究范式，以吴简材料撰写"临湘侯国志"的研究设想，均可视作是地域史研究的有益尝试。④ 如今，走马楼吴简的整

---

① 〔清〕顾祖禹撰，贺次君、施和金点校：《读史方舆纪要》卷80《湖广六·长沙府》，中华书局，2005年，第3746页。

② 如张伟然就将研究重心放在了隋唐及之后的历史时期，汉晋所占篇幅颇少，这也应是史料的数量和密度所限。

③ [日]高村武幸：《秦代遷陵縣の覺え書》，载《名古屋大學東洋史研究報告》第三九号；[日]宫宅洁：《秦代迁陵县志初稿——里耶秦简所见秦的占领支配与驻屯军》，刘欣宁译，《法律史译评》（第五卷），中西书局，2017年，第18~37页。

④ 凌文超：《吴简与吴制》，北京大学出版社，2019年，第12~13页。

理工作接近尾声，五一广场东汉简的整理与研究正方兴未艾，加之尚在整理中的虎溪山汉简、走马楼西汉简、兔子山秦汉简及郴州晋简，荆南（湖南）地区出土简牍在年代序列完整性方面，全国其他地区鲜有能及者，相信不久的将来，历时性、总括性的荆南区域研究定会在学界占有一席之地。

勒华拉杜里在《蒙塔尤》中曾说过：

> 蒙塔尤是一滩臭气扑鼻的污水中的一滴水珠。借助日益增多的资料，对于历史来说，这滴水珠渐渐变成了一个小小的世界；在显微镜下，我们可以看到许许多多微生物在这滴水珠中游动。①

长沙因其地有昭潭，在隋代后一度改称潭州。我们也希望能够通过透视这潭南楚之水泛起的阵阵涟漪，一窥汉晋帝国的历史波澜。

---

① [法]埃马纽埃尔·勒华拉杜里：《蒙塔尤：1294~1324年奥克西坦尼的一个山村》第十七章《小酒店、弥撒、小集团》，商务印书馆，1997年，第428页。

耀县出土北朝造像碑研究综述

刘 莹

20世纪初，陕西省耀县（今陕西省铜川市耀州区）地区陆续出土、发现了大批北朝造像碑。根据学者统计，现存造像碑主要分布在晋、陕、豫、鲁诸省，而陕西关中渭河流域是遗存造像碑最多的地区，约有二百五十至三百余通，其中，耀县药王山博物馆保存的造像碑即有一百多方，数量仅次于西安碑林。[①]

目前，耀县出土北朝造像碑中最早的纪年在北魏太和二十年（496），最晚为北周建德二年（573）。在这不到八十年的时间里，中国北方经历了北魏迁洛之后的繁荣、河阴之变、六镇之乱，再到东西分裂与周、齐建立，是政治形势发生巨变、战乱频仍的时代，也是北朝政权向隋唐国家过渡的重要时期。耀县出土的北朝造像碑数量巨大又颇具地方特色，吸引了国内外学者的广泛关注，是研究北朝宗教、族群、区域历史的重要资料。

[①] 张燕：《北朝佛道造像碑精选·序》，天津古籍出版社，1996年。

一、耀县北朝造像碑的发现与整理

耀县造像碑、石的发现与整理过程颇多曲折。最早出土的《张僧妙碑》，据说发现于清宣统年间（1909—1912）。①此后，耀县造像碑时有出土，但直到20世纪30年代，因山洪暴发冲出大量碑石，才引起学者与文人的广泛注意。清末民初金石家武树善《陕西金石志》收录了《姚伯多造像记》《锜麻仁造像记》《张僧妙碑》及《张氏女造像》四方碑刻，是最早著录耀县碑石的金石著作。②

20世纪30年代，耀县建立"碑林"保存本地出土的造像、碑刻。1943年，石璋如赴耀县考察、参观，详细记录了保存在耀县碑林、中学、小学及药王洞的造像、碑刻，并进行了著录。1953年，石璋如发表《陕西耀县的碑林与石窟》一文，对其所见耀县造像、碑石的出土情况、尺寸、保存状况、碑刻内容进行了介绍，又对各碑进行命名、断代，还进行了部分录文的工作。③文中收录有纪年造像四十一方，其中北魏时期造像十七方，西魏五方，北周九方。无纪年造像三十方，其中石璋如推测可能为北朝时期者七方。由于报告发表时间距离考察时间已有十年，且当时考察时间不充足，技术亦不甚成熟，因此，石先生的记录有不少不甚准确之处。但作为第一个较为全面地记录耀县造像、碑刻的学者，石先生的工作十分珍贵，其价值不能否定。

中华人民共和国成立后，耀县建立了博物馆，并设立碑廊对石刻、造

---

① 顾怡：《耀县现存北朝碑石目录（稿）》，《汉语佛学评论》第三辑，2013年，第255~296页。

② 武树善编：《陕西金石志》，《石刻史料新编》第一辑，台北：新文丰出版公司，1977年。

③ 石璋如：《陕西耀县的碑林与石窟》，《"中央研究院"历史语言研究所集刊》第24本第1册，1953年，第145~172页。

像进行保护。1961年，耀县"药王山石刻"被列为全国第一批重点文物保护单位。1963年陕西文物管理委员会、耀县县人民委员会文教局编著《药王山石刻》一书，罗列了药王山碑石目录，全书仅二十四页，唐代以后的碑刻占据多数。①

1965年，耀生《耀县石刻文字略志》对耀县碑廊存放的七十六方北朝至隋唐时期的造像碑进行了介绍，并简单记述了药王山石窟的情况。②其中有纪年的造像与石刻中北魏十四方，西魏四方，北周十三方，隋、唐二代共十五方。剩余三十方无纪年的造像中，耀生根据地名、发愿文的记载，推测为北魏的有六方，西魏两方，北周八方。耀生著录的碑刻与武树善、石璋如的记录大部分重复，但也有新出土的造像，如1963年出土的《毛明胜造像碑》。隋代《徐景晖造像碑》《苏丰国造像碑》《卢谊兄弟造像碑》与唐代《刘洛仁造像碑》、总章二年《□□造像碑》亦为石氏所未录。其对造像碑时代的推断，亦比石氏更进一步。

20世纪70年代，耀县博物馆藏造像碑被迁移至药王山保存，并公开陈列。1982年，曹永斌编著《药王山石刻重勘纪略》一书，对药王山石刻进行了著录，只是此书稿为油印本，未公开出版，流传不广。此后，韩伟、阴志毅陆续发表报告，较为详细地介绍了部分造像的情况。1984年，韩伟、阴志毅对《魏文朗造像碑》《夏侯僧□造像碑》等六方"佛道混合造像碑"进行了介绍，认为其反应了北朝时期民间佛道并崇的状况。③1987年，又发表《耀县药王山的道教造像碑》一文，依据"各碑造像表现技法、碑面布局、供养人雕造形式等因素"，将药王山博物馆所藏的十一方道教造像碑分为四

---

① 陕西文物管理委员会、耀县县人民委员会文教局编：《药王山石刻（附碑石目录）》，陕西省文物管理委员会，1963年。

② 耀生：《耀县石刻文字略志》，《考古》1965年第3期，第134~151页。

③ 韩伟、阴志毅：《耀县药王山的佛道混合造像碑》，《考古与文物》1984年第5期，第46~51、45页。

类，并分析、总结每一类造像碑的特点。①总的来说，韩、阴二人的分析侧重于造像内容与形式的变化，如供养人刻像的出现、装饰花纹的变化，衣纹、碑面布局、雕刻手法等，并有部分录文。四类碑刻大致对应了北魏孝文帝晚期—宣武帝前期、宣武帝晚期、孝明帝时期，及北周武帝至隋文帝四个时期，对于当地无纪年道教碑刻的断代是有意义的。

大致同一时期，负安志、翟春玲对药王山摩崖石刻及造像进行了简单介绍。②文中提到北朝时期药王山建有宝云寺，③已涉及耀县区域佛教历史的内容，惜未能进一步探讨。

1987、1988及1991年，陕西省文物普查队和药王山博物馆在耀县演池乡吕村、安里乡韩古村与稠桑乡西墙村新发现造像碑十四方。据整理者刊布，其中有纪年者六方，时代在西魏大统十二年（546）至隋开皇十年（590）之间。有题记、题名者十一方，题名中所见"荔非、似先、邹野、奇姓等均为新增姓氏"，此前不见于耀县地区的造像碑中。同时，通过整理者对造像碑的定名，如"荔非周欢道教造像碑""任安保六十人佛教造像碑""西墙佛道合造像碑"等，也大致能了解这批造像者的信仰状况。④

1996年，韩伟、阴志毅又发表《耀县药王山佛教造像碑》一文，对药

---

① 韩伟、阴志毅：《耀县药王山的道教造像碑》，《考古与文物》1987年第3期，第18~26页。

② 负安志、翟春玲：《耀县药王山摩崖石刻造像》，《文博》1984年第1期，第53~55、69页。这一时期关于药王山造像碑刻的介绍还有董玉英：《药王山及其石刻》，《文博》1986年第5期，第62~64页。

③ 唐代慧详所撰《弘赞法华传》载僧人释智友"平陈入关（589），便住花原县宝云寺""凡经四十二年""于贞观八年（634），无疾坐卒于所住寺"，则宝云寺建寺不晚于隋开皇十二年（592）。见〔唐〕慧详：《弘赞法华传》卷8《唐雍州宝云寺释智友传》《大正藏》第51册《史传部三》，河北省佛教协会印行，2008年，第37页。

④ 陕西文物普查队：《耀县新发现的一批造像碑》，《考古与文物》1994年第2期，第45~58页。

王山博物馆馆藏北魏至唐代的二十三方造像碑进行了介绍。[①]据作者统计，这批造像碑中，有纪年者共十七方，其中北魏五方，西魏三方，北周三方，隋唐共六方。而实际上，作者只对其中"保存完善"的八方进行了细致的描述，其余十五方造像究竟何指，造像具体情况如何则未做任何说明。尽管如此，作者在分析药王山佛教造像碑样式、风格的时代特色的同时，依据北魏造像主要为释迦，西魏至隋唐则盛行阿弥陀佛的情况，讨论了北朝时期北地郡净土信仰的流行状况。

20世纪60年代至90年代，虽有以上关于耀县造像碑的相关报告不断发表，个别学者在研究中对部分造像碑也有相关的整理和介绍，但学界关于这批造像碑的了解依然有限，特别是造像碑铭文缺乏全面、准确的整理，难以展开深入的考察和研究。这样的状况在20世纪90年代中期逐渐得到了改善。

1996年，陕西省耀县药王山博物馆联合临潼市博物馆、北京辽金城垣博物馆合编《北朝佛道造像碑精选》，收录了十八方造像碑，其中有十四方出自耀县，时代在北魏始光元年（424）至北周保定二年（562）之间，可谓第一部与药王山造像碑相关的著作。[②]书中收录了魏文朗、姚伯多、锜双胡、仇臣生等多方著名碑刻，刊印了清晰的拓片，并由张燕、赵超整理各碑信息，完整抄录发愿文与题名。关于各碑所反映的信仰情况，则在定名中以"佛道教"或"道教"加以概括。[③]此书收录的碑石虽不多，却是第一次集中、完整地公布铭文信息，为研究的展开提供了便利。1999年，李改、张光溥合著《药王山北朝碑石研究》一书出版，除了包含《北朝佛道造像碑

---

① 韩伟、阴志毅：《耀县药王山佛教造像碑》，《考古与文物》1996年第2期，第13~21页。
② 陕西省耀县药王山博物馆、陕西省临潼市博物馆、北京辽金城垣博物馆合编：《北朝佛道造像碑精选》。
③ 本书收录的十八方造像碑中，仅仇臣生一方定名为"仇臣生造像碑"，其余碑石定名均写明"道教"或"佛道教"，而无纯为佛教造像的碑刻。

精选》收录的十四方，另收录十方造像碑，时代自始光元年至北周建德二年（573）。① 书中发布了较为清晰的拓片，但无录文，可资利用者较有限。

胡文和《中国道教石刻艺术史》略述了药王山博物馆碑林碑石的发现与保存状况，并对其中的二十五方造像碑的出土时间、出土地点、形制、造像内容进行了详细描述。② 二十五方碑刻中，列于北魏至北周时期的有二十一方，列于隋代的有四方。此外，书中还依据韩伟、阴志毅《耀县药王山的佛道造像碑》、张燕、赵超《北朝佛道造像碑精选》以及日本学者神塚淑子的《南北朝时代的道教造像》著录了十五碑的发愿文，《李天保（即七十人）造像碑》发愿文为作者识读、迻录。其后，张泽珣《北魏关中道教造像记研究》收录碑刻四十六方，其中十五方出自耀县。③ 李淞《中国道教美术史》收录北朝造像一百零二方，其中二十五方出自耀县。④ 在《泾渭流域北魏至隋代道教雕刻详述》一文中，李淞又收录石刻六十四方，其中三十一方出自耀县，数量有所增长。⑤

对耀县造像碑的整理到了2013年取得了重大的进展。此年，自由研究者顾怡发表了《耀县现存北朝碑石目录（稿）》，收录了耀县地区北魏至唐代碑石一百三十五方。⑥ 更重要的是，《药王山碑刻》与《陕西药王山碑刻艺术总集》于此年同时出版，可谓耀县造像碑石整理工作最重要的成果。⑦

---

① 李改、张光溥：《药王山北朝碑石研究》，陕西旅游出版社，1999年。
② 胡文和：《中国道教石刻艺术史》，高等教育出版社，2004年。
③ 张泽珣：《北魏关中道教造像记研究：附造像碑文录》，澳门：澳门大学出版中心，2009年。
④ 李淞：《中国道教美术史》第一卷，湖南美术出版社，2011年。
⑤ 李淞：《泾渭流域北魏至隋代道教雕刻详述》，《长安艺术与宗教文明》，中华书局，2002年，第363~437页。
⑥ 顾怡：《耀县现存北朝碑石目录（稿）》，《汉语佛学评论》第三辑，上海古籍出版社，2013年，第255~296页。
⑦ 陕西省古籍整理办公室编：《药王山碑刻》，三秦出版社，2013年；陕西省考古研究院、陕西省铜川市药王山管理局编：《陕西药王山碑刻艺术总集》，上海辞书出版社，2013年。

前文已经提及，1982年曹永斌曾编著《药王山石刻重勘纪略》，却未公开出版发行。《药王山碑刻》一书即在此油印稿的基础上，由曹永斌改写而成。全书分为说明文字、图版、录文三部分，说明文字部分介绍造像碑出土情况与造像内容、形制之外，又有著者按语，对造像碑的年代、造像风格、题记内容、族群姓氏等进行了一定的分析。书中收入北魏造像碑二十一方，西魏造像碑二十六方，北周二十三方，隋唐碑石四十八方，相比石璋如、耀生二位先生大有补充。只是，曹先生此书以1982年书稿为底稿，其时可供参考者，仅石、耀二先生的研究与报告，因此未能吸收其他研究成果。但即便如此，书中提供了早年考察耀县造像碑的相关信息，作者按语亦涉及族群、造像碑之间的比较、断代等内容，在今天的研究中仍有重要的意义。只惜其未能更早出版，不免令人叹息。

《陕西药王山碑刻艺术总集》共七卷，由张燕编著。前五卷以朝代为断，收录北朝至唐代造像碑石。每一卷又分为佛教造像碑、佛道造像碑与道教造像碑三类分别著录，包括北魏二十七方，西魏十五方，北周二十七方，隋代造像碑、单体造像五十方，唐代造像碑六方，以及石塔、经幢等其他石刻材料，相较于曹永斌先生著作，在数量上有所增加，收录碑石最为全面。除了注明碑石的出土时间、地点，还详细介绍了碑刻的规格、各面造像内容，并提供了完整的题记、题名。此外，每一碑均由张燕撰写按语，介绍学界已有的研究成果或著者个人见解，为学者研究与利用提供了方便。

造像碑的整理工作之外，耀县佛教遗迹的考古调查也在21世纪取得了一定的进展。考古工作者对药王山石窟进行了细致的测绘与勘察，又对出土于北魏延昌寺旧址的魏洪达石塔进行了全面的扫描、测绘，为石塔的断代提供了考古学的依据，也为相关研究的展开提供了必要的参考。①

---

① 铜川市考古研究所、西安美术学院中国艺术与考古研究所：《药王山摩崖造像考古报告》，三秦出版社，2015年。关于耀县出土北朝晚期石塔的介绍，又见王泽民、巨亚丽：《药王山阿育王塔考》，《考古与文物》1992年第5期，第94~97页。

二、关于耀县北朝造像碑的考古学研究

学界关于耀县北朝造像碑的考古学研究伴随着石刻的发现与整理同时展开。相关研究大致可以分为两类：一类是以某一方造像碑为主的考察；另一类则是将耀县造像碑置于关中地区或更大范围内的北朝造像碑序列中，以观察北朝时期佛、道教造像艺术的演变。

第一类研究主要集中在几方著名造像碑的断代、造像风格、造像题材的讨论中。

北魏时期的《魏文朗造像碑》可谓讨论最多的造像碑之一。关于此碑的年代，一直是一个颇有争议的问题。从石璋如、耀生二位先生开始，曹永斌、韩伟、阴志毅、张燕等学者均将此碑系年于始光元年（424），[1] 由此将之视作国内已知年代最早的道教造像碑，认为其为道教造像的起源提供了关键的证据。[2] 日本学者石松日奈子最早对此碑年代提出质疑，认为可能的年代在500至514年之间。[3] 阿部贤次（Stanley K. Abe）认同石松的看法，只是推测的年

---

[1] 参见前注所引石璋如、耀生相关研究。韩伟、阴志毅：《耀县药王山的佛道混合造像碑》，《考古与文物》1984年第5期，第46~51、45页。陕西省耀县药王山博物馆、陕西省临潼市博物馆、北京辽金城垣博物馆合编：《北朝佛道造像碑精选》，第1、124页。陕西省古籍整理办公室编：《药王山碑刻》，第3页。

[2] 据唐释法琳《辩正论》记载，道教造像始于刘宋陆修静，见〔唐〕释法琳：《辩正论》卷6《内九箴篇第六》，《大正藏》第52册《史传部四》，第535页。而韩伟、阴志毅认为魏文朗碑"天尊形象已极完备""当有更原始之形象"，因此道教造像的起源可能在释法琳所述之前。见韩伟、阴志毅：《耀县药王山的道教造像碑》，《考古与文物》1987年第3期，第24页。

[3] ［日］石松日奈子：《关于山西耀县药王山博物馆藏〈魏文朗造像碑〉的年代——始光元年铭年代新论》，刘永增译，《敦煌研究》1999年第4期，第107~116页。

代更晚，在514至520年之间。①李淞早期也认为此碑系年当在始光元年，②后又提出修正，认为发愿文开头四字并非纪年，某种程度上认同了石松的意见。③近年，缪哲、李改、李文军虽又撰文强调始光元年的看法，④但学界已普遍倾向于北魏晚期的意见。张燕在《陕西药王山碑刻艺术总集》中便提出了可能为正始年间的一种思考。⑤此外，关于此碑造像内容与题材亦有不同解释。⑥

---

① [日]阿部贤次：《陕西省的北魏雕刻：来源、赞助、愿望》，巫鸿主编：《汉唐之间的宗教艺术与考古》，文物出版社，2000年，第461~488页。
② 见李淞：《北魏魏文朗造像碑考补》，《文博》1994年第1期，第52~57、108页。
③ 李淞：《对涉及三种宗教的三件耀县北魏造像碑的再认识》，罗宏才主编：《西部美术考古》，上海大学出版社，2008年，第135~168页。李淞在此文中对魏文朗造像碑年代问题的讨论进行了详细的梳理，可供参考。
④ 缪哲：《〈魏文朗造像碑〉考释》，《美术史研究集刊》第21期，台北：台湾大学美术史研究所，2006年，第1~68页；李改、李文军：《关于魏文朗佛道造像碑纪年的考释》，《敦煌研究》2011年第1期，第46~48页。
⑤ 陕西省考古研究院、陕西省铜川市药王山管理局编：《陕西药王山碑刻艺术总集》第一卷，第122页。
⑥ 李淞认为碑阳主龛并坐二像为一佛一道，右侧两小龛则分别为文殊菩萨与维摩诘（维摩诘经变）。见李淞：《北魏魏文朗造像碑考补》，《文博》1994年第1期，第52~57、108页。石松日奈子认为碑阳主龛造像左为如来，右为道教像。李改、李文军、穆瑞明（Chiristine Mollier）则认为此龛左为天尊，右为菩萨，见[日]石松日奈子：《关于陕西省耀县药王山博物馆藏〈魏文朗造像碑〉的年代——始光元年铭年代新论》，刘永增译，《敦煌研究》1999年第4期，第107~117页；李改、李文军：《关于魏文朗佛道造像碑纪年的考释》，《敦煌研究》2011年第1期，第46~48页；[法]穆瑞明：《道佛关系的图像学研究：唐玄宗时期的四川摩崖造像》，胡锐译，《宗教学研究》2019年第4期，第103~113页。缪哲、刘昭瑞分析的角度有所不同，但都认为这是一方纯粹的佛教造像碑。见缪哲：《〈魏文朗造像碑〉考释》，《美术史研究集刊》第21期，第1~68页；刘昭瑞：《北魏姚伯多道教造像碑考论》，《道家文化研究》第九辑，第302~318页。

北魏太和二十年《姚伯多造像碑》是如今所知最早的带有明确纪年和造像名称的道教造像碑。其多达千余字的题记与题名，提供了关于北朝关中地区道教发展状况的珍贵资料，在学界颇受重视。尽管如此，此碑经过了武树善、耀生、韩伟、刘昭瑞等先生著录、整理后，仍有不少阙误。[①] 直到20世纪90年代中期，才由李淞对主尊名称进行了考辨，[②] 张燕、赵超著录了完整录文，[③] 张勋燎又提供了四川大学博物馆收藏的、拓印于该碑出土后不久的拓本。[④] 其题记所言"皇老君"者，此前一直被误读为"皇先君"，影响甚久，至此才得以纠正。

以上二碑是耀县出土造像碑中单独研究最多的碑刻。[⑤] 此外，《谢永进造像碑》《张僧妙碑》等也颇受学者关注。《谢永进造像碑》造像风格颇为特殊，李淞曾对这方造像进行专门的研究，推测此碑的刻立在北魏晚期，

[①] 参见武树善编：《陕西金石志》卷4《姚伯多造像记》，《石刻史料新编》第一辑，第16434页；耀生：《耀县石刻文字略志》，《考古》1965年第3期，第134页；韩伟、阴志毅：《耀县药王山的道教造像碑》，《考古与文物》1987年第3期，第18~26页；刘昭瑞：《北魏姚伯多道教造像碑考论》，《道家文化研究》第九辑，第302~318页。

[②] 李淞：《北魏姚伯多道教造像碑主尊之名考辨》，《中国道教》1995年第3期，第46~48页。

[③] 陕西省耀县药王山博物馆、陕西省临潼市博物馆、北京辽金城垣博物馆合编：《北朝佛道造像碑精选》，第125~126页。

[④] 张勋燎：《四川大学博物馆藏北魏姚伯多造道像碑文拓本考释》，《宗教学研究》1997年第2期，第5~12页。

[⑤] 关于《魏文朗造像碑》与《姚伯多造像碑》研究中涉及到的问题，还可以参看李淞：《关中一带北朝道教造像的几点基本问题》，《新美术》1997年第4期，第37~49页。

其神王题名中含有摩尼教初入中国的信息。① 北周《张僧妙碑》出土于清末，武树善、石璋如、耀生对此碑均有著录。一般认为，此碑刻立的年代在天和年间，② 韩伟则重录碑文，并通过碑文末行残存的"德□□岁"字迹，推测此碑刻立年代在建德二年（573）十二月之前。又从碑文所载张氏家族世系、仕宦情况，指出北周政权与关中豪右、中央政治与地方佛教之间的关系。③

除了对单个造像碑的研究，耀县造像碑常常被看作关中地域北朝造像之一部分，与关中其他区域出土的造像碑一起观察，分析北朝道教造像碑的形制、雕刻风格等。④

罗宏才对关中佛、道造像碑进行考古学分类，并就碑面、题名、图像的连缀与释读方法提出了独特的看法。⑤ 宋莉则在对有纪年造像碑进行样式分析的基础上，辨析、确认关中地区无纪年造像碑的年代。⑥ 于春在对长安

---

① 李淞对谢永进造像碑的造像风格与双狮造型进行分析，推测谢永进造像碑产生于北魏晚期至西魏初期，又认为此碑题名中的"磨神王"代表的是与佛教、道教并列的摩尼教。因此认为摩尼教早在6世纪前期已传入今中国陕西地区。见李淞等：《药王山〈谢永进造像碑〉的年代与摩尼教信息解读》，《考古与文物》2008年第3期，第72~80页。

② 武树善将此碑系年于天和六年（572），石璋如、耀生则系年于天和五年（571），即张僧妙薨逝之年。

③ 韩伟：《陕西耀县药王山北周张僧妙碑》，《考古与文物》1988年第4期，第74~76页。

④ 如谢建国：《从药王山造像碑看道教石刻造像的早期形态》，《中国道教》1993年第1期，第41~43页；胡文和：《陕西北魏道（佛）教造像碑、石类型和形象造型探究》，《考古与文物》2007年第4期，第64~77页。

⑤ 罗宏才：《中国佛道造像碑研究：以关中地区为考察中心》，上海大学出版社，2008年。

⑥ 宋莉：《北魏至隋代关中地区造像碑的样式与年代考证》，博士学位论文，西安美术学院，2011年。

地区的佛教造像碑进行研究时，也涉及到耀县地区西魏造像碑的考古学分析，认为耀县造像与长安造像的关系在北魏之后发生了变化，耀县成为了长安重要的造像制造地。①

北朝时期的关中造像碑在题材、风格、表现手法等方面具有明显的地域特色，这已是学界共识。日本学者松原三郎将一种朴素、单纯的带状平行线纹称为"鄜县样式"，认为这样的雕刻形式流行于以鄜县（即今陕西富县，位于陕北地区）为中心的陕西省一带，②耀县出土造像碑亦在"鄜县样式"的艺术谱系范围内。③斋藤龙一对"鄜县样式"的说法提出质疑，指出松原三郎所谓"鄜县模式"的雕刻纹饰实际更集中地分布在东至临潼，北至耀县、富平的及西安近郊地区，陕北地区反而少见，这种表现形式很可能受到5世纪陇东地区造像的影响，反映了关中造像可能的艺术来源。④而阿部贤次则注意到，即便是同一时期、同一地域的造像碑，由于供养人阶层不同，造像风格与技法有很大的差别。导致这种差别的原因可能在于不同阶层知识背景的差异，因此，若想通过造像风格研究造像碑的信仰状况，研究者应审视自己的立场与出发点，采取更加谨慎的态度。⑤

---

① 于春：《长安地区北朝佛教造像考古学研究》，博士学位论文，西北大学，2015年，第87~92页。
② [日] 松原三郎：《北魏の鄜县様式石彫》，《中国佛教雕刻史研究》，东京：吉川弘文馆，1961年，第19~41页。
③ [日] 松原三郎：《北魏陕西派石彫の一系谱——とくに道仏並存と融合》，《中国仏教彫刻史論 本文編》，东京：吉川弘文馆，1995年，第35~52页。
④ [日] 斋藤龙一：《"鄜县样式"造像的再检讨——关于陕西北朝佛道"平行多线纹"造像》，于春译，《文博》2017年第2期，第100~112页。
⑤ Stanley K. Abe, *Ordinary Images*, Chicago: the University of Chicago, 2002, pp.259~313. 此文当由前引 [日] 阿部贤次：《陕西省的北魏雕刻：来源、赞助、愿望》一文（见巫鸿主编：《汉唐之间的宗教艺术与考古》，第461~488页）改写而来，但更详细。

张勋燎、白彬在《中国道教考古》中，从材料的著录与整理、时代与地域分布、造像内容与特点、发愿文与题名，以及北朝道教造像与楼观道之间的关系进行了全面的考察。①之后，张勋燎又在《北朝道教造像再研究》一文中，补充了新的造像材料，总结道教造像碑所具有的造型特点，并按信仰内容将造像碑分为"单纯道像碑"与"双教碑"，即将通常所谓的佛道混合碑置于道教造像的范畴之内。此外，又按照供养人的不同，探讨了家庭造像碑与邑义造像碑的不同功能，分析了邑义组织中的成员身份与分工，并勾勒了造像活动与族群融合、宗教信仰、地方权力之间的关系。②

道教造像碑在造像形式、题记内容等方面深受佛教造像碑的影响。在以上研究中，不论是对造像碑的风格与样式的考察，或是对造像内容的分析，以及对佛、道教实践活动的考察，都或多或少地包含着对北朝时期佛、道教关系的探讨。这是中古宗教史研究的核心问题，也是研究耀县北朝造像碑时不能回避的问题。

三、耀县造像碑所见的中古佛、道教信仰与实践

在以单方造像碑为主的研究中，《姚伯多造像碑》最受关注。此碑题记中的"皇老君"之名虽已得到确认，但碑文中所反映的信仰与北朝关中道教教派之间的关系，依旧是没有定论的问题。刘昭瑞认为此碑为老子造像，反映的是曹魏时期由汉中前来的"三张"天师道在关中流行的情况。③差不多与刘昭瑞论文发表同一时期，柏夷（Stephen R. Bokenkamp）撰文分析

---

① 张勋燎、白彬：《北朝道教造像的考古研究》，《中国道教考古》，第609~753页。
② 张勋燎：《北朝道教造像再研究》，《南方民族考古》第六辑，科学出版社，2010年，第164~206页。
③ 刘昭瑞：《北魏姚伯多道教造像碑考论》，《道家文化研究》第九辑，第302~318页。

了此碑题记，认为其中很多术语与表达都来自于早期的灵宝经典，而老子在其中所具有的核心地位，则反映了耀县地区的道教与楼观派的关系。①此后，国内学者也相继对此问题提出不同的看法。张燕认为造像主尊为老子，但与北朝关中楼观道派的影响有关。②张勋燎、白彬将"皇老君"看作楼观道的一位特殊神祇，罗宏才则认为此碑反映了姚氏家族与灵宝派的关系。③郑文认为姚伯多造像碑反映的是关中新天师道与楼观道派的结合。④

神塚淑子对四十九方北朝道教造像碑进行了整体的分析，其中包含耀县出土造像碑十五方。⑤这些道教造像碑具有一些共同特征，其造像与佛教造像之间的区别不大，所造形象是老君还是天尊并不影响造像的风格，而题名所带的"道民""男官"等道教职衔则是决定其为道教造像的关键证据。通过对《姚伯多造像碑》等碑刻题记的细致分析，神塚确认了北朝时期道教经典所记录的斋会等仪式的实践，并指出道教造像所反映的与中国传统祖先供养的关系，以及佛教对道教的影响。

---

① Stephen R. Bokenkamp, "The Yao Boduo Stele as Evidence for 'Dao~Buddhism' of the Early Lingbao Scriptures", Cahiers d'EXtrême~Asie 9 (1996~1997), pp.55~67.
② 张燕：《药王山造像碑》，《中国道教》2001年第6期，第32~37页。
③ 张勋燎、白彬：《北朝道教造像的考古研究》，《中国道教考古》，线装书局，2006年，第730~745页；罗宏才：《从面、组、位序重新探讨姚伯多造像碑》，《中国佛道造像碑研究：以关中地区为考察中心》，第278~300页。
④ 郑文：《魏晋北朝内迁氐羌民众的道教信仰》，《西南民族大学学报》（人文社会科学版）2010年第2期，第207~211页。
⑤ [日]神塚淑子：《南北朝时代の道教造像——宗教思想史の考察を中心に》，[日]砺波护编：《中国中世の文物》，京都：京都大学人文科学研究所，1993年，第225~289页。本文又收录于[日]神塚淑子：《六朝道教思想史の研究》，东京：创文社，1999年，第464~545页。

佛教史方面，白文对北周《四面造像碑》与隋代《卢谊兄弟造像碑》中的佛传故事进行了图像解读，分析其中所蕴含的《法华经》与西方净土思想，以及周、隋时代的佛传题材转变所反映的佛教修行观念的变化。①村松哲文指出药王山博物馆藏北周《田元族造像碑》中所见的涅槃图是北朝时期涅槃图由释迦仰卧姿势向右肋在下，即右侧卧姿势转变的最早的例子。其时恰逢西魏、北周佛教全盛的时期，译经事业蓬勃发展，佛教与儒、道教进一步融合，涅槃思想也得到了进一步的发展。②

佛道混合造像是耀县造像碑最大的特色，学者对这类造像碑所反映的佛道关系给予了特别的关注。这种造像形式虽不止见于耀县，但学者仍认为耀县造像碑所见佛、道并坐的形象"并不常规和常见"，并且是现在所见的"最早的实物"。③阿部贤次对《姚伯多造像碑》、无纪年《魏文朗造像碑》《杨缦黑造像碑》《杨阿绍造像碑》的造像内容进行了系统的分析和比较，并与临潼出土的《冯神育造像碑》进行了比较，认为这种佛道混合的造像方式是道教造像艺术的另一种选择。其中虽有佛教的影响，但更是灵宝传统的延续。④松原三郎在分析陕西省的北魏造像所展现"鄜县样式"时，通过对造像碑图像内容的分析，提出在北魏时的鄜县地方，弥勒信仰已经完全融入道教信仰，耀县无纪年的《魏文朗造像碑》中所见的"佛道像"便是以这种佛道

---

① 白文：《造像碑的佛传图——以药王山碑林为中心》，《敦煌学辑刊》2008年第2期，第110~120页。

② [日]村松哲文：《陕西省薬王山博物馆所蔵「田元族造像碑」の涅槃図像がいみすること》，《驹泽大学佛教学部论集》第47号，2016年，第205~218页。

③ [法]穆瑞明：《道佛关系的图像学研究：唐玄宗时期的四川摩崖造像》，胡锐译，《宗教学研究》2019年第4期，第103、104页。

④ Stanley K. Abe, "Heterological Visions: Northern Wei Daoist Sculpter frome Shaanxi Province", Cahiers d'EXtrême~Asie 9 (1996~1997), pp.69~83.

融合的思想为背景的。①

近年来,不少学者对佛道混合造像碑进行了更为细致的研究,意图剖析造像碑背后的信仰群体与佛、道教信仰的实际状况。仓本尚德将所谓的佛道混合造像碑进一步分为两类:佛道碑(以佛像为主)与道佛碑(以道像为主),并从题记表述方式、造像群体、神像的配置、地域分布及时代变化等方面分析此类"二教碑"所具有的特点。继而阐释"邑师""门师""道士""平望"等邑义称呼的特殊性,以及碑铭中所见"老子化胡说"的内容,揭示了此类混合造像碑所反映出的家族、群体的信仰状况,以及北朝时期佛、道二教之间的关系。②

李福(Gil Raz)也关注佛道混合造像碑中的邑义称呼以及造像碑铭文中对"老子化胡"传说的表述。李福注意到北朝关中造像碑中不见"祭酒"之称,这表明这一地域流行的道教与天师道并无关系,也不一定与道教斋会有联系。同时,某些造像碑中所见的"老子化胡"的表述,与传统《老子化胡经》并不相同,却见于敦煌发现的灵宝派化胡经的文本中。但是,这种佛道混合造像碑所反映的道教社群的宗教生活并不能简单地归入某一经典或文本的序列中,它反映的是关中地区曾经存在过的多样、复杂的宗教(lived religion)形态。③

---

① [日]松原三郎:《北魏陕西派石彫の一系譜——とくに道仏並存と融合》,《中国仏教彫刻史論 本文編》,第35~52页。
② [日]仓本尚德:《北朝時代の関中における道仏二教の義邑について》,《北朝仏教造像銘研究》,京都:法藏館,2016年,第173~224页。
③ Gil Raz, Local Daoism: the Community of the Northern Wei Dao~Buddhist Stelae, 余欣主编:《中古中国研究》第一卷,中西书局,2017年,第103~150页;李福关于"老子化胡"说的讨论,又见 Gil Raz, "'Conversion of the Barbarians' [Huahu 化胡] Discourse as Proto Han Nationalism", the Medieval History Journal, 17,2(2014), pp.255~294.

四、耀县造像碑与中古族群、邑义研究

尽管造像碑本身所具有宗教性质常会将相关研究自然地导向宗教史的领域，但在研究关中地区族群、邑义与宗族时，造像碑仍是最为重要的材料之一。

关中族群的分布与组成一直是学界关心的问题。唐长孺先生曾利用传世文献史料，细致地梳理了魏晋南北朝时期的杂胡的分布情况。通过唐先生的研究可以了解到，渭北流域广泛地分布着屠各、卢水胡、支胡、乌丸等不同的部族。①其后，马长寿先生利用石刻材料，分析关中各族群混居、融合的状态与过程，为中古时期关中族群研究提供了更为细致的视角与材料。②

马长寿先生研究中所使用的二十五方碑刻中，《夫蒙文庆造像铭》《雷汉王等造像记》《邑主·蒙口娥合邑子卅一人等造像记》《雷标等五十人造像铭》《雷文伯造像铭》《邑主同·龙欢合邑子一百人造像记》《雷明香为亡夫同·乾炽造像记》《郭羌造像记》《邑主弥姐后德合邑子卅人等造像记》《荔非明达四面造像题名》十方碑刻即出于耀县地区。根据马长寿先生的研究，北朝前期，耀县地区大概以西羌与汉人为主，北魏东、西分裂之际，北方部族大量入关，因此在北朝后期，耀县地区有来自鲜卑、氐、卢水胡等部族的土卢、普六茹、吕、杨、郝等诸姓散居在羌人村落中。这些不同的族群通过杂居、经济生活、婚姻关系以及共同的信仰相互联系，最终走

---

① 唐长孺：《魏晋杂胡考》，《魏晋南北朝史论丛》，中华书局，2011年，第369~435页。
② 马长寿：《碑铭所见前秦至隋初的关中部族》，广西师范大学出版社，2006年。

向了融合的道路。①

黄会齐、李红举根据碑刻所见的题名,分析了陇东与关中地区的族群分布,指出耀县地区集中了羌人多种姓氏的部族,且单一姓氏集中居住,"显示了羌人较强的封闭性"。②

张泽珣关注道教造像碑所见的"合邑""合宗邑"以及家族的造像活动。"合邑""合宗邑"是有系统、有组织的宗教社群,造像碑中所见的家族题名,也反映了某一家族在当地的势力。地方政府会直接参与、领导这些群体、家族的宗教活动,并对其产生影响。大姓豪族与地方政府的参与是关中道教发展的动力。③

仓本尚德在研究北朝关中的邑义时,对族群移动、地方豪族、地方官与邑义造像之间的关系也有所关注。北魏时期常见道佛碑,进入北周以后逐渐消失,而只见以佛像为主的佛道碑。仓本认为这一现象的出现与北魏末年北方部族进入关中有密切的关系。而在地方统治中,地方官的信仰对当地百姓有一定的影响,地方权势者与地方官之间也需要寻求某种形式的合作,在邑义造像中,地方官甚至取代了邑师、门师的地位,在造像碑的碑面布局中占据了重要的地位。④

---

① 根据马长寿先生的研究,北朝时期的关中羌人主要实行的是同族异姓的内婚制,但已经有了与汉人通婚的倾向。另外,张燕在《陕西药王山碑刻艺术总集》的按语部分也述及当地各宗族之间的婚姻关系。
② 黄会奇、李红举:《从石刻看北朝关陇的民族分布及其融合》,《齐齐哈尔大学学报》(哲学社会科学版),2016年第1期,第85~89页。
③ 张泽珣:《造像题名与造像供养的组织形式》,《北魏关中道教造像记研究:附造像碑文录》,第23~47页。
④ [日]仓本尚德:《北朝時代の関中における道仏二教の義邑について》,《北朝仏教造像銘研究》,第173~224页。

阿部贤次在综合分析陕西地区的造像碑时，关注到造像风格与供养人社会地位、经济状况之间的联系。①前举张勋燎文注意到豪族在合邑造像中所起到的领导作用。②邵正坤指出在北朝胡族家庭中也存在举家奉道，即以家庭作为信仰传播与实践单位的现象，他们的信仰活动关注家庭与家庭成员，具有明显的功利性，对婚姻关系与家庭经济生活产生了深刻的影响。③

张燕在《药王山造像碑》一文中简单介绍了20世纪诸碑搜集、整理的情况，并概括了耀县造像碑在研究道教美术、民族融合与宗教社邑组织方面具有的重要意义。④纵观上述研究，对于耀县北朝造像碑的探讨不可谓不多，相关探讨以考古学、宗教史为主，关于地方社会、族群关系、村落、宗族、家庭等历史学的研究仍有很大的空间。⑤尽管如此，现有研究已经涉及到了艺术、宗教、社会等多个层面。结合造像碑中的图像与铭文，甚至可以部分地勾画出北朝耀县地区族群聚合离散、人群往来迁徙的画面，以及宗族、家庭聚集，共同进行宗教活动的场景。耀县地区虽位于关中盆地的最北边，但当地以羌人为主体的人群在北朝后期逐渐活跃，在佛教或道教信仰活动中投注热情，并通过造像碑表达自己对生活、对未来的期盼。这些人群与他们所创造的地方历史颇具魅力，期待今后相关研究的进一步开展，更深入地展现人群与地方的历史，进而对理解北朝历史的发展有所助益。

---

① Stanley K. Abe, *Ordinary Images*, pp.259~313.
② 张勋燎：《北朝道教造像再研究》，《南方民族考古》第六辑，第164~206页。
③ 邵正坤：《北朝家庭的道教信仰》，《史学月刊》2008年第12期，第23~31页。
④ 张燕：《药王山造像碑》，《中国道教》2001年第6期，第32~37页。
⑤ 关于造像碑与族群的、村落的研究，还有曾晓梅、吴明冉：《南北朝造像记与羌族宗教信仰》，《西北民族大学学报》（哲学社会科学版）2012年第6期，第51~56页；吴明冉：《南北朝至隋唐碑铭反映的羌人女性地位》，《北方文物》2014年第2期，第78~82页；黄敏：《南北朝宗教石刻与乡里村落》，《兰台世界》2015年第36期，第183~184页。

北朝隋唐碑志文程式化书写研究综述

曲　畅

　　最近若干年来，北朝隋唐碑志大量出土与整理出版，一定程度上推动了北朝隋唐史研究的发展。研究者逐渐突破将碑志视为"证史补史"辅助的旧观点，开始关注碑志作为一个整体的史料价值。他们不再仅利用碑志证成史传，而是希望借由其来还原当时的社会、思想、文化等面相。在此趋势的影响下，碑志文本的内容与结构获得更多关注，其中，碑志文的程式化书写成为近年来研究的新切入点。研究者或从文学视角入手，探究北朝隋唐碑志文程式化创作模式的构成、发展及其影响，或从史学视角入手，探究碑志文中性别、民族、家系、职官、宗教与思想等方面程式化表达背后所反映的群体心态。本文将沿着这两条线索，对所见北朝隋唐碑志文程式化书写相关研究进行整理与综述。限于学力和篇幅，或有重要遗漏及理解不当之处，敬请方家谅解、指正。

一、文学视角

　　碑志书写中的程式化现象，唐人早已意识到。"大凡为文为志，纪述淑美，莫不盛扬平昔之事，以虞陵谷之变，俾后人睹之而瞻敬。其有不臻夫德称者，亦必模写前规，以图远大。至天下人视文而疑者过半，盖不以实然故绝。"① 唐人墓志将"模写前规"的程式化书写现象简单归因于撰写者称扬碑主、志主的需求。钱锺书则批判六朝及初唐碑志存在文字"活套"的通患，尤其在庾信作品中表现得十分明显："（庾信）集中铭幽谀墓，居其太半；情文无自，应接未遑，造语谋篇，自相蹈袭。虽按其题，各人自具姓名，而观其文，通套莫分彼此。惟男之与女，扑朔迷离，文之与武，貂蝉兜鍪，尚易辨别而已。"②

钱锺书以庾信作品为碑志程式化书写的例证，罗漪文则注意到了蔡邕、庾信二位文学家在碑志文程式化创作模式发展方面做出的贡献。罗漪文提出蔡邕和庾信在碑志文修辞上各有特点。蔡邕致力于串接各元素，但庾信则频繁使用典故比较句，使每个元素收尾感极强，在序文内形成呈现明显之块迭。这两种修辞类型一直延续至隋唐，供各类墓志撰写者撷取仿效，尤其是庾信一脉的风格，更在初、中唐庙堂碑志文领域中获得较完整的继承。③

用典是北朝隋唐碑志程式化表达的重要部分，在一定程度上，典故起到了帮助读者理解程式化表达的作用。罗维明与林登顺都注意到了北朝唐代墓志在语言运用上大量用典的特点。罗维明提出唐代墓志大量用典，形成了温文尔雅、含蓄婉转的文风。"无一字无来历"的墓志语言，长处在于语法及用词较为规范，放在知识界易于理解和传诵，作为一种准共同语，方便具有文言文必备修养的人们破译。④ 林登顺则注意到典故的来源与用

---

① 《唐范阳卢夫人墓志铭》，周绍良主编：《唐代墓志汇编》咸通〇一四，上海古籍出版社，1992年，第2388页。
② 钱锺书：《管锥编》，中华书局，1979年，第1527页。
③ 罗漪文：《东汉至中唐碑志文体书写演变》，博士学位论文，新竹：台湾清华大学，2013年，第169~214页。
④ 罗维明：《论唐代墓志撰作特色及其研究价值》，《学术研究》1998年第7期，第70页。

法，提出北朝墓志使用典故的来源十分广泛，包含了经、史、子、集各部，其中尤以史部为多。北朝墓志引用典故时，有正用、反用、明用、暗用等多种手法。一般而言，"明用"者多为"用事"，"暗用"者则偏于"新词"。前者虽不知典故出处而仍知为用典，后者不识典故仍无碍于理解文义。①

在对碑志文的研究中，研究者多倾向于关注程式化表达对碑主、志主形象的塑造与补充。林登顺从生命、家族、忠孝与建功立业四方面探索了北朝墓志文所呈现的理想人物典型。②马立军则注意到北朝墓志着力于在礼法的底色上，用借助意象、引入情节与渲染环境、描写等手法强调文武兼备、才貌俱佳的人物之美。③张鹏另辟蹊径，发现了碑文与墓志面对生死之事时运用了不同的程式化表达，碑文强调"身没不朽"，通过现实功业或所营造的对象的功利性特征来表达赞颂，并用追思怀念以及祝福凸显其观念的不朽价值。墓志中则存在更强的生命意识，碑文的赞颂功能在墓志中被接受和发展，而墓志中对于生命本身的哀叹感慨又与完全的赞颂不同。④

程章灿关注碑志文程式化书写的文学意义，他提出从文章创作学的角度来看，同一个时代的文本，往往有相近的措辞用典以及表达方式。他以汉碑为例，认为以不同汉碑中的文本相互印证，不仅能够加深对碑文及其语境的理解，还可以进而追踪并窥探汉人文章写作表情达意的习惯。⑤石见清裕注意到唐代墓志对常套句和典故的运用，提出墓志是在当时诗文的常

---

① 林登顺：《北朝墓志文研究》，台北：丽文文化事业股份有限公司，2009年，第173~205页。
② 林登顺：《北朝墓志文研究》，第258~354页。
③ 马立军：《北朝墓志文体与北朝文化》，中国社会科学出版社，2015年，第226~253页。
④ 张鹏：《北朝石刻文献的文学研究》，中国社会科学出版社，2015年，第51~67页。
⑤ 程章灿：《作为文本的汉代石刻——读〈汉代石刻集成〉》，《古典文献研究》2008年第1期，第484页。

识范围内书写的,墓志研究与中国文学有密不可分的关系。①

孟国栋进一步提出应该分别对志文和铭文的程式化创作模式进行讨论,才能彰显各自的特色。志文创作的程式化模式主要体现在以下三个方面:行文方式的程式化、特殊类型的模板式、具体内容的雷同性。铭文常用的程式化创作模式则为套用经典诗句、抄撮志文成句、袭用固定模板。唐代墓志铭创作的程式化模式对深入考察经典文士形象的树立和诗歌名句的生成路径都有较大的启发意义。②

近年来,一些研究者将碑志文的程式化书写放在文化、文学的大视野里进行研究。胡鸿把目光扩展到典故作为书面语的表达效果上。他指出随着北魏迁洛之后文教之风的兴盛,北朝贵族、官僚的墓志文辞中也大量出现了典故,这一现象表明对汉文化的掌握已经从最高统治层向下扩展到一般的北族官僚中了。③石见清裕围绕唐代墓志对古代经典的引用进行研究,提出在墓志的语境下部分典故的内涵发生了偏转。在唐高宗与武则天时代,墓志文对古代经典的引用急增,这一现象和李翰《蒙求》的出现一起,反映了当时文坛对华美文风的追求。④

二、史学视角

近年来,将石刻史料本身作为史料把握其特征的研究引人瞩目。碑志

---

① 石见清裕:《唐代墓誌の資料的可能性》,《史滴》第30号,2008年,第109~122页。
② 孟国栋:《唐代墓志铭创作的程式化模式及其文学意义》,《浙江大学学报(人文社会科学版)》2015年第5期,第31~43页。
③ 胡鸿:《纸笔驯铁骑——当草原征服者遇上书面语》,载《能夏则大与渐慕华风:政治体视角下的华夏与华夏化》,北京师范大学出版社,2017年,第303页。
④ 石见清裕:《唐代墓誌の古典引用をめぐって》,《中国古典研究》第五十七号,2015年,第1~13页。

的史料批判、碑志的史学拓展成为研究新动向。① 窪添庆文提倡对"墓志群"进行长时段研究,关注墓志本身的起源与定型化。他从形态和记述内容两方面入手,对西晋至南北朝的墓志进行分析,认为它们当时尚未固定为一种形式,但到南朝梁、北魏的永平年间完成了定型化。② 他还对北魏墓志进行分人群(元氏、元氏以外)、分地域(洛阳、地方)的层层剖析,提出在孝文帝撰写冯熙墓志之后,墓志的要素、行文顺序逐渐完善起来。其后的墓志,尤其是宗室成员的墓志,往往在行文上模仿冯熙墓志。且存在志主与北魏皇室的关系越近,其墓志书写模式与冯熙墓志越相似的规律。③ 徐冲围绕北魏墓志文化发表了一系列论文。④ 他从"历史书写"和"生产过

---

① 参照邱建智:《近百年来的墓志起源与发展研究之回顾》,《早期中国史研究》第三卷第二期,2011年,第157~188页;朱智武:《近10年来魏晋南北朝墓志研究进展与动向分析》,《南京晓庄学院学报》2018年第3期,第27~32页。两篇文章都围绕墓志研究展开,笔者认为可将其范围拓展到碑志。

② 窪添庆文:《墓誌の起源とその定型化》,收入伊藤敏雄编:《魏晋南北朝史と石刻史料研究の新展開—魏晋南北朝史像の再構築に向けて—》,2006—2008年度科研费补助金成果报告书,2009年。汉译为《墓志的起源及定型化》,收入《魏晋南北朝史研究:回顾与探索——中国魏晋南北朝史学会第九届年会论文集》,湖北教育出版社,2007年,第674~694页。后收入氏著《墓誌に用いた北魏史研究》,东京:汲古书院,2017年,第5~54页。

③ 窪添庆文:《遷都後の北魏墓誌に関する補考》(收入伊藤敏雄编:《魏晋南北朝史と石刻史料研究の新展開—魏晋南北朝史像の再構築に向けて—》,2006—2008年度科研费补助金成果报告书,2009年。后收入氏著《墓誌に用いた北魏史研究》,东京:汲古书院,2017年,第55~98页。

④ 徐冲:《从"异刻"现象看北魏后期墓志的"生产过程"》,《复旦大学学报》2011年第2期;大幅修改后收入余欣主编:《中古时代的礼仪、宗教与制度》,上海古籍出版社,2012年,第423~447页。徐冲:《元渊之死与北魏末年政局——以新出元渊墓志为线索》,《历史研究》2015年第1期,第38~53页;徐冲:《冯熙墓志与北魏后期墓志文化的创立》,《唐研究》第二十三卷,北京大学出版社,2017年,第119~139页。

程"两个层面,强调北魏后期墓志呈现"二重奏"的混融面貌,墓志作为一种纪念装置具有"政治性",同时其文本中也包含了与"政治性"基本无缘的悼亡铭辞部分。①

罗新、叶炜编著的《新出魏晋南北朝墓志疏证》讨论《和绍隆妻元华墓志》时,注意到志文用典来源问题,提出文中"庭罗芝玉""虞宾"等典故似乎来自东晋、南朝,这一现象反映了北魏后期至北齐,南朝文献在北方是流行的,并且成为北方文化的组成部分。②陆扬提出要重视对墓志本身的史学分析,"使墓志成为一种独立而非孤立的史学考察对象"。如他所言,墓志相对于官方的文件和正史来说,是一种社会认可的宣扬私人成就的场合,其规范和文风的变化最能体现时代风气的转变和社会各阶层各族裔的人士寻求自我塑造(self-fashioning)的过程。③刘静贞提出墓志书写面对生死交替,具有强烈的理念性。因而墓志文本中借用历史故事以形塑今人样貌的手法,除了是一种文学上的隐喻比况,同时也暗含某种社会文化价值的传递。④

以上研究偏重于从整体角度探讨碑志文中程式化书写的表现与价值。在碑志文程式化书写研究这方面,近年来从北朝隋唐碑志文中某一方面的程式化表达入手,探究其背后所反映的群体心态、社会文化的研究也有不

---

① 徐冲:《北魏后期墓志文化一瞥》,《中国中古史研究》第七卷,中西书局,2019年,第279~291页。
② 罗新、叶炜:《新出魏晋南北朝墓志疏证(修订本)》,中华书局,2016年,第205页。
③ 陆扬:《从墓志的史料分析走向墓志的史学分析——以〈新出魏晋南北朝墓志疏证〉为中心》,《中华文史论丛》2006年第4期,第95~127页。后收入《清流文化与唐帝国》,北京大学出版社,2016年。
④ 刘静贞:《墓志书写中历史形象的引介:"唐宋变革"的再思考》,收入黄宽重:《基调与变奏:七至二十世纪的中国》,台北:政治大学历史学系,2008年,第27~41页。

少。以下笔者将从性别、民族、家系、职官、宗教与思想五大方面对这些研究进行述评。

(一) 性别

利用碑志文中的程式化表达关注性别问题的研究主要分两类。一类关注碑志文对女性整体理想形象的塑造。这类研究的先行者是主要研究五代、宋墓志的刘静贞。虽然所用材料并非北朝隋唐碑志，但中心议题和基本方法还是给了后来研究者一些启发。她提出北宋士大夫在撰写女性墓志碑铭时，大多尽量配合"正位于内"的基本理念，企图刻画出"妇人无外事"的社会形象。他们的为难与努力，既展现出这些士大夫对原有理想社会秩序的坚持，也暗示了现实生活的某些真相。[①]李志生从唐律规定、唐代女教之文、唐人墓志所反映的理想女性认识三类文本出发，以容貌、品德、智能为切入点，探讨了中原地区中上层人士的理想女性观念。[②]邓小南注意到两性期求的标准在唐宋墓志中反映明显。对女性来说，家族关系的重要性超越于本人，女性个人不得不借助与父系、夫系的关系来确定自身的坐标。女性墓志中有关传主的消息通常笼统模糊，只空泛述及她们在家中的服侍诞育、婉娩顺从，叙述方式竭力向主流话语靠近。[③]

张琼从墓志用典的角度分析隋代社会的女性观念，总结出隋代墓志铭在引用女性人物典故方面基本与封建社会对女性认识的主流观念相一致，

---

① 刘静贞：《女无外事？——墓志碑铭中所见之北宋士大夫社会秩序理念》，《妇女与两性学刊》1993年第4期，21~34页。

② 李志生：《唐人理想女性观念——以容貌、品德、智慧为切入点》，《唐研究》第十一卷，北京大学出版社，2005年，第159~186页。

③ 邓小南：《出土材料与唐宋女性研究》，收入李贞德主编：《中国史新论·性别史分册》，台北：联经出版事业有限公司，2009年，第283~332页；邓小南：《从出土材料看唐宋女性生活》，《文史知识》2011年第3期，第82~90页。

更突出表现了女子博学有才、妇德妇功、慈母教子、夫妻相敬如宾、贞节守志等几个方面，隋代社会以女性"主内"的所谓"本分"限定了对女性的理想化期许。①张艳通过分析唐代女性墓志的书写，提出随着唐中后期社会大环境的巨变，墓志中女性德赞部分出现了一些新的内容。对艰苦环境的适应和应对能力成为唐代士人对女性德行的新要求，"安贫乐俭"成为女性德行赞扬的新特点。②

另一类研究倾向从女性身份与碑志程式化书写的关系入手，探究婚姻、家庭相关议题。翁育瑄以墓志为切入点，对唐代官人阶级的婚姻形态进行考察，提出妾、婢的墓志标题上无夫人的称号，这一现象反映了妻妾之间等级地位的差别。③陈尚君则通过对唐代亡妻与亡妾墓志的分析，提出亡妻墓志重在表彰其知书达礼、相夫教子的道德操行，而亡妾墓志则多直接写其美貌色艺。④

周晓薇、王其祎运用隋代墓志铭中有关女性的程式化表达，从多角度探讨隋代女性问题。既有对普遍的女性思想观念的探讨，如对女性贞节观的剖析，也涉及墓志中对不同身份女性的特殊书写，如隋代社会对妻子角色的审美取向、隋代宫人的膺选标准与社会理念，为促进隋代女性历史研究"从平面走向立体，从单一走向多元"做出了贡献。⑤

---

① 张琼：《隋代墓志铭所见女性人物典故及其人物观念》，硕士学位论文，陕西师范大学，2011年。
② 张艳：《唐代女性墓志的书写研究——以〈唐代墓志汇编〉和〈唐代墓志汇编续集〉为中心》，硕士学位论文，安徽大学，2017年。
③ 翁育瑄：《唐代における官人階級の婚姻形態：墓誌を中心に》，《東洋學報》83-2，2001年，第131~159页。
④ 陈尚君：《唐代的亡妻与亡妾墓志》，《中华文史论丛》2006年第2辑，第43~81页。后收入陈尚君：《贞石诠唐》，复旦大学出版社，2016年，第59~89页。
⑤ 周晓薇、王其祎：《柔顺之象：隋代女性与社会》，中国社会科学出版社，2012年。

（二）民族

从北朝到隋唐，胡人的"汉化"、胡汉民族认同问题一直为人所瞩目。胡姓家族的碑志中有关祖先、族源的程式化表达，经常被研究者当作重要材料利用。何德章提出北魏孝文帝定姓族之后，北族出身者普遍在墓志中伪托中原名族，冒引华夏名人为先祖。这一现象体现了志人或其后人对华夏文明心理上的认可。值得注意的是，程式化书写之中也有差异，同一家族的北族人物的墓志中，虽均引华夏先代圣王和名人为先祖，但说法并不一致，这反映出不同人物族群选择的不同和文化心态的变化。① 园田俊介以拓跋元氏为例，从传世文献和石刻史料两方面研究北族祖先传说的发展与形成。他提出北魏墓志中所见拓跋氏祖先传说共有五系统，大致可分为黄帝传说、始均传说、汉王朝传说三大类。直到8世纪的开元年间，唐代的拓跋氏系谱才将黄帝传说与始均传说整理统合在一起。②

碑志程式化书写变化范围不仅限于北族。荣新江指出，"安史之乱"后，粟特人墓志中所书的出身和籍贯有了明显的变化。为应对朝野上下排斥"胡化"的尴尬局面，粟特人普遍在墓志中讳言出身乃至改换郡望。③ 李鸿宾以三方粟特及后裔墓志铭文为样例，详细探讨其书写程式的意涵，提出这些程式一定程度上在"真相"之外，构成了我们认识志主族性与文化的维系于转型的另一个"面相"。而这个"面相"因应了忠于朝廷、归顺"汉化"的

---

① 何德章：《伪托望族与冒袭先祖——以北族人墓志为中心——读北朝碑志札记之二》，《魏晋南北朝隋唐史资料》第十七辑，武汉大学文科学报编辑部，2000年，第137~143页。

② 园田俊介：《北魏・東西魏時代における鮮卑拓跋氏（元氏）祖先伝説とその形成》，《史滴》第27号，2005年，第63~80页。

③ 荣新江：《安史之乱后粟特胡人的动向》，《暨南史学》第二辑，2003年，第102~123页。

主流取向。①

尚永亮、龙成松注意到中古胡姓家族碑志中的族源叙事文本,有不同于汉人的模式化倾向,主要表现为居边封边、避地没蕃、因官出使三大类型,呈现出回环、分支与层递等不同的结构形态。通过剖析这些结构性族源叙事的内涵及渊源,可以发现隐藏其中的民族社会心理和认同关系。总体来看,北朝至唐中叶,是中古民族关系调整的重要时期,也是中华民族黄帝认同形成的关键时期。②

(三)家系

叶昌炽在《语石》中特意提到唐时埋幽文字有一种相承衣钵——"刘氏必曰斩蛇,董姓皆云豢龙。太原则多引子晋缑岭之事"。③这属于对志主家系的程式化书写。叶昌炽只停留在对墓志撰写者书写志主先祖时普遍运用典故的关注,而近年来不少研究者着意于对同一家族碑志中士族谱系的形成进行深入剖析。

仇鹿鸣利用正史、姓氏书、新出土的北朝隋唐墓志,通过对渤海高氏攀附世系、伪冒世籍两方面表现的个案研究,提出士族谱系的形成具有层累构成的特点。④尹波涛将杨播家族已出土墓志按照埋葬时间排列并分析其关于祖先世系的变化,他发现杨播家族在墓志中首先在其与汉晋高门之代

---

① 李鸿宾:《墓志所见唐朝的胡汉关系与文化认同问题》,中华书局,2019年,第228~260页。
② 尚永亮、龙成松:《中古胡姓家族之族源叙事与民族认同》,《文史哲》2016年第4期,第123~167页。
③ 叶昌炽撰,柯昌泗评,陈公柔、张明善点校:《语石·语石异同评》卷4,中华书局,1994年,第230页。
④ 仇鹿鸣:《"攀附先世"与"伪冒士籍"——以渤海高氏为中心的研究》,《历史研究》2008年第2期,第60~74页。

杨震、杨瑶之间建构了一个比较清晰的世系；其次，杜撰杨播的高祖杨结，使得在杨瑶和其家族之间有比较明确的传承世次。①范兆飞提出传世文献和碑志资料关于士族谱系的记载模式截然不同：中古时期的正史列传经常溯及高祖以内具有血缘关系的真实祖先，而碑志则攀附人为构造、乱中有序的虚拟祖先。北朝隋唐郭氏碑志所见的祖先建构，往往包括具有血缘关系的真实祖先和没有血缘关系的想象祖先。散居各地的郭氏成员，往往追认当地的同姓长官为祖先。唐代郭子仪家族将亦真亦幻的汉代冯翊太守郭孟儒塑造为排他性的祖先，正是这种复杂现象的集中体现。②仇鹿鸣对北朝隋唐碑志中屡屡出现的南阳张氏郡望进行研究，提出南阳张氏作为一个虚拟的郡望，是由张姓士人通过对传说与历史人物事迹的拼接，重构对祖先的记忆，制作形成的。③

上述研究之外，还有一些探讨碑志家系程式化书写与谱牒关系的研究也值得注意。陈爽通过对读图文数据，揭示墓志首叙、尾记和碑阴等处所载谱系资料则为"消失"的士族谱牒。④范兆飞在此基础上提出中古士族谱系与碑志的关系，大致经历一个漫长曲折的演变过程：从汉代的谱系入碑，到六朝时期的引谱入志，再到唐朝的谱系回碑，以及宋元时期谱碑正式形成。⑤

---

① 尹波涛：《北魏时期杨播家族建构祖先谱系过程初探——以墓志为中心》，《中国史研究》2013年第4期，第101~116页。
② 范兆飞：《中古士族谱系的虚实——以太原郭氏的祖先建构为例》，《中国史研究》2017年第4期，第77~94页。
③ 仇鹿鸣：《制作郡望：中古南阳张氏的形成》，《历史研究》2016年第3期，第21~39页。
④ 陈爽：《出土墓志所见中古谱牒研究》，学林出版社，2015年。
⑤ 范兆飞：《士族谱牒的构造及与碑志关系拾遗——从〈出土墓志所见中古谱牒研究〉谈起》，《唐研究》第二十二卷，北京大学出版社，2016年，第509~540页。

（四）职官

利用碑志文中的程式化表达关注职官问题的研究可分为两类。一类围绕不同时代、不同人群的碑志中对职官程式化书写的差异展开。罗漪文注意到从南北朝到隋唐碑志书写中，由志主身份延伸而来的问题。南北朝碑志书写所服务的对象通常局限于社会高层，他们的地位足以让碑志作家引述历史典故作为模拟。然而到了唐代，出土墓志文本中有一大批志主为中下层官僚人员或处士一类，他们有的终其一生停留在某个小位置上，甚至无缘涉足官场，那么，当这些人需要使用墓志文时，尽量适应南北朝留下的书写形式的策略，一是缩减或抽掉职官履历元素；二是在铺陈过程中逐渐取消历史典故模拟，仅保留一些携带自然意象的骈丽句组，就志主的综合特质进行概括。初、中唐时期最令人注意者为未进入官场或在官场中升迁窒碍者之墓志文。这些不遇或曾经不遇之人的墓志文最有可能突破文体的既定规则，促成新的书写形式产生。①

马立军关注北朝墓志中的世次叙述，提出世次在北朝墓志中以常例的方式出现，其实就是对先世官爵与墓主身份之间决定与被决定关系的一种强调。北朝墓志中强调世次并以三世官爵为中心的现象，与北魏孝文帝分定姓族时将先世官爵作为唯一依据的政治制度紧密相关。②唐雯提出唐代墓志近世书写的材料来源是家牒，墓志基于家牒对父祖的表达，既有传承的部分，也有自我选择与建构的部分。文士或显宦家族子孙仍旧会利用各种方式抬高父祖的生前官职，以彰显自身门第。而行伍出身的武官家族则对

---

① 罗漪文：《东汉至中唐碑志文体书写演变》，博士学位论文，新竹：台湾清华大学，2013 年，第 208 页。
② 马立军：《从世次叙述看北朝姓族制度对墓志写作的影响》，《文艺评论》2012 年第 8 期，第 38~42 页。

于利用父祖身份不甚措意，亦未形成完整的家牒。①

另一类则偏重于运用北朝隋唐碑志文材料来探讨当时人们对官员的普遍理想化认识与评价。邢义田的研究对象虽非北朝隋唐碑志，但对石刻史料中程式化表达的解读提供了重要视角。他从五个方面分析两汉官员质量典范的理想，其中第五个方面"死后哀荣"以东汉中晚期碑刻中程式化的文字表达补充证明，文武兼修才是两汉官员的典型，才受到肯定和赞颂。②邓小南在《课绩与考察——唐代文官考核制度发展趋势初探》一文中，提出高宗、武后时期，官僚选举中冗滥的弊端日渐突出，整饬贪赃、澄清吏治与追求行政效率，成为当时最紧要的目标。而这一时期官员墓志铭中对墓主"清白""能绩"的颂扬大量出现的现象，很好地证明了这一点。③周斌《从德行到政绩：墓志所见唐代县官评价的转变》一文探讨了唐代县官的考课内容及社会评价标准的变迁：即移风变俗——武德、贞观间的德行标准，清慎明著——高宗武则天时期的德行标准，强干有闻——开元以后的政绩标准。④

叶炜在《南北朝隋唐官吏分途研究》一书中，通过排比分析北朝隋唐碑志中对优秀地方官评价中"吏畏民怀""吏不敢欺"的表达，从时间、空间、层次、类型的角度，揭示出以"吏畏民怀""吏不敢欺"等语赞美官

---

① 唐雯：《制造父祖：唐代墓志中的父祖书写》，《中外论坛》2019年第1期，第41~58页。

② 邢义田：《允文允武——汉代官吏的一种典型》，《"中央研究院"历史语言研究所集刊》2004年第2期，第252页，（总）第223~282页。

③ 邓小南：《课绩与考察——唐代文官考核制度发展趋势初探》，《唐研究》第二卷，北京大学出版社，1996年，第298~299页。

④ 周斌：《从德行到政绩：墓志所见唐代县官评价的转变》，硕士学位论文，中国人民大学，2006年。

员，特别是地方官的现象，自北朝末期开始增多，在唐代具有普遍性。①陈怀宇从墓志文中的动物典故入手，指出"虎去雉驯"这类程式化的政治修辞往往有着特定的使用对象，如"渡虎"一般用于刺史、太守，而"驯雉""飞蝗"则多用于县令，这种区分可能与王朝对于各级地方官吏的不同角色期待相关；从北朝到隋唐，墓志中赞扬地方官的流行典故组合由"渡虎飞蝗"转为"驯雉飞蝗"，这一现象体现了地方控制权从州郡长官逐渐下移到县长官。②

刘琴丽注意到唐代考课条文与德政碑所书州县官员政绩存在一定差异。考课条文强调官员的税收、垦田、户口增减政绩及其清白、清勤的生活、工作作风。与之相较，德政碑则强调官员所应该具备的儒家品德修养、境内社会秩序、对民众的礼义教化、鼓励农桑和赋役税收问题。考课条文所没有提及的发展工商业、灾异现象及祈神灵验等，却被德政碑书写为善政。③

（五）宗教与思想

侯旭东通过统计、剖析造像记中发愿文中的祈愿用语及内容，考察其中所见北方民众佛教、世俗的认识，认识生成的背景、祈愿中所反映的心理追求、范围、时间等，并在此基础上结合祈愿对象，考察愿文所反映的民众的社会意识。④他的研究并非围绕北朝隋唐碑志展开，却在一定程度上为后来以

---

① 叶炜：《南北朝隋唐官吏分途研究》，北京大学出版社，2009年，第199~206页。
② Chen Huaiyu, "The Rhetoric of Pacifying Birds and Beasts in Tomb Inscriptions from Medieval China", An International Conference "Tang Studies:The Next Twenty–Five years", sponsored by Tang Studies Society and Department of East Asian Studies,State University of New York at Albany,May 2009.
③ 刘琴丽：《德政碑与唐代州县官员的政绩书写》，《四川师范大学学报（社会科学版）》2015年第4期，第155~162页。
④ 侯旭东：《五六世纪北方民众佛教信仰——以造像记为中心的考察（增订本）》，社会科学文献出版社，2015年，第176~284页。

碑志中程式化表达研究宗教问题提供了支点。郑雅如分析北朝隋代墓志中引用佛经女性以喻在家女性的现象,提出目前所见北朝隋代墓志援引佛经中的女性赞扬志主多取材于大乘经典,其中尤其以在家善女说法的胜鬘夫人被引用最多。撰志者对引喻对象的择取,一则反映其活动时代或地域大乘佛典流行情况,再者也反应现实中女信徒在信仰活动中扮演着重要角色。①

与侯旭东、郑雅如着力于宗教问题不同,陈弱水更为关注士人的思想。他提出唐前期的知识界以具有一种二元(一个是社会与家庭生活,另一则是个人生活与精神追求的范畴)的世界观为其基本性格。从墓志中可看出,在唐代前期,二元世界观既是某些士人心灵的具体写照,又是可以作为赞语的文化理想,后者也意味二元世界观是个广受认可的价值体系。②

三、结语

以上围绕北朝隋唐碑志文程式化书写展开的研究,无论是从文学视角还是从史学视角出发,都具有两个共同的特点。一是着眼点在整体而非个体,在群体而非个人。长时段、大范围研究碑志文程式化表达的构成、出现及其影响,并在此基础上,力图从这些程式化表达中透视特定群体的思想意识、社会心态、理想追求。二是注意到碑志作为石刻数据的特别价值,关注其与其他体裁史料之间的联系。广泛将碑志文中的程式化表达与同时代正史、诗文中的同类表达相结合进行研究,试图从二者的异同之处出发,

---

① 郑雅如:《理想人生的新向度——北朝隋代在家女性墓志中的信仰描述》,(台湾)《早期中国史研究》第10卷第1期,2018年,第1~90页。
② 陈弱水:《墓志中所见的唐代前期思想》,原刊于《新史学》十九卷四期。2009年1月微幅修订,收于《唐代文士与中国思想的转型》,广西师范大学出版社,2009年,第98~121页。

反观碑志文程式化表达的独有特点。

目前有关北朝隋唐碑志文程式化书写的研究，在史料批判和史学拓展两方面都做得比较深入，研究时段具有一定延展性，涉猎范围也不可谓不广。然而，目前的研究中还是有两点美中不足的地方。一是文献学与历史学的结合不够。一些从史学视角出发的研究，都是从现实层面出发寻找程式化表达变化的原因，而往往忽略文献学的一端。很多程式化表达变化的背后，其实也包含着知识的更新换代。二是对碑志撰写者和丧家的互动关注略少。将程式化表达的出现、发展及变化，全部归为群体心态、社会心理的影响，亦有偏颇之嫌。从文体学角度来说，碑志文既是典雅文章、传记文学，也是应用文体。①可以在现有研究的基础上，把目光适当转向撰写者的知识结构及丧家的现实需求，希望在之后的日子里能看到更多将史学与文学视角融为一体的研究。

---

① 参见孟国栋：《唐代墓志铭创作的程式化模式及其文学意义》，《浙江大学学报（人文社会科学版）》2015 年第 5 期，第 32 页。原文观点仅针对墓志铭，笔者扩展至碑志文。

【第三部分】

书评及序跋

从图像发现历史——评《将毋同：魏晋南北朝图像与历史》

白炳权

"一时代之学术，必有其新材料与新问题"，①近数十年来魏晋南北朝考古材料层出不穷，中古墓葬图像研究已经成为中古史研究领域的重要学术增长点。但是，墓葬图像研究在学科性质界定、方法运用等诸多方面众说纷纭，莫衷一是。②诸多墓葬图像研究对图像的具体解读也往往歧义纷出，图像研究究竟如何结合历史脉络，观照与回应中古时代知识与信仰的逻辑，从而推进中古历史图景认知的质变。诸如此类的问题，近年来成为学界反复讨论的热点话题。③笔者近来拜读韦正先生《将毋同：魏晋南北朝图像与

---

① 陈寅恪：《陈垣敦煌劫余录序》，《金明馆丛稿二编》，生活·读书·新知三联书店，2015年，第266页。
② 相关学术争论情况，参看练春海：《重塑往昔：艺术考古的观念与方法》，社会科学文献出版社，2019年。
③ 刘天琪：《美术考古学的"热"与"冷"》，《美术观察》2011年第6期，第29页；孙英刚：《移情与矫情：反思图像文献在中古史研究中的使用》，《学术月刊》2017年第12期，第41~43页；陈朝云：《考古学视野下历史时期图像资料漫谈——访刘庆柱先生》，《中国史研究动态》2018年第4期，第44~55页。

历史》一书（以下简称"韦著"），①作为一本论文集，该书收入作者十余年来十三篇中古墓葬研究论文。十三篇论文虽为单篇论述，但纵贯魏晋南北朝，对墓葬材料的梳理与阐释相互扶翼，形成系统而连贯的讨论。韦氏早年专研六朝墓葬，其博士论文亦以南方六朝墓葬为题。②后来韦氏又对魏晋十六国北朝墓葬材料加以系统梳理，由此得以贯通南北，以考古学稽考实物与墓葬年代，探究具体形态变迁，以美术学分析图像的内在组合逻辑，再结合历史文献钩沉图像赖以生成的时代背景，形成稳定且相互支撑的解释框架。故此韦著能够重新考订墓葬年代与图像内涵，沙汰陈说，新见迭出。在笔者看来，韦著不仅在具体问题上修正旧说，自出机杼，在学术理念与方法上也极具指导意义，必将促进此后中古墓葬图像研究中美术史、考古学、历史学方法的整合。与此同时，白璧微瑕，对韦著的具体观点、考释过程等方面，笔者认为还有进一步完善的空间。笔者将在讨论其研究理路与学术创获之时，就中古墓葬图像研究发展历程与研究方法略作探讨，不当之处，恳请批评指正。

一

中古墓葬具有高度社会性，墓葬图像与时代政治变迁、社会文化变动关系密切，正如作者所言，魏晋南北朝社会变化剧烈，"因此图像艺术的时空特点非常突出"（第355页）。故此，中古墓葬材料对于中古社会图景的认知具有特殊意义。20世纪70年代末以降，随着墓葬材料的陡增以及学科交叉的加速，墓葬图像研究迅速成为一门"显学"，以"美术考古""艺术考古"或

---

① 韦正：《将毋同：魏晋南北朝图像与历史》，上海古籍出版社，2019年。
② 韦正先生的博士论文后以《六朝墓葬的考古学研究》为题整理出版。韦正：《六朝墓葬的考古学研究》，北京大学出版社，2011年。

"墓葬图像"为题的著述层出不穷。[1]在具体研究中,不少论著或专注图像的分类讨论,对图像与历史脉络的交错互动观照不足;或是注重图像对文献的补正,延续"以图证史"的研究理路。[2]韦著可贵之处在于游刃有余地运用大量考古材料,建立基本的年代序列,在此基础上对图像及其与历史情境的互动展开讨论,借助图像还原中外、南北、胡汉冲突交融的历史画卷。

全书结构明晰,以时间为经,地区为纬,对魏晋以降各个时期与地域的重要墓葬图像展开讨论。引言、附录、后记之外,正文分五章,十一篇独立论文。引言部分化用阮宣子"将毋同"典故,点出本书研究理路上的一大特色,即历史、考古、美术三种研究理路最终为阐释历史而服务,不分轩轾。

第一章讨论魏晋时期的墓葬图像,收入《河西魏晋墓葬门墙画像砖的含义解析》与《酒泉丁家闸5号壁画墓年代及社树图内容分析》两篇文章。《河西魏晋墓葬门墙画像砖的含义解析》在郑岩的河西墓葬"照墙升仙说"基础上深化讨论,以内涵较宽泛的"升天"一词替代"升仙",并指出河西照墙图像系统源自战国以来的天界图像。韦著进而对战国帛画、两汉墓室壁画以及河西、高句丽地区墓葬壁画展开比对,发现河西照墙与陕北、晋北西王母图像系统关系密切,两地均发展出充满兽首人身怪物以及各种瑞兽的天界图景。此外,通过对丁家闸5号墓与德兴里壁画墓的引证,韦著一针见血地指出,河西魏晋照墙天界图是一种"民间天界图"。不同于道教、佛教兴起后等级森严的天界系统,河西魏晋墓葬天界想象涵盖了诸多日常生活图景,是现实世界的延续。该文第二部分梳理了中国早期天界想象的文献材料,借以辅证第一部分的讨论。

《酒泉丁家闸5号壁画墓年代及社树图内容分析》将视野转向酒泉丁家

---

[1] 参看郑岩:《论"美术考古学"一词的由来》,《美术研究》2010年第1期,第16~25页。

[2] 缪哲:《以图证史的陷阱》,《读书》2005年第2期,第140~145页。

闸5号墓的个案考察，集中讨论"社树图"题材的内在意蕴。文章虽以社树图为讨论重点，却首先对丁家闸5号墓的年代问题进行重新探讨，商榷旧说。此后韦著对于墓葬图像的讨论大抵承袭这一研究理路，以扎实的考古学研究为底色，修正前人旧说，在此基础上每每发前人所未发。韦著首先指出，丁家闸5号墓的陶器、形制、壁画均与河西十六国前期墓葬较为接近，再结合河西社会兴衰的历史背景，指出前秦以降河西地区人口流失，经济困顿，缺乏制作精美大型壁画墓的时代条件。韦著以考古学切入并回归历史脉络的讨论，有力地冲击了此前几成公论的丁家闸5号墓"十六国后期说（386—441年之间）"。其次，前人对"社树图"社祭内涵讨论颇详，韦著却另辟蹊径，敏锐地意识到"社树图"中树上之"猴"与树下裸女的特殊关系。"猴+裸女"组合隐隐透露出社树图蕴含的民间精怪思想，表现出民间的献祭—受祭模式，猴精成为受祭者，背离了传统的社祭信仰。韦著进而将这一独特现象置于秦汉以降中央—地方社会互动视野下加以考察。随着汉代以降中央祭祀权威的建立，地方神灵神格走向衰落，最终催生了夹杂精怪的社祭图（第32~33页）。

韦著在墓葬年代断定与图像细节考订方面修正旧说，颇有创获。但某些细节的表述，仍有进一步讨论的余地。如韦著论及河西地区的"牛首、鸡首人身"像时云"所谓牛首人身像可能是一个误解，实质上是犬首人身，不过是犬首戴牛角而已"（第5页）。韦著的论据是《山海经·西次三经》的记载"西王母其状如人，豹尾虎齿而善啸，蓬发戴胜，是司天之厉及五残。有兽焉，其状如犬而豹文，其角如牛，其名曰狡，其音如吠犬，见则其国大穰。有鸟焉，其状如翟而赤，名曰胜遇，是食鱼，其音如录，见则其国大水"。①关键问题在于此处的"狡兽"是否等同于两汉魏晋墓葬中的牛首人身形象。《山海经》描述了"狡—西王母—胜遇"共存的玉山仙界，"狡—西王母—胜遇"又与陕北流行的"牛首人身—西王母—兽首人身"构

---

① 袁珂：《山海经校注》，巴蜀书社，1992年，第59~60页。

图模式相近。叶舒宪据此认为"《山海经》中所描述的玉山神话境界中,与西王母相伴的这一兽一鸟的原型,到了汉代的仙话想象中,分别转化为牛头人身(也有马头人身)和鸡头人身的使者、侍者造型"。①《山海经》中的"狡"或许与牛首人身相关,但是缺乏直接证据表明二者联系。而牛首人身像在东汉时期广泛流行于苏北、山东、陕北、晋北等地,与地域信仰、匠作传统相结合,其外在表征与内在意蕴屡经变迁。故而学界历来对这一形象颇有争议。大致可分为三种观点,一是认为牛首人身与西王母相关,将其看作西王母或西王母使者,如上文所述叶舒宪论点;二是将其与地域信仰相联系,牛天伟、金爱秀认为"牛首"与陕北、晋北当地牛神民间信仰相关。潘攀进一步指出,"牛首人身"形象与两汉文献中"南山丰大特"(西北地域信仰)神牛相关。②三是将牛首人身像视作"炎帝"。姜生首倡此说,通过对徐州东汉元和三年(86)祠堂牛首人身像"罗緾"榜题的释读,将牛首人身像解释为天下鬼神之主"炎帝"。姜生的研究揭示了山东、苏北地区牛首人身像与早期道教升仙思想的关联。③总而言之,牛首人身像的具体来源尚不明朗。与此同时,在战国两汉以降地域文化浸染下,各地牛首

---

① 叶舒宪:《牛头西王母形象解说》,《民族艺术》2008年第3期,第89页。
② 牛天伟、金爱秀:《汉画神灵图像考述》,河南大学出版社,2009年,第236~249页;潘攀:《汉代神兽图像研究》,文物出版社,2019年,第178~181页。
③ 姜生的研究为苏北、山东等地牛首人身像的解读提供了新的观察视角。但是,"炎帝"牛首人身记载最早见于《史记》张守节《正义》所引皇甫谧撰《帝王世纪》"有神龙首,感生炎帝。人身牛首,长于姜水"(《史记》卷1《五帝本纪》,中华书局,1959年标点本,第4页),炎帝在墓葬中发挥的升仙引导功能又记载于《真诰》等东晋以降道教文本中,在两汉墓葬中接受程度如何还有待进一步论证。仅见于徐州的榜题能否推而广之,通用于陕北、晋北地域,也有待更多考古材料的出土。姜生:《汉代神祇考》,《江西社会科学》2015年第1期,第105~118页。后收入姜生:《汉帝国的遗产:汉鬼考》,科学出版社,2016年,第184~204页。

人身像的形象与内涵可能略有差异。① 又如韦著认为河西照墙中"人物骑马射虎图"不应理解为李广射箭，该图"描绘的既非历史故事，也非现实场景，跟祥瑞也没有关系"（第13页）。笔者认为将河西魏晋墓葬中的所有"人物骑马射虎"题材统一称作"李广射虎"显然缺乏依据。但是，敦煌佛爷庙湾M1中骑射人物旁有墨书题记"李广"二字。仅就敦煌佛爷庙湾M1而言，"李广射虎"命名较为恰当。② 与此同时，韦著认为该题材不具备特殊含义。而此前学者多指出此类题材置身诸多瑞兽、神怪人物中，应该是借助其勇猛武士形象发挥镇墓作用。③ 笔者认为"李广射虎""伯牙弹琴"等图像代表的贤人、猛士形象，两汉以来便颇受推崇，均有升天资格。④ 十六国时代的河西地区上层社会中这种社会风气依旧颇为流行，张轨曾"令有司可推详立州已来清贞德素，嘉遁遗荣；高才硕学，著述经史；临危殉义，杀身为君；忠谏而婴祸，专对而释患；权智雄勇，为时除难……具状以闻"。⑤ 西凉李暠曾立靖恭之堂，并"图赞自古圣帝明王、忠臣孝子、烈士贞女"。⑥ 从社会观念与图像粉本入手，"李广""伯牙"一类人物形象在墓葬中应该具有某种特殊内涵。

第二章研讨东晋南朝墓葬图像，将视野转向几个关键墓葬，立足于晋

---

① 战国两汉以降，人兽结合形象一时蔚然成风，在两汉墓葬中可见各种"兽首人物"，如马首、牛首等等。战国两汉人兽结合造型传统的研究，参看李凇：《论汉代艺术中的西王母图像》，湖南教育出版社，2000年，第271~289页。

② 殷光明：《敦煌西晋墨书题记画像砖墓及相关内容考论》，《考古与文物》2008年第2期，第101页。

③ 郭永利：《河西魏晋十六国壁画墓》，民族出版社，2012年，第154页。

④ 姜生曾提出两汉墓葬图像的"仙鬼系统"一说，这一系统将诸多世俗人物涵盖其中。

参看姜生：《汉帝国的遗产：汉鬼考》，第215~244页。

⑤ 《晋书》卷86《张轨传》，中华书局，1962年标点本，第2224~2225页。

⑥ 《晋书》卷87《凉武昭王李玄盛传》，第2259页。

室东渡，南北文化交流融合的时代底色，探讨东晋南朝政治演进与墓葬文化变迁。《镇江东晋画像砖墓的历史定位》一文中，韦氏将镇江南郊畜牧场东晋画像砖墓（以下简称镇江东晋画像砖墓）放入两晋交替之际的地理区位与政治变迁中加以讨论。韦著首先考察镇江东晋画像砖墓形制与壁画题材，指出该墓前堂后室形制与兽首人身、兽首噬蛇像迥异于南京周边东晋墓葬，反而与山东地区两汉墓较为接近，进而坐实了考古简报中关于"山东墓葬文化随北人南渡传入镇江地区"的推测。其次，韦著以镇江东晋画像砖墓为中心，讨论了先秦以降楚文化的残留影响。韦著从文献角度切入，指出东晋南朝《山海经》在士人群体中颇为流行，相关神怪图像为人熟知。此外，从墓葬材料看，南北墓葬中均不乏《山海经》中相关神怪图像，如山西九原岗壁画墓。而六朝时期南方地区对楚文化的保存尤多，如长江中下游东吴西晋墓葬中多见人形长舌镇墓兽。最后，韦著从镇江东晋壁画墓四神图像布局为切入点，指出该墓对汉晋四神图像的继承，并言明此后南朝建康墓葬对四神系统的排斥，抉出该墓终结汉晋墓室壁画系统的标志性意义。

《南京等地竹林七贤壁画研究》一文虽以竹林七贤壁画为题，但第一节依旧从墓葬年代入手，以墓葬形制、随葬器物为基础重新考订南京宫山竹林七贤壁画墓的年代。韦著一方面从墓葬石门门楣叉手、墓室灯龛等细节着眼，指出宫山墓形制在萧齐已经存在。另一方面，韦著对墓中的各式陶器进行断代，并对陶俑进行了细致的类型学排比，将宫山墓的年代上限进一步推断为刘宋中后期。第二节进而讨论宫山墓独树一帜的竹林七贤壁画布局，七贤壁画位于墓室上栏，与羽人戏龙（虎）位于同一区域。面对这种世俗与仙界混搭现象，韦著一针见血地指出此种特殊布局与南方潮湿环境和陵墓制度的关系。此后韦著转而运用文献材料，还原竹林七贤墓制作的时代背景，指出竹林七贤名士形象的风行与刘宋皇室对名士的倾心共同催生了竹林七贤壁画。

第三节《汉水中游三座南朝画像砖墓的初步研究》着眼于汉水流域三座墓葬的年代、墓葬图像，进而讨论地域墓葬文化与社会政治变迁的互动，是从地域角度入手探讨墓葬文化的一篇杰作。汉水流域的几座壁画墓年代问题聚讼已久，前辈学人从墓葬形制、随葬品与图像等方面进行了诸多研讨，迄无定论。韦著截断众流，着眼于汉水流域交通南北的地理位置，将墓葬材料放置在南北与上下游之争的时代背景中加以考察。韦著首先将邓县学庄墓、襄阳贾家冲墓和谷城肖家营墓纳入南北军事拉锯的视角下加以讨论。韦著指出，带有北方风格的蹲坐式镇墓兽流入襄阳贾家冲与谷城肖家营墓的上限在公元498年北魏攻占沔北五郡，下限在公元550年北周占领襄阳，因此两墓的年代大致在萧梁时期。进而根据邓县一带南北交战情况与邓县学庄墓战马画像砖题记，推断邓县画像砖墓的年代大约在刘宋元嘉三十年（453）至南齐隆昌元年（494）。其次，韦著将汉水流域墓葬置于东晋南朝政治脉络中，敏锐地意识到汉水流域墓葬与建康墓葬之间的互动。这种双向互动随着建康与襄阳政治力量对比变化而起伏，刘宋中期以降，随着雍州地域的崛起，襄阳地区形成了堪与建康媲美的墓葬图像传统。

韦著在第二章中将诸多墓葬因素纳入人口迁徙与地域文化变迁视野下加以考察，新见迭出。但是，文中某些细节表述仍有讨论余地。如韦著认为"南京江宁胡村南朝墓和襄阳贾家冲M1南朝墓神兽纹可以看作镇江墓虎首戴蛇形象的简化"（第42~43页）。这一推论从图像志角度而言尚有一些可待商榷之处，如胡村墓和贾家冲墓神兽纹双臂均有绒毛，虎首戴蛇像没有绒毛；襄阳贾家冲墓神兽为南北朝流行的"畏兽图"，①四肢齐全，而虎首戴蛇像仅有头部与双臂。总之，三种形象之间有一定联系，但目前缺乏可靠证据证

---

① 畏兽起源主要有"西来说"与"本土说"两种，前者代表性研究为[日]有施安昌：《北魏冯邕妻元氏墓志纹饰考》，《故宫博物院院刊》1997年第2期，第73~85页。后者认为畏兽起源于两汉画像传统，杂糅了部分外来因素。代表性研究有林巳奈夫：《獸镮・鋪首の若干をめぐって》，《東方學報》1985年57册，第1~74页。焦博：《关于"乌获"等神兽图像的探讨》，《苏州文博论丛》2015年第6辑，第56~63页。近年来畏兽本土起源说逐渐占据主流地位，笔者基本认同这一看法。

明三者之间的演化关系。此外,韦著在描述邓县学庄墓砖柱挂刀人像图时写道"(人像)头戴小冠,着黄色坎肩",韦著此说应该沿袭自1958年的考古报告。①裲裆与今日俗称之坎肩、马甲相似,但在南北朝时期"裲裆"一词使用较为普遍。②

第三章转而讨论北魏平城时代墓葬图像变迁历程,第一节《大同北魏墓葬壁画综论》原为2017年上海博物馆"壁上观"特展所写,全面梳理了当时已经发表的平城时代墓葬壁画材料,将墓葬划分为三期,进而探讨各个时期墓葬图像的变迁及其内在动因。第二、三节转而讨论具体个案,分别就大同沙岭壁画墓与北魏狩猎图展开讨论。韦著结合沙岭壁画墓中的镇墓武士、怪兽图、伏羲女娲等图像内容,指出沙岭壁画墓图像的根本来源是中原汉晋传统。第三节中韦著提出北魏狩猎图可能源于"大蒐礼",而北魏中期以后大蒐礼图像的锐减则与北魏军制变迁密切相关。

韦著认为沙岭壁画墓图像的主要来源是"中原传统",对前人的"河西来源"与"辽东来源"说进行商榷,进而认为"被迁入平城地区的人数更多的中原民众,直接将这些文化传递给了拓跋鲜卑"(第149页)。诚然,前人对"河西""辽东"因素过分强调,将某个图像追溯到某个地区,影响了平城地区墓葬文化的进一步研究。韦著的主要论据在于平城地区中原民众较好地保持了华夏传统文化,并将两汉墓葬文化传授给拓跋鲜卑。可是考虑到汉魏以来的墓葬图像衰减,加之战乱与民众迁徙,粉本与工匠如何在中原地区流传,并跨越上百年传递至鲜卑墓葬中,还有待更进一步的辨析。韦著的个别论述

---

① 邓县学庄墓考古报告对该图的描述为"着黄披肩"。河南省文化局文物工作队:《邓县彩色画像砖墓》,文物出版社,1958年,第21页。

② 对该图像的相关研究一般通用"裲裆"一词。参看沈从文:《南北朝着两当铠拥仪剑门官》,《中国古代服饰研究》,上海书店出版社,2017年,第216~218页;宋丙玲:《北朝文物中的裲裆》,《文物春秋》2014年第2期,第20~27页。

也有待商榷，如"以北魏皇帝为首的统治阶层想尽各种办法来保证自身安全，高级官僚贵族的行起坐卧皆处处设防，唯恐有一丝一毫的不测"（第143页）。统治阶层保证自身安全是政权天性，并非北魏政权特有。北魏对高级官僚设防到底到何种程度，又与墓葬文化有何联系，均有待进一步考察。就沙岭壁画墓而言，墓主为破多罗太夫人及其丈夫，出自安定高平，可能在北魏征服后秦或赫连夏的过程中迁入平城。①墓主虽属移民，但颇受北魏优待，其官衔为"侍中、主客尚书、领太子少保、平西大将军"，从太和官制入手考量，侍中与少保均为二品上阶，列曹尚书为二品中阶，平西大将军也属二品，②可见其职位不低。与此同时，同出安定高平的梁拔胡官衔为"□□（散）骑常侍、选部尚书、安乐子"。③梁拔胡虽任选部尚书，爵位却仅为子爵，当时任尚书者爵位多为公爵。张庆捷推测这种反常现象与墓主的文官身份不无关系，因为身为文官缺乏军功难以获得更高爵位。④无论如何，二人均可作为外来移民在北朝朝廷获得高官厚禄的典型。此外，梁拔胡与沙岭壁画墓墓主图人物均着鲜卑服，各民族对代人身份的认同亦可见一斑。⑤

此外，韦著曾两次论及沙岭壁画墓武士图像，将甬道镇墓武士与甬道

---

① 详细考证参看赵瑞民、刘俊喜：《大同沙岭北魏壁画墓出土漆皮文字考》，《文物》2006年第10期，第78~81页。

② 俞鹿年：《北魏职官制度考》，社会科学文献出版社，2008年，第207~208页。

③ 山西省考古研究所、大同市考古研究所：《山西大同南郊仝家湾北魏墓（M7、M9）发掘简报》，《文物》2015年第12期，第8~22页。

④ 张庆捷：《大同电厂北魏墓题记壁画初探》，《中国社会科学报》2009年11月5日，第5版。

⑤ 北魏迁都平城以降，各族对北魏的国家认同迅速形成，在石刻文献与墓葬图像中均不乏例证，详见 [日] 松下宪一：《北魏の國號「大代」と「大魏」》，《北魏胡族體制論》，札幌：北海道大学出版会，2007年，第111~140页。

顶部伏羲女娲相勾连，揭示出沙岭壁画墓甬道区域"打鬼—再生"意蕴的交融，诚有卓识。但是，韦著认为甬道两侧武士是"打鬼的方相氏"，人面兽身怪物是"十二兽或十二神"（第127页）。就目前已知材料而言，方相氏在东汉傩戏中的形象特征为"黄金四目，蒙熊皮，玄衣朱裳，执戈扬盾"，因此不少学者主张将东汉墓葬中眼部突出、具有熊形特征的类人状怪物视作方相氏，孙作云较早提倡此说。① 不过，文献与墓葬图像究竟如何对应，墓葬门区熊形怪兽是否一概等同于方相氏，这些问题至今还有争议，如李立便对此前认作方相氏的部分图像提出异议，指出方相氏的认定还有待进一步辨析。② 此外，《魏书·高宗文成帝纪》记载文成帝和平三年十二月（462）"因大傩耀兵，有飞龙、腾蛇、鱼丽之变，以示威武"，《礼志》记载更为详细："因岁除大傩之礼，遂耀兵示武。更为制，令步兵陈于南，骑士陈于北，各击钟鼓，以为节度……各令骑将六人去来挑战，步兵更进退以相拒击，南败北捷，以为盛观。自后踵以为常。"③ 北魏耀兵的对象自然是刘宋政权，可见傩戏在北魏染上了浓厚的军事色彩。因此北魏傩戏中方相氏的运用，其与东汉傩戏的形象传承等诸多问题有待进一步研讨。

第四章讨论了北魏洛阳时代宁懋石室高士图的内在意蕴与洛阳时代壁画规制的形成。前人对宁懋石室后壁"高士+侍女"图关注颇多，大多认为这一图像具有升仙内涵。韦著探赜索隐，将这一图像置于特殊时代背景下加以考察，对前人的升仙说加以修正。韦氏注意到南北朝时期士大夫对早期升仙

---

① 孙作云：《洛阳西汉壁画墓中的傩仪图——打鬼迷信、打鬼图的阶级分析》，《郑州大学学报》（哲学社会科学版）1977年第4期，第94~104页。
② 李立：《汉墓神画研究：神话与神话艺术精神的考察与分析》，上海古籍出版社，2004年，第130~143页。
③ 《魏书》卷5《高宗文成帝纪》，中华书局，1974年标点本，第120页；《魏书》卷108之4《礼志四》，第2810页。

思想加以改造，不再强调仙界与现实的割裂，转而强调"现世世界仙界化"（第179页）。因此，"高士＋侍女"构图与升仙有一定关系，但其终极目的却是成为"人间仙者"。该章第二节从北魏洛阳时代墓葬图像布局中提炼出"洛阳规制"这一概念，以此阐述北魏洛阳时代墓葬图像系统。韦著一方面着眼于两汉以降北方墓葬图像流变，洞若观火地指出，汉末以降多室墓向单室墓的转化促使了墓葬壁画系统的重组。在多种壁画题材与有限墓室空间的矛盾中，墓主画像成为墓室图像系统中的核心内容。墓主图像逐渐由耳室、壁龛等地转至墓室后壁，逐渐形成以墓主为核心的墓室图像系统（牛车、鞍马、墓主的组合构图）。此外，韦著立足南北对立的时代背景，探讨了南北朝墓葬文化之间的来源与异同，指出北魏墓葬图像的构成与南方关系有限，主要是对汉晋墓葬传统的改造。韦著进而探讨了北齐、北周时代墓葬壁画对洛阳规制的扬弃，北齐发展出气势恢宏的墓道壁画，北周则形成以棺木为中心的侍女、伎乐等人物图像组合（第228页）。随着北周灭齐与隋唐嬗代，北周、北齐传统进一步综合，墓室北壁不再出现墓主人像，形成模拟居室场景的图像配置；牛车鞍马则转移至墓道成为墓道仪卫图的组成部分。

第五章专论集安高句丽墓葬壁画，是综合中日韩三方研究成果推陈出新的佳构。韦著从集安壁画墓的形制、题材布局出发，重新推论个别墓葬的年代问题。在重新讨论年代框架的基础上，韦著进而从集安内部、集安—平壤两个地理范围入手，讨论朝鲜本土封土壁画墓与积石壁画墓，封土壁画墓与普通封土墓之间的关系，指出集安壁画墓对平壤壁画墓的承袭与地方传统的塑造。此后，韦著将集安壁画墓纳入集安—平壤—辽东三地墓葬发展的宏观背景之下，讨论4世纪早期高句丽攻占乐浪郡以降平壤因素对集安的渗透，以及三燕迭兴之际朝阳—集安—平壤墓葬图像的互动。

《附录》部分收录了韦正先生讨论《洛神赋图》与宝山辽墓的两篇论文。韦正先生结合考古材料，指出传世《洛神赋图》中男女服饰、华盖仪仗、坐榻等器物均具南朝特点，因此《洛神赋图》很可能是南朝时人之作。由此韦氏对《洛神赋图》为顾恺之可信之作的旧说提出有力质疑。与此同时，韦氏注意到司马金龙墓屏风漆画技艺平庸且具有诸多平城时代图像配置特点，再加上平城具备制作漆画屏风的技术条件，韦氏据此推断司马金龙墓屏风漆画与顾恺之《女》《列》没有直接关系，而是来源于汉晋绘画传统（第309页）。此后，韦著将传顾恺之《洛神赋图》进一步推定为刘宋时期陆探微作品，而司马金龙墓屏风漆画有可能在南北交流中（刘宋通使与青齐入魏等）受到传顾恺之《洛神赋图》影响。韦氏在讨论传世画作与墓葬图像时，明确指出"将著名人物墓葬中的壁画与某位著名画家拉扯在一起，这种做法在理论上和实际上都行不通"（第296页）。因此韦氏在研讨过程中注重考古实物、文献记载与传世画作的多重比对，避免局限于风格比较，借此重新检讨司马金龙墓屏风漆画的价值。讨论宝山1号辽墓之时，韦著同样在前人立说基础上破旧立新。巫鸿曾将宝山1号墓室内套室的布局与北魏礼制相联系，韦著对此提出了有力商榷，从时代与形制两方面入手，推测室内套室形制模仿自唐代石椁。韦著同时对宝山1号墓中的备马图、侍奉图、启门图等多种题材进行重新考订，指出石室内部壁画对汉族与契丹族文化的"拼凑"（第342页）。

韦著在正文考论与参考文献中旁征博引，对国内外学者聚讼已久的墓葬年代（邓县墓等）与图像内涵问题均有所发现，在具体论证过程中对中外学者揭示的关键问题加以积极回应与讨论。韦著试图以历史叙述为经，以"考古"与"美术"为线索，探明魏晋南北朝社会政治剧烈变迁之中图像与历史的互动与交错。其研讨多以考古学为切入点，对墓葬形制、出土器物进行详细考证，针脚细密，结论明确。在历史叙述层面，韦著力图以"透物见人"为鹄的，从图像发现历史变迁的轨迹，新意颇多。不过，在具体问题的论证层面上，还有不少深入探讨的余地，且在具体讨论层面还有一些拓展空间。如韦著以河西墓葬为例，讨论河西地区的天界想象，揭示魏晋之际河西民众的死后想象，还原地域文化的特性。在这些研讨中，韦著已经充分结合《楚辞》《山海经》等有关天界想象材料。笔者认为如能结合河西墓葬文书加以讨论，应能进一步回答河西地区何以产生此类天界想象，从而还原更为立体的魏晋时期民众生死观与墓葬图像的互动。① 再如，韦著主张北魏墓葬图像主要来源于汉晋传统，对前人的"河西（辽东）来源说"加以商榷。但在具体讨论中，韦著对汉晋—北魏之间图像传统的断裂与再造着墨不多，还有不少深入探讨的空间。拓跋鲜卑早期墓葬中动物牌饰品较为发达，其他图像资源较少出现。② 迁都平城后，图像传统迅速涌入北魏墓葬中，使得北魏墓葬图像展现出极为复杂的"层累面貌"，不同时代要素叠压与交融。以墓葬门区守卫人像为例，脱胎于两汉门吏的世俗守卫与十六国以降兴起的佛教天王在平城墓葬中平行发展。③ 针对这一现象，倪润安曾将北魏早期墓葬因素划分为旧俗与新风两大部分，旧俗包括早期拓跋文化、檀石槐文化等，新风囊括东北、河西、中原与域外因素。④ 从宏观层面看，倪润安的讨论基本涵盖了所有可能的图像因素。但是，这

---

① 河西地区对天界与地下图景的想象可以在随葬文书中窥见一斑。从目前出土的随葬文书可以发现两汉以降的地下世界观在河西地区得到比较完整的继承。参看吴浩军：《河西墓葬文献研究》，上海古籍出版社，2019年，第50~52页；宁强：《敦煌北凉三窟供养人及相关问题研究（摘要）》，巫鸿主编：《汉唐之间的宗教艺术与考古》，文物出版社，2000年，第532~533页。
② 鲜卑墓葬情况参看孙危、吴松岩等人研究。孙危：《鲜卑考古学文化研究》，科学出版社，2007年，第17~73页；吴松岩：《鲜卑起源、发展的考古学研究》，上海古籍出版社，2018年，第26~105页。
③ 如大同出土的一具残石床，床足门卫头戴平巾帻，长眉细目，高鼻小嘴大耳，上衣依稀可辨宽袖痕迹，下着长袍，方头高履，手持长矛，显然脱胎于两汉门吏形象。王雁卿：《山西大同出土的北魏石棺床》，《文物世界》2008年第2期，第12~18页。
④ 倪润安：《光宅中原：拓跋至北魏的墓葬文化与社会演进》，上海古籍出版社，2017年，第169~172页。

些图像究竟如何被"接受",生死观与图像又有何互动,保存在中原地区的汉晋传统如何进入北魏墓葬,哪些因素进入,何种因素发生变异?诸如此类的问题,都有待日后更细致地进行考察。

此外,韦著在文献注释上也略有瑕疵。笔者认为梳理相关研究的学术史文献时,应当留意文献发表的初始年代。因为只有将学术成果纳入到明晰的年代框架下,才能考见不同学术观点可能存在的先后沿袭关系。韦著在讨论丁家闸5号墓社树图时指出"郑岩将此图定为社树图",点明了郑岩对这一图像的开创性贡献。但其注释并未使用该文的最初发表年份和杂志,却使用了郑岩2012年自选集的版本。[①]实际上,郑文原载1995年台湾《故宫文物月刊》第12卷第11期(总第143期)。如果不明了郑文出版年份,读者便难以理解后文注释中岳邦湖(2004)、日本学者园田俊介(2006)等人的讨论与郑岩研究成果的关系。实际上此后学者或多或少对郑岩"社树图"的开创性研究成果加以回应和讨论。

二

相较于汉代壁画墓、画像石的研究,[②]南北朝墓葬图像研究起步相对较晚,且长期面临资料相对匮乏的局面。民国以降,东晋南朝的墓葬研究集中于南朝陵墓探查与讨论,[③]北朝则集中于永固陵与若干葬具

---

① 郑岩:《从考古学到美术史:郑岩自选集》,上海人民出版社,2012年,第79~90页。
② 在19世纪末20世纪初汉画便已经进入现代学术研究的视野,参看巫鸿:《国外百年汉画像研究之回顾》,《中原文物》1994年第1期,第45~50页。
③ 朱希祖、朱偰、滕固等人均将六朝墓葬纳入史学研究范畴内,将其视作重要的研究材料,并展开相关考察。参看朱偰:《建康兰陵六朝陵墓图考》,商务印书馆,1936年。

个案讨论,①此外辽东、河西地区的若干墓葬材料也进入了学者的视野。②此后直至70年代末,比较重要的讨论大多出自外国学人,如Annette L. Juliano、长广敏雄、费慰梅等等。③20世纪80年代以降,以墓葬图像为对

---

① 日本学者对永固陵的考察经过与成果参看[日]冈村秀典、[日]向井佑介编:《北魏方山永固陵の研究:東亞考古學會一九三九年收集品を中心として》,《東方學報》2007年第80册,第69~150页。个案研究则有日本学者奥村伊九良和富田幸二郎对北朝石棺的考察,参看[日]奥村伊九良:《孝子傳石棺の刻畫》,《瓜茄》(四),1937年,第259~299页。该文后收入[日]奥村伊九良:《古拙愁眉—支那美術史の諸相一》,東京:みすず書房,1982年,第421~437页。Kojiro Tomita(富田幸次郎),"A Chinese Sacrificial Stone House of the Six Century A.D", Bulletin of the Museum of Fine Arts,,Vol. 40,No. 242(1942),pp. 98~110.

② 辽东汉末魏晋墓葬图像研究由日本学者率先展开,相关发掘情况与研究情况参看李林:《石室丹青:辽东汉魏墓室壁画研究》,博士学位论文,中央美术学院,2011年,第12~16页。

③ 费慰梅(Wilma Fairbank)和北野正男(Masao Kitano)以李文信的发掘报告为基础,对辽宁北园墓的墓葬年代、墓形结构、壁画图像展开讨论。参看 Wilma Fairbank and Masao Kitano, "Han Mural Paintings in the Pei~Yuan Tomb at Liao~Yang, South Manchuria",Artibus Asiae,Vol.17,No.3/4 (1954),pp. 238~264. Annette L. Juliano则以南朝邓县墓为个案展开研讨,参看 Annette L. Juliano, "Teng~Hsien:An Important Six Dynasties Tomb", Artibus Asiae. Supplementum, Vol. 37(1980),pp.Ⅲ~83. 日本学者长广敏雄于1969年出版《六朝時代美術の研究》一书,该书研究视野开阔,涉及中古石窟佛传图、造像碑线刻画、南朝竹林七贤荣启期拼镶砖画、鬼神图、葬具孝子图等内容,对此后的日本中古墓葬研究影响颇深。长广敏雄的研究具有两大特色:一是将佛教图像与墓葬图像纳入六朝美术演进的整体框架中;二是致力于发掘图像背后的社会意蕴,提倡"美术社会史"研究。可惜的是,长广敏雄的研究总体上侧重图像样式复原与图像演进历程的探究,对图像背后社会意蕴的考察不够深入。即便如此,《六朝時代美術の研究》至今具有方法论上的启示意义。《六朝時代美術の研究》初版于1969年,此据2010年出版的增补本。[日]长广敏雄:《六朝時代美術の研究》,东京:美术出版社,1969年。[日]长广敏雄:《六朝時代美術の研究(増補版)》,京都:朋友书店,2010年。

象的专门研究方才在国内逐步兴起。90年代以降，随着墓葬材料如雨后春笋般不断涌现，相关学术机构迅速成立（如1997年成立的中山大学艺术史研究中心等），"汉唐之间（Between Han and Tang）"系列会议、"古代墓葬美术研究国际学术会议"（原称"中国古代墓葬美术研究国际学术讨论会"，自第二届开始改名）等一系列学术会议进一步刺激了国内墓葬美术研究的蓬勃发展。

在数十年的发展历程中，考古学、美术学、历史学出身的学人纷纷投入墓葬图像研究中，各种研究理路竞相发展。杨泓较早倡导以考古学研究方法为基础，借以阐明图像性质的"美术考古学"。[①]此后巫鸿大力推进墓葬整体研究，将墓葬图像、形制、随葬品纳入整体结构中加以考量，据此研讨社会文化、思想、信仰等诸多问题。[②]巫鸿提倡的整体解读、中层分析、超细读等诸多研究理路也深刻影响了此后中国的墓葬美术研究。时至今日，墓葬图像研究已经不再局限于某种学科或某种理论，不同学科背景学人的广泛参与，使得学科边界日益开放。但是，墓葬图像发展如日中天的背后，同样存在诸多有待解决的问题。究竟如何从类型整理与"归纳—分析"模式上升为具有张力的综合研究？对图像模式与布局程式的追寻要如何观照社会思想的发展脉络？图像与历史的边界究竟何在，图像在何种程度上可以与历史进行互证？诸如此类的问题引发了诸多学人对中古图像

[①] 郑岩作为杨泓的学生，其博士论文便充分体现了这一研究理路。其博论《魏晋南北朝壁画墓研究》分上下编，上编基本以考古学方法梳理材料（分区、类型讨论），下编则运用美术史分析手法针对考古材料展开讨论。郑岩：《魏晋南北朝壁画墓研究》，博士学位论文，中国社会科学院研究生院，2001年。对这一研究理路的评论参看林圣智：《评郑岩著〈魏晋南北朝壁画墓研究〉》，《新史学》2005年第16卷第1期，第171~181页。

[②] 有关巫鸿的学术经历与学术影响，参看李清泉：《巫鸿与中国美术史的新格局》，《美术观察》2020年第1期，第63~69页。

与历史研究的反思,如孟彦弘以古人书写姿势为例,重新思考"以图证史"的边界;①孙正军对帝王图演变的自身逻辑展开细致考察,对此前的正统论解读视角进行修正。②就此而言,韦著无疑具有方法论的启示意义。韦著立足扎实的考古学基础,灵活运用美术学分析手法,在南北朝族群迁徙、文化互动、政治变革的时代底色中寻求墓葬图像与历史发展的内在关联。具体而言,韦著的启示主要集中在两个方面。

其一,在历史叙述中重构中古墓葬与社会的互动图景。魏晋南北朝上承两汉,后启隋唐,其社会政治线索繁复,墓葬文化元素杂糅。对中古墓葬图像的研究无疑有助于反观汉唐之际的社会文化变迁。正如韦正先生所言,考古材料的积累已经推动墓葬研究进入到深度"阐释"阶段。③近年以王煜为代表的一批考古学人还提出"历史考古学"概念,进一步打破学科界限,在历史时期考古中积极运用历史学研究路径。④乍看之下韦著的诸多讨论依旧以考古学为底色,其实与以往以类型与年代为主要关怀对象的研究迥异。韦著最鲜明的特色在于研究中的历史学取径,即在社会政治的动态变迁中,将片段式的墓葬信息串联成相对完整的历史叙述。因此,韦著的诸多探讨运用的

---

① 图像所呈现的左手托简、右手书写的姿式,并非日常书写姿式,揆诸史料与考古实物,凭几或伏案而书才是日常书写方式。因此,图像与史实之间的互证必须把握好边界,重视图像自身的属性。参看孟彦弘:《以图证史:艺术与真实——凭几而写抑或持简而书?》,《学术月刊》2017 年第 12 期,第 38~41 页。
② 孙正军:《重视图像自身的脉络:以〈历代帝王图〉皇帝异服为线索》,《唐研究》第二十四卷,北京大学出版社,2019 年,第 501~578 页。
③ 韦正:《从"归纳"到"解释":汉唐考古研究的趋势》,《东南文化》2016 年第 4 期,第 6~9 页。
④ 这一概念最早完整阐释于 2015 年 5 月 16—18 日,四川大学历史文化学院"文物、文献与文化——历史考古青年论坛",后收入王煜编:《文物、文献与文化——历史考古青年论集》第一辑,上海古籍出版社,2017 年,第 1~11 页。

不过是学界熟知的考古材料,却能立足于时代背景,发前人未发之覆。如论述北魏狩猎图时,前人讨论多流于表面,止步于狩猎图本身所反映的狩猎习俗研究或狩猎与经济活动的关系。韦正先生则注意到北魏道武、太武、文成、献文、孝文诸帝均热衷于大蒐活动,而这些大蒐活动又与"讲武"等军事活动关系密切。因此,平城时代大型狩猎图很有可能相当于大蒐礼。虽然何种狩猎图可称作大蒐图,何种为普通狩猎图,二者的边界如何界定,诸如此类问题还有待日后进一步细化讨论。毫无疑问的是,韦正先生的研究为我们观察平城时代贵族墓葬狩猎图提供了新的视角,使我们得以了解平城时代墓葬狩猎图与军事、政治活动的紧密联系。无独有偶,韦著探讨南北朝高士图时,不拘泥于图像本身的外在表现,转而深入追寻图像的生成与接受历程。此仙非彼仙,同样具有升仙色彩的宁懋石室高士图,所追求的仙人境界已经与两汉时代迥异。韦著借此提出了"士大夫而仙者"的概念,为解读南北朝此类高士图像提供了一个新的思考方向。因此,韦著可视作对传统考古学、美术史、历史学研究的整合与升级换代。实际上,"墓葬美术""美术考古""视觉文化研究"等诸多学术概念的竞流,都将汇入到以人类活动为指归的历史叙事中。换言之,笔者认为一切有助于钩沉与再现历史叙事的研究方法都应该整合到墓葬研究视域中,从而推动墓葬研究超越简单的"归纳—分析"或美术风格技艺探讨,升级为内化社会史、政治史多重视角的富有张力的综合研究。

与此同时,韦著积极回应历史叙事中的宏观话题,将墓葬个案的讨论与时代议题的关怀相勾连。宿白曾经在鲜卑民族社会与政治演进的宏大视野下,以考古材料为线索,高屋建瓴地论证了鲜卑民族迁徙、汉化发展的动态历程。[①] 宿

---

① 参看宿白的鲜卑遗迹系列文章。宿白:《东北、内蒙古地区的鲜卑遗迹——鲜卑遗迹辑录之一》,《文物》1977年第5期,第42~54页;宿白:《盛乐、平城一带的拓跋鲜卑——北魏遗迹——鲜卑遗迹辑录之二》,《文物》1977年第11期,第38~46页;宿白:《北魏洛阳城和北邙陵墓——鲜卑遗迹辑录之三》,《文物》1978年第7期,第42~52页。

白的研究是考古与历史叙事结合的典范。众所周知，胡汉、南北、东西、主客等多重矛盾贯穿了魏晋南北朝的发展进程，而墓葬材料在一定程度上是这些矛盾的延伸与物化。韦著同样从细处着眼（如俑具类型差异等），就此观照中古史学界聚讼已久的诸多议题。如韦著从镇江东晋南朝画像砖墓的图像因素入手，探讨西晋末年的人口流动迁徙与墓葬文化传播路线。此番讨论对学界关注已久的北人南来问题提供了新的观察视角，使得北方文化与南方文化的结合发展显得更为立体生动。此外，韦著关于汉水中游墓葬的整体考察，对东晋南朝上下游之争、迤北边境南北文化交流等诸多重要议题均具有重要的参考价值。① 韦著还从南朝竹林七贤壁画的兴衰入手，钩沉出晋宋统治集

---

① 学界对南北中间地带的研究颇多，大多从边境大族嬗变或双方军事经略等角度入手，对墓葬文化相互影响的讨论稍显薄弱。参看韩树峰：《南北朝时期淮汉迤北的边境豪族》，社会科学文献出版社，2003 年；陈金凤：《魏晋南北朝中间地带研究》，天津古籍出版社，2005 年。此外，中外学人结合边境地带墓葬材料研讨边境社会变迁，取得了不少成果。如日本学者小林仁、八木春生从陪葬俑具入手，讨论汉中、安康、襄阳等地与建康、北魏洛阳地区墓葬文化的互动。参看 [日] 八木春生等：《中国漢・南北朝時代の小文化センターについて——漢中・安康地区を中心に》，《鹿島美術財団年報》1995 年第 13 册，第 100~121 页。李梅田从豫南、鄂北地区的俑具、生活明器、墓志图像等内容入手，考察南北移民对墓葬文化交流的影响。李梅田：《论南北朝交接地区的墓葬——以陕南、豫南鄂北、山东地区为中心》，《东南文化》2004 年第 1 期，第 27~31 页；李梅田、周华蓉：《试论南朝襄阳的区域文化——以画像砖墓为中心》，《江汉考古》2017 年第 2 期，第 95~107 页。以上研究代表了考古学、美术史学界对边境墓葬材料的研讨理路。近年来，史学界对此也不乏关注，如 Andrew Chittick 从襄阳画像砖中的孝子图、高士图入手，探讨襄阳地域文化的嬗变。Andrew Chittick, *Patronage and Community in Medieval China: The Xiangyang Garrison*, 400~600 CE, Albany: State University of New York Press, 2009, pp.100~103. 但此类研究大多以墓葬材料为注脚，佐证相关论点，对墓葬材料的分析不够深入。故此，韦著将有助于推动学界综合不同研究理路，进一步研讨中古边境地区墓葬材料。

团性格变革对七贤壁画的影响。

诸如此类的讨论在文章中俯拾皆是,笔者相信,如果进一步沿着韦著揭示的研究路径,将颇为可观的汉唐之际考古材料纳入到具体叙事中加以解读、深描,定能深化对该段历史的认知。

其二,多维度视角与细部考察的有机结合。南北朝考古材料在近三十年中呈现井喷式增长,新出材料与固有材料的整理成果层出不穷。但新材料的积累并不一定导向历史认知的更新。以中古墓志研究为例,数量庞大的中古墓志成为近三十年来重要的学术热点,但正如仇鹿鸣所言"新史料(墓志)数量虽众,却构不成对原有学术体系的冲击"。[1]他山之石,可以攻玉,墓志研究的困境同样可以反观中古墓葬研究的现状。通过考古发掘与现代技术的整理积累,现代学人可以迅速建立起研究时段内墓葬形制、随葬品或图像的类型分析数据库,进而对中古各个时期与地域的墓葬图像进行地毯式研讨。但在实际研究中对图像与历史的互证层面观照不足,相关话题的研讨存在一定程度的因循现象。以平城时代墓葬图像研究为例,相关论文不下数十篇,不少论文的研究内容与理路却大体相似。如北魏初年墓葬文化的形成与发展,此前研究大多着力于讨论河西、辽东-平城的交通与文化传播,[2]此后研讨因循这一理路,未能结合北魏社会变迁做深入讨论。实际上,在笔者看来,代人集团统御下的社会集体如何接受一系列的图像材料,并将其内化到墓葬中,涉及到游牧民族生活方式与丧葬礼俗的变化、群体生死观的变迁、图像学习与运用、佛教文化与

---

[1] 仇鹿鸣:《十余年来中古墓志整理与刊布情况述评》,包伟民、刘后滨主编:《唐宋历史评论》第四辑,社会科学文献出版社,2018年,第3~26页。

[2] 徐润庆:《从沙岭壁画墓看北魏平城时期的丧葬美术》,巫鸿、郑岩主编:《古代墓葬美术研究》第一辑,文物出版社,2011年,第163~191页。

墓葬文化衔接等诸多问题。①

　　韦著着力于考古材料的深度阐释与研究维度的扩展，一方面在汉水中游墓葬分析中结合政区沿革与南北军事拉锯；另一方面在东晋南朝自身的历史脉络中考量襄阳地域政治、经济实力激增对墓葬图像的影响。这项研究启示我们，考古材料的地域考察还远未穷尽。在类型整理与文化因素分析基础上，尚存在诸多问题有待解答。如墓葬文化在特定地区内的变动与社会集团的文化风尚关联几何？墓葬文化与社会文化是同步变动还是延时变迁？墓葬图像的引入与退出有何动机？回答这些问题，需要在扎实的类型梳理基础上，广泛吸收美术史、社会学、思想史等诸多研究理论，根据不同的个案类型或区域特点采取不同的研究方法。

---

① 近年来林圣智、向井佑介等学人已经注意到这些问题并进行了卓有成效的探索。林圣智对北魏贵族图像观与生死观互动历程进行了细致研讨，向井佑介对平城墓制与墓葬空间体现的生死观进行了系统探究。参看林圣智：《魏晋至北魏平城时期墓葬文化的变迁：图像的观点》，《美术史研究集刊》2016 年第 41 期，第 145~237 页；[日] 向井佑介：《北魏平城時代における墓制の變容》，《東方學報》2010 年第 85 册，第 133~177 页；[日] 向井佑介：《墓中の神坐：漢魏晋南北朝の墓室内祭祀》，《東洋史研究》2014 年第 73 卷第 1 号，第 1~34 页。此外，近年来，中外学界积极结合考古与文献材料，重新思考中古社会的多样面貌。京都大学人文科学研究所在 2000—2005 年间举办"中国美術の図像学"共同研究班，研究成果已经结集出版。[日] 曾布川宽编：《中国美術の図像学》，京都：京都大学人文科学研究所，2006 年。2017 年，德国慕尼黑大学广邀中外学者（中国学者为主），举办了名为"Culture and Cultural Diversity in Early Medieval China(4th to 7th Century)"的学术研讨会。该会议的论文集已经由 Shing Müller（宋馨）等人整理出版。Shing Müller, Thomas O. Hllmann, Sonja Filip, *Early Medieval North China: Archaeological and Textual Evidence*（从考古与文献看中古早期的中国北方）,Wiesbaden: Harrassowitz Verlag, 2019.

总而言之，韦氏此著的意义须放入中古墓葬研究的学术史中加以考察。随着考古材料的积累日益丰厚，考古材料的处理逐渐由"解释"转向"阐释"。单一的研究取径已经难以满足多元阐释的需求。目前中古墓葬研究发展如日中天，诸多时段、地域墓葬材料均被纳入研究视野，但富有问题意识且充分结合文献材料的研究成果仍旧不足。韦著为我们展示了透过考古材料"发现历史"的研究魅力，也为后来的研究者提供了切实可行的研究理路。墓葬研究如能在历史叙述中对考古材料进行阐释，终将反哺中古史学研究，成为中古历史图景中的重要拼图。

探索文物背后的胡汉关系史
——读《新出土中古有关胡族文物研究》

韩 香

中古时期是古代中国历史上民族迁徙往来、交流与交融等最为密集的时期，也是陆上丝绸之路发展并达到顶峰的时期之一，因而这一时期民族关系复杂多样，中外交往交流持续而频繁，最典型的表现之一就是胡汉分立、胡汉交往、胡汉融合等现象达到一个新阶段。这个时期所谓的"胡"，已经不仅仅是指该时期的北方各少数民族，还包括往来丝绸之路上的西域、中西亚等地的胡人。不过，相比于文献记载的不足，近些年有关中古时期的墓葬或遗址的发现却层出不穷，这些墓葬及遗址出土了大量有关胡族的文物，如文书、墓志、棺椁、壁画、陶俑等，引起了学界的广泛关注，也不同程度上丰富了这一时期各民族的物质与精神史。相对于学界更多关注这些文物本身形制与价值的研究，从民族史、民族关系等角度切入，进行微观与宏观相结合的探讨则较为少见，周伟洲先生的《新出土中古有关胡族文物研究》（社会科学文献出版社，2016年，以下简称《胡族文物》）则在一定程度上弥补了这一缺憾。

《胡族文物》一书主要辑录了作者自21世纪以来公开发表的对新出土

的关于中国中古时期胡族文物进行研究的十三篇论文及一篇新整理的关于新出土柔然王族墓志的汇释。全书共分为四章。第一、第二章共八篇文章，主要是对南北朝隋唐时期胡人墓志的考释；第三章主要针对青海都兰暨柴达木盆地东南墓葬主民族系属、吉尔吉斯斯坦阿克别希姆遗址出土的唐杜怀宝造像题铭的考证与研究，也包括对兰池都督府与兰池州的辨析，唐长安城作为丝路起点的三大标识的讨论等；第四章主要是对近些年中国出土的粟特墓葬及唐韩休墓中乐舞图像的研究与探析。书中的附录部分收录了作者于2015至2016年在《北方民族大学学报》（哲学社会科学版）连载的《魏晋南北朝时期北方民族与民族关系研究》一篇长文。可以说《胡族文物》一书虽然是以出土文物为主进行研究，但涉及到历史学、考古学、文献学、地理学、图像学甚至是艺术史等方面的学科知识，表现出作者广阔的学术视野与学术眼光。

周伟洲先生在中国民族史学界耕耘多年，成果硕丰，尤其是对中古时期北方民族史的研究做出重要的贡献。其中关于魏晋南北朝隋唐时期的胡族政权历史的研究，如《敕勒与柔然》《南凉与西秦》《吐谷浑史》《汉赵国史》《唐代党项》和《中国中世西北民族关系研究》等填补不少学术空白，在中古族别史与族际关系史等领域具有开拓性的贡献，因而在此书中也体现出了作者在民族历史研究中的深厚学术积累与学术功力。全书最大的特色就是从民族与民族关系的角度对胡族文物研究提出了卓识与创见及其总结与提升，可以说常常是在微观上发前人所未发，在学理和理论上推陈而出新，这一点在对胡族墓志的研究中得到充分体现。

在对北朝隋唐墓志的研究中，作者主要针对新出土的墓志进行汇集考证，表现出作者的学术敏感性。如对大唐西市博物馆入藏的八方北朝胡族墓志、20世纪80年代以来新出土或发现的七方柔然王族墓志的汇释，对2009年陕西省考古院在长安区韦曲发掘出土的北周莫仁相、莫仁诞墓志，近年洛阳文物市场收集的隋代杨文思墓志，1999年出土的轰动学界的虞弘墓志，2006年在河南辉县发掘出土的乞伏令和夫妇墓志，2001年西安出土的唐代突骑施王子光绪墓志的考释，还有对70年代在甘肃榆中县出土的唐代交河郡夫人慕容氏墓志等的考证与考释等，都有新的创见。这些研究有一些是对前人成果的订误与推进，如对乞伏令和夫妇墓志的补正，纠正了前人关于乞伏名称、来源等的一些误读，进一步指出到北朝、隋初入居内地的鲜卑、柔然等族已基本完成汉化的过程，认同于汉族；对北周莫仁相、莫仁诞墓志中族属、职官、事迹、婚姻等的详细考释，除了弥补了前人研究的疏漏之处，还通过对莫仁相等由马氏改为莫仁氏之缘由的分析，探讨了西魏、北周赐姓问题，指出赐姓之制对加强西魏、北周胡汉统治集团的内部稳定、团结，以及后世所谓"关陇集团"的形成、发展，均起到一定的作用；对唐故突骑施王子志铭的补考，则解决了前人没有辨析出的突骑施可汗苏禄妻应该是西突厥阿史那怀道女而不是西突厥可汗阿史那昕妻李氏，以及苏禄妻名到底是交河公主还是金河公主的问题；对甘肃榆中出土唐交河郡夫人慕容氏墓志的考释，一方面确定了过去史家多不清楚的墓主葬地"薄寒山"的地理位置，另一方面也纠正了前人关于慕容氏先人系十六国时南燕慕容德兄纳子慕容超的推测，认为其先人应为唐代吐谷浑可汗、青海慕容宣超，因而墓志所云"交河郡夫人慕容氏"应系吐谷浑王族女。20世纪以来，甘肃武威、宁夏同心等地区已发现近十方吐谷浑王族墓志，2019年11月在甘肃天祝又发现武周时期吐谷浑王族墓葬，出土了吐谷浑王族成员喜王慕容智之墓，这些出土吐谷浑王族墓葬之间彼此存在着一定联系，印证了周伟洲先生的一些考证与推测。

  本书对墓志的研究，更多体现的是作者对这一时期族际关系演变与发展规律高屋建瓴的发覆。如对大唐西市博物馆八方北朝胡族墓志的籍贯、功绩、品德、婚姻、死葬地等的考释，反映出在西魏、北周时期胡汉界限已渐消除，由此深化了人们对西魏、北周政权中占有很大比例的胡族上层贵族正在汉化或汉化已经基本完成这一史实的认识；对七方新出土的柔然墓志的汇释，一方面补正了东西魏"竞结阿那瓌为婚好"的史实，另一方面也指出东魏、隋代入居内地的柔然王族在当时政治舞台上较为活跃，在婚姻上开始与汉族和其他民族联姻，逐渐加速汉化的进程，并进一步推测柔然王族郁久闾氏或闾氏视本族为贵胄，不愿轻易改动自己的高贵姓氏，而对一般柔然贵族或民众则多有改动，如国号"茹茹氏"或"茹氏"等；对隋代弘农杨氏家族中杨文思墓志的补释，阐释了北朝的民族与民族关系，如讨论了僚、儴、羌、党项、稽胡等的分布与活动，也进一步指出"茹茹"这一族称，在北魏末宣武至孝明帝时，至少也为社会上层所认同，朝廷所认可；另外作者对学界关注较多的隋虞弘墓志中关于其族属及"鱼国"等问题，也进行详细的释证，提出了虞弘一族的族属源于月氏，鱼国也即由月氏之"月"（鱼、虞、禺）转化而来，其居地即大月氏迁徙西域之阿姆河北之地，因而作为中亚胡人一支，虞弘墓石椁反映出的祆教色彩也就不足为奇了。以上这些观点均是建立在严密详实的微观考证与宏观的学理思考相结合基础上，因而见解独到，把握精准，有的在学界基本已成定论，有的则作为一个话题，引出一系列研究成果，推动了民族史领域的相关研究走向深入。

对学术热点的追踪，不仅仅包括墓志，近些年新出土的图像与造像等也是作者关注的对象。周伟洲先生在民族史、中外关系史领域学术积累深厚，同时又有考古学的学科背景，在文献与文物的多学科结合研究上，也往往能够推陈出新，发覆新论。他分别对都兰热水血渭M1号大墓主、都兰热水血渭察罕乌苏河南岸四座墓主、德令哈郭里木乡夏塔图两座彩绘木棺墓主的族属进行详细研究，从历史、考古、汉文、古藏文献、图像等多个角度进行严密的考证，提出对整个都兰暨柴达木盆地东南沿墓葬群墓主民族系属的认识，指出将都兰热水血渭等地的墓葬定为"吐蕃墓"欠妥，其族属定为吐蕃人是大有疑问的，认为这些墓主应属于早已于青海建国三百余年且为吐蕃统治下的吐谷浑邦国人。这一论点既体现出作者严谨的学术态度，也从某种程度上修正了学界倾向的"都兰吐蕃墓"的说法，值得学界关注和重视。此外，《胡族文物》还收录关于吉尔吉斯斯坦阿克别希姆遗址出土的唐杜怀宝造像题铭残片的研究论文等，作者通过考证进一步肯定了杜怀宝造像铭的学术价值，包括确定唐代西域重镇碎叶的地理位置、讨论唐在碎叶设置的职官的变动等问题，也由此否定了传统上所认为的碎叶曾为安西都护治所的结论，可以说推动了中亚史和西域史的相关研究。

周伟洲先生有多年博物馆工作经验，加之具备深厚的史学功底，在对一些文物的考证与认识上也往往超越单纯的考古、历史或文献领域研究，尤其是在唐代乐舞文化研究上往往有新的发现与创见。例如他在20世纪70年代曾对何家村出土的唐代窖藏文物"舞马衔杯皮囊式银壶"进行考证，首先指出舞马是在朝廷大酺宴或唐明皇千秋节所表演之马，舞马时所奏之倾杯曲可能是盛行于开元、天宝时的法曲，大概是玄宗自己或命乐工依前世倾杯曲改制的乐曲，是专为舞马而作，这种改制的舞马"倾杯曲"也当直接或间接受到西域乐舞的影响，此论点已得到学界普遍认同。此外，作者还梳理过西安地区出土文物中的唐代乐舞形象以及考证了唐代梨园的相关史实等，这些学术积累与功力也体现在本书中的对中古胡人乐舞图像的考证上。如自20世纪80年代以来，西安、天水、太原等地陆续发掘出土了一批公元6至7世纪与粟特人有关的墓葬，引起中外学者的关注，作者也针对这些墓葬出土的石棺椁、石棺床、石门额等的乐舞图像进行解析，不仅从文物类别、艺术手法、表现内容、乐器、人物种类等方面对这些图像进行了分类，同时亦指出直接根据舞者形象及其服饰等对乐舞进行定名为"胡腾舞""柘枝舞"不够准确，应以近似为"康国乐""安国乐"的"胡舞"为妥，体现出作者严谨求真的学术态度。另外针对虞弘墓图像上有三名赤裸上身联手舞蹈的胡人，通过与文献的结合，作者怀疑此舞即表现由波斯传至中亚、印度及新疆和内地的"泼胡乞寒戏"，又称为"苏幕遮"或"浑脱"，这一观点颇具新见，反映出作者敏锐的观察力。对韩休墓壁画的乐舞图考证亦体现出这种功力，作者通过对韩休墓乐舞图像的细微观察，结合先前出土的同类图像的比对，加之对乐舞文献的梳理，指出韩休墓乐舞图的两组乐舞表现的是同一节拍、同一舞姿、完整统一、融为一体的乐舞场面，可以说是胡部与汉族传统乐舞的合奏图；结合文献记载，作者指出此乐舞图呈现的是流行于盛唐，由河西传入的"胡部新声"。如果这一结论能够成立，那么韩休墓"乐舞图"就是目前有关盛唐"胡部新声"最为珍贵的图像资料。因而此图对于中国古代音乐、舞蹈史研究的价值和意义自不待言，在许多方面将改写或补充中国古代音乐、舞蹈的历史，弥足珍贵。可以说这种对图像的解读在很大程度上体现出作者敏锐的学术眼光以及以图证史的功力。

此外，书中还收录了两篇与六胡州及丝绸之路起点有关的文章。如对兰池都督府与兰池州的辨误，解决了学界关于六胡州研究的一些遗留问题。西汉、唐代的国都长安，是丝绸之路名副其实的起点，也是终点。为进一步说明这个问题，作者提出了作为丝绸之路的起点的唐长安城的三大标识：大明宫是唐代丝绸之路政治中枢和起点；西市是中外经济贸易的中心和起点；而长安西面开远门，则是中外交往和丝绸之路行程的起点。因而唐长安城的大明宫、西市和开远门，是唐代丝绸之路的起点长安的三个重要标识，这个观点为解决学界争论的关于丝绸之路起点问题提供了重要依据，体现出作者的现实关怀。书中最后的附录虽然不是对文物本身进行研究，但对魏晋南北朝时期北方胡族政权的历史演变及族际关系发展规律的总结与提升，也为本书主题论述提供了宏大的历史背景，可以看出作者的匠心编排。

《胡族文物》一书以出土文物为中心，对中古时期民族历史进行了由小见大、从微观到宏观的综合性研究，进一步探讨了这一时期的胡汉关系，集中体现了周伟洲先生近些年有关胡族问题研究的最新思考与认识，其中有些问题仍然可做进一步的探索与讨论。从整体上看，《胡族文物》的内容涉及到中古时期民族史、民族关系史、文化史、中外关系史、丝绸之路等诸多方面，在方法论上则体现了多学科的交叉与融合，进一步实践和发展了"二重"乃至"多重"证据法，不仅弥补了文献记载的不足与缺憾，也深化了当前学术界对中华民族多元一体理论的构建与中华民族共同体意识形成的认识，不仅具有很高的学术价值，也具有重要的现实意义。

张铭心《吐鲁番出土墓志汇考》序言[①]

王 素

我从1981年冬参加《吐鲁番出土文书》整理，就一直非常关注同一时期吐鲁番出土的高昌至唐西州的墓砖。当初主要考虑，《文书》按墓葬编排，墓砖多有纪年，是《文书》断代的重要依据。不久发现，墓砖还有很多关于官制和朔闰的重要资料。侯灿先生利用墓砖官制资料对麴氏高昌官制进行了研究，[②]我利用墓砖朔闰资料对麴氏高昌历法进行了探讨。[③]我以为，墓砖的价值大概已被发掘净尽。然而，张铭心君的出现，使我完全改变了看法。

张铭心君1991年发表的文章《高昌砖书法浅析》和1993年出版的图

[①] 原载张铭心：《吐鲁番出土墓志汇考》，收入此书有修改，广西师范大学出版社，2020年。

[②] 侯灿：《麴氏高昌王国官制研究》，原载《文史》第二十二辑，中华书局，1984年，收入《高昌楼兰研究论集》，新疆人民出版社，1990年，第1~72页。

[③] 王素：《麴氏高昌历法初探》（附《麴氏高昌朔闰推拟表》），国家文物局古文献研究室编：《出土文献研究续集》，文物出版社，1989年，第148~180页。

书《高昌砖书法》,①可以毫不夸张地说,具有里程碑的意义。这里简单介绍两点。

1. 最早证实黄文弼先生掘获的高昌墓砖藏于北京故宫博物院。我们知道:黄文弼1930年春在吐鲁番考古发掘所获一百二十四方高昌墓砖,究竟藏于何处,一直存在藏于北京图书馆(今中国国家图书馆)和藏于中国历史博物馆(今中国国家博物馆)二说。1991年至1993年,铭心君尚在北京故宫博物院工作,前揭文章和图书所刊数十方高昌墓砖,均为黄文弼当年掘获品。这无疑清楚地告诉我们:黄文弼掘获高昌墓砖,实际藏于北京故宫博物院,从而破解了这一陈年旧案。②

2. 最早肯定高昌墓砖书法在中国书法史上应具重要地位。我们知道:最早注意高昌墓砖书法的是沙孟海先生。但他1932年首次见到黄文弼掘获《画承及妻张氏墓表》,在与友人吴公阜信中,讨论的仅是书圆刻方等碑石制作问题,③并非传统意义上的书法问题。后来,马雍先生在肯定高昌郡文书具有较高书法价值的同时,表示对高昌国文书书法很不满意,认为水平

---

① 张铭心:《高昌砖书法浅析》,《书法》1991年第6期,第44~45页;同作者:《高昌砖书法》,广西师范大学出版社,1993年。

② 据最新调查:黄文弼掘获高昌墓砖一百二十四方,故宫博物院藏有一百二十二方,中国国家博物馆藏有二方(应是故宫博物院早年借给中国历史博物馆办展览,中国历史博物馆没有归还)。参阅王素:《故宫博物院藏敦煌吐鲁番文献述评》,《国学的传承与创新:冯其庸先生从事教学与科研六十周年庆贺学术文集》下册,上海古籍出版社,2013年,第930~933页。

③ 沙孟海:《书法史上的若干问题》,《沙孟海论书丛稿》,上海书画出版社,1987年,第183页。按:沙孟海的观点,曾经引起争论。参阅王玉池:《一个影响颇广的错误实例——高昌〈画承夫妇砖志〉问题》,《书法》1994年第5期,第4页;楚默:《沙孟海对书法批评的贡献》,《中国书法》2011年第1期,第52页。因与书法关系不大,这里不拟赘述。

大为下降，有的甚至拙劣不堪。①这种指责，导致学界对主要属于高昌国的墓砖书法也不太重视。②而铭心君前揭文章和图书的发表与出版，彻底改变了这种认识。③

当然，高昌墓砖的价值还远不止此。铭心君1994年辞去北京故宫博物院的工作，东渡日本求学，继续从事高昌墓砖的研究。他的硕士论文《高昌墓磚の史的研究》（《高昌墓砖的史学研究》），博士论文《トゥルファン出土高昌墓磚の源流とその成立》（《吐鲁番出土高昌墓砖的源流及其确立》），都是研究高昌墓砖很有分量的成果。而本书的雏形，原本是他硕博士论文附录的"资料编"。可见铭心君研究高昌墓砖，对于资料的收集是何等的专注和细致！

本书在十几年前就已初具规模。当时铭心君制作成电子本，广赠学界同道，我也获得了一份。看过之后，感觉很有价值，便问铭心君："是否可以考虑出版？"铭心君答："再等等！"我知道，他是想精益求精，将本书做得更

---

① 马雍：《吐鲁番出土高昌郡时期文书概述》，原载《文物》1986年第4期；收入《西域史地文物丛考》，文物出版社，1990年，第118页。
② 譬如我受马雍影响，较为重视高昌郡书法，并曾撰文研究。参阅王素、刘绍刚：《十六国时期高昌郡书法简论》，原载《书法丛刊》1992年第4期，第1~12页，收入《汉唐历史与出土文献》，故宫出版社，2011年，第436~442页。而对高昌国书法，因有种种顾忌，没有撰文研究。
③ 在铭心君之后，关于高昌墓砖书法研究的论著才开始大量涌现，虽然多为人云亦云，但值得一读的也有不少，如张同印、崔树强：《高昌墓砖书法》，原载《中国书法》1999年第4期，改名《高昌墓表书法》，收入《隋唐墓志书迹研究》，文物出版社，2003年，第51~63页；侯灿主编：《吐鲁番墓砖书法》，重庆出版社，2002年；张小庄：《从高昌砖论及魏碑体书风的成因等问题》，《中国书法》2010年第9期，第79~83页。不赘举。

好更完善。此后,他便继续收集各类资料。现在,呈现到我们面前的这部书,虽然算不上洋洋巨著,但作为高昌墓砖的"资料集",至少有三点值得称道:

一、材料完备

这里说的材料,指的是高昌墓砖本身。我们知道,由于高昌墓砖具有特殊价值,对于该材料的整理,已有很长历史,包括我在内,不少学人都做过类似工作。相关情况,本书《编写说明》已有介绍,这里无须赘述。在本书之前,收录墓砖最多的,一是侯灿先生《吐鲁番出土砖志集注》,一是石见清裕先生《吐鲁番出土墓表、墓志的统计学分析》,都达到三百二十八方。① 而本书收录的墓砖,多达三百七十三方,比前者增加四十五方,数量稳居第一。此外,还有附属碑志资料十五方。有人或许会认为,后来居上,很正常。但如果知道其中还有从未公布的新材料,也许就不会这么认为了。譬如《口和氏墓表》,存八行、八十余字,时间为义和三年(616)五月三十日,是吐鲁番文物局2008年征集品,《新获吐鲁番出土文献》未收,本书首次将图版与录文一并公布,可见本书收集材料之完备。

二、信息完备

这里说的信息,指的是关于高昌墓砖本身的信息。主要有质地、书写形式、尺寸大小、出土时间、出土地点、收藏地点等。需要指出的是,很

---

① 侯灿、吴美琳:《吐鲁番出土砖志集注》,巴蜀书社,2003年;[日]石见清裕:《吐鲁番出土墓表・墓誌の統計的分析》,《敦煌・吐魯番出土漢文文書の新研究》,东京:东洋文库,2009年,第157~182页。

多描述用语,都来自考古发掘的简报和准报告,①未作丝毫改动,具有原始档案的真实性。譬如质地,并非全是砖质,还有石质、木质、土质等,故关于质地的描述用语,砖质外,还有灰砖、红砖、泥质灰砖;石质外,还有砂岩石质;木质外,还有木牌、木质板;土质外,还有土坯、生土质、生土模制、黄泥模制土坯等等。又譬如书写形式,描述用语有墨书、朱书、墨格墨书、墨格朱书、墨地朱书、墨地刻字、朱书朱格、刻字填朱、墨地白粉书、墨地朱书朱格、墨格刻字填朱、刻字刻格填朱、白字白格墨地、前五行朱书末行墨书等等。录文虽然没有标行数,却是按行释录,也是为了尽可能保存原貌和原始信息。此外,还有人名、地名、官名及墓葬编号索引,方便读者检索。

三、学术史完备

这里说的学术史,指的是关于高昌墓砖的著录和研究的成果。本书征引著录成果五十五种,始于1914年罗振玉《西陲石刻录》,终于2010年郭玉海等《故宫博物院藏历代墓志汇编》;研究成果八十种,始于1959年小笠原宣秀《龙谷大学所藏大谷探险队将来吐鲁番出土古文书素描》,终于2014年米婷婷《高昌墓砖对女性的记述》。可谓洋洋大观!然而,本书学术史之完备并不仅此。同一方墓砖,录文出入较大者,为了不偏不倚,本书往往将两份录文并列,让读者自己判断取舍。譬如:阚氏高昌国时期(460—488)《张祖墓表》有两份录文,一份是《新获吐鲁番出土文献》的,一份是我《关于吐鲁番新出阚氏王国张祖墓表的几个问题》的;章和八

---

① 按:吐鲁番考古发掘墓葬近千座,迄今只见有发掘简报,没有见到严格意义上的考古报告。黄文弼的《吐鲁番考古记》和《高昌砖集》,以及《吐鲁番出土文书》《新获吐鲁番出土文献》等,都属于考古报告的一部分,只能算作考古准报告。

年（538）三月十五日《宋阿虎墓砖》有两份录文，一份是《隋唐五代墓志汇编·新疆卷》的，一份是《吐鲁番采坎古墓群清理简报》的。此外，对于不同的观点，本书也是尽量斟酌采用。当然，其中也有不少是铭心君自己的观点。本书《编写说明》谦称仅是自己整理资料时"随手的分析和记录"。但我认为很多都是非常有价值的。关于这一点，我相信读者会有自己的判断，就不用我在这里举例说明了。

最后，还想提及的是，铭心君的硕导伊藤敏雄先生，是研究楼兰与长沙吴简的大家；博导荒川正晴先生，是研究吐鲁番学与中西交通史的权威。这两位先生都是我的畏友，他们学术视野开阔，文献功底深厚，耳提面命，潜移默化，对铭心君学风的形成颇有影响。近些年来，铭心君的研究领域，也在不断扩展，由高昌墓砖、吐鲁番学、西域史地向中原逐渐回归，对东晋十六国碑形墓志源流和北魏司马金龙碑形墓志源流进行考析，引起学界广泛的注意。希望铭心君能够再接再厉，立足高昌，放眼中原，做出更大的成绩！

是为序。

2017年1月于北京天通苑寓所

作者研究或学习所属单位

白炳权　　上海师范大学人文学院硕士研究生
崔启龙　　北京师范大学历史学院博士研究生
韩　香　　陕西师范大学中国西部边疆研究院教授
韩　旭　　华东师范大学历史学系博士研究生
洪景涛　　南开大学历史学院硕士研究生
会田大辅　日本明治大学非常勤讲师
刘　莹　　北京师范大学历史学院博士后
曲　畅　　北京大学历史系博士生
邵正坤　　吉林大学考古学院古籍研究所教授
孙英刚　　浙江大学历史系教授
王安泰　　南开大学历史学院副教授
王　素　　故宫博物院古文献研究所研究员
汪舒桐　　武汉大学历史学院博士研究生
杨　英　　中国社会科学院古代史研究所研究员
赵晟佑　　韩国首尔大学东洋史学科教授